beck'sche reihe

bsr

Geiz ist seit jeher eine Untugend. Dabei liegt er der viel gepriesenen Sparsamkeit gar nicht so fern. Was im Mittelalter Todsünde war, konnte im Kapitalismus der Weg zum Erfolg sein. Volker Reinhardt zeigt an zehn Beispielen, wie sich im Laufe der Jahrhunderte unser Verhältnis zum Geld und zu denen, die viel davon besitzen, verändert hat. Er erzählt vom reichsten und zugleich geizigsten Kaufmann des Mittelalters und von einem König, der seine Gäste ganz unköniglich bewirtete, von dem Bankier James Wood, der zum Urbild Dagobert Ducks wurde, und von Jean Paul Getty, dem Ölmagnaten und Kunstsammler, der sich hartnäckig weigerte, seinen entführten Enkel freizukaufen. Er berichtet von Geizigen, die reich wurden, und von Knausern, die sich zu Grunde gerichtet haben. Ein kurzweiliges Buch für alle, die wissen wollen, ob Geiz wirklich geil ist.

Volker Reinhardt, geb. 1954, ist Professor für Allgemeine und Schweizer Geschichte der Neuzeit an der Universität Fribourg. Bei C. H. Beck erschienen von ihm u. a. «Geschichte Italiens» (3. Auflage 2006), «Geschichte der Schweiz» (2006), «Der unheimliche Papst» (2007) sowie zuletzt «Die Tyrannei der Tugend. Calvin und die Reformation in Genf» (2009).

Volker Reinhardt

Mein Geld!
Meine Seele!

Die größten Geizhälse und ihre Geschichten

Verlag C.H. Beck

Mit 15 Abbildungen

Originalausgabe

Gesamtherstellung: Druckerei C. H. Beck, Nördlingen
Umschlagentwurf: malsyteufel, willich
Umschlagabbildung: Scrooge type,
© Ed Pritchard/Stone/Getty Images
Printed in Germany
ISBN 978 3 406 59193 8

www.beck.de

Inhalt

Einleitung

Geiz in der Geschichte

Geiz und Alltag

Geiz und Mafia – so ein im Süden Italiens hinter vorgehaltener Hand verbreitetes Sprichwort – haben eines gemeinsam: Ihre Existenz wird von denjenigen bestritten, die dazugehören. Damit ist nicht gemeint, dass die Geizigen dieser Welt ein einziges großes Netzwerk der Ausgaben-Verweigerer bilden. Und auch eine Verschwörung gegen die staatliche Ordnung wird man ihnen kaum zur Last legen. So sehr der Vergleich also auch hinkt, so lässt er doch Ähnlichkeiten aufscheinen. Mafiosi und Geizige sind bestrebt, sich hinter dem Schein der Normalität, der Anpassung an die allgemein gültigen Gesetze des Zusammenlebens zu verbergen. In Wirklichkeit aber haben sie Verhaltensweisen entwickelt, die die anerkannten Normen außer Kraft setzen. Ja, sie bilden geradezu Parallelgesellschaften: die einen gewalttätig und zu kriminellen Zwecken organisiert, die anderen als isolierte Zellen des passiven Widerstands inmitten einer vermeintlich verschwendungswütigen Welt. Und noch eine dritte Übereinstimmung will der Volksmund durch das Sprichwort aufzeigen: Mafiosi und Geizige decken ihre Identität erst auf, wenn sie abtrünnig werden. So wie die berühmt-berüchtigten *pentiti*, die «Reuigen», als einzige vor Gericht ihre Komplizen und deren Machenschaften namhaft machen, so bezichtigen sich auch die Geizigen des Geizes immer nur im Rückblick, gewissermaßen als Nachruf auf ein glücklich überwundenes Laster. Der Geizige selbst bezeichnet sich als sparsam oder, noch wirkungsvoller, als geschworenen Feind jeder Vergeudung. In seiner Selbstwahrnehmung klafft ein blinder Fleck.

Die Existenz mafioser Vereinigungen lässt sich zweifelsfrei belegen. Gilt das auch für den Geiz und die Geizigen? Konvertiten neigen dazu, sich den Gegenwerten zu verschreiben; die Aussage der ehemals Geizigen ist daher nicht unverdächtig. Muss man sich also damit begnügen, Geiz als eine Erscheinung einzustufen, die wie der spezifische Charakter von Nationen von den meisten Menschen unterschwellig angenommen, aber wissenschaftlich nicht bewiesen werden kann? Offenbar hinkt jedoch auch dieser Vergleich. Denn selbst seriöse Zeitungen, in denen das der Fremdenfeindlichkeit zu Recht verdächtige Wort «Nationalcharakter» verpönt ist, schrieben von Geiz, als vor geraumer Zeit der Ministerpräsident eines ostdeutschen Bundeslandes an der Kasse eines Möbel-Discounters Sonderrabatte einforderte und damit die Abfertigung einer immer länger werdenden Kundenschlange blockierte. Von krassem, ungeschminktem Geiz war sogar die Rede, als der milliardenschwere Inhaber dieses Möbelhauses sich stolz dazu bekannte, zu Hause auf einem 45 Jahre alten, zerschlissenen Sofa zu sitzen. In solchen Fällen macht sich in den Medien eine Heiterkeit breit, die etwas Beschwörendes, Rechtfertigendes und Verdrängendes zugleich hat: Wenn das Geiz ist, dann sind wir selbst von jedem Geiz-Verdacht freigesprochen. Geiz wird auf Extremfälle beschränkt und damit aus der Normalität des Alltags verbannt.

Doch mit dem Konsens darüber, dass es Geiz in exorbitanten Ausnahmefällen gibt, ist für eine taugliche Definition noch nicht viel gewonnen. Und auch die psychologische Standardliteratur hilft hier nicht wesentlich weiter. In den diversen Psychologien des Geldes wird auf Geiz als eine Form der Abweichung mit einer Knappheit verwiesen, die erstaunt. Er erscheint als eine übersteigerte, in extremer Ausprägung pathologische Zuspitzung einer ansonsten akzeptierten, ja allseitig approbierten Sozialstrategie: der Sparsamkeit. Damit sticht eine Übereinstimmung ins Auge, die nachdenklich stimmt. Sparsamkeit nämlich ist die Standardrechtfertigung derjenigen, denen Geiz vorgehalten wird, und zwar seit der Antike. Gerade dieses Argument aber lässt sich aus der Erfahrung des Alltags widerlegen. Sparsamkeit ist – bildlich gesprochen – eine Staumauer, die Geld ansammelt, um es nach einer angemessenen Frist umso zielgerichteter abfließen zu lassen. Dem Geizigen aber genügt es, den Pegel seiner Vermögenswerte unaufhörlich steigen zu sehen. Das schließt nicht aus, dass auch er kleinere Seitenabflüsse duldet; aus ihnen kann für gewisse genau umrissene Zwecke sogar zeitweise mehr Kapital abgezogen werden, als mit einer verkürzten Definition von Geiz vereinbar scheint. Doch handelt es sich dabei fast immer um Ausgaben, die dazu dienen sollen, die laufenden Kosten in Zukunft niedriger zu halten, den Geizigen gegen eine gierige Außenwelt zu schützen und ihn so dem nie völlig erreichbaren Endziel der Verweigerung aller fremdbestimmten Ausgaben, also der seligen Autarkie, näher zu bringen. Zudem sind die Summen, die für diese gewissermaßen psychisch frei geschalteten Sektoren bestimmt sind, absolut irrelevant für die objektive Bilanz seiner Finanzen.

Damit ist ein Kriterium gewonnen, um den Geiz mithilfe des gesunden Menschenverstandes von der völlig wesensfremden Sparsamkeit zu unterscheiden. Es ist die präzise ausmessbare Differenz zwischen der subjektiven Bedeutung, die einem Betrag zugeschrieben wird, und dem tatsächlichen Stellenwert dieser Summe für das Budget. Aus der Kluft, die sich hier auftut, erwächst die Wut des Reichen über den verlorenen Groschen – und das Staunen der Außenwelt. Für sie ist unbegreiflich, warum man sich über eine eingebüßte beziehungsweise eingesparte Winzigkeit so heftig erregen beziehungsweise so maßlos freuen kann. Daher reagiert sie auf diese vehementen Emotionen nicht nur mit Ungläubigkeit, sondern sogar mit Spott – die Differenz zwischen der subjektiven und der objektiven Bedeutung solcher Beträge ist die Quelle der Geizwitze schlechthin und zur Matrix von Comicheften mit Millionenauflage geworden. Warum lachen Kinder und Erwachsene gleichermaßen darüber, dass Dagobert Duck, seines Zeichens Dollar-Multimilliardär und der reichste Erpel von Entenhausen, im Park Papierkörbe durchwühlt, um eine ausgelesene Zeitung vom selben Tage zu ergattern? Heiterkeit macht sich breit, weil dieses Verhalten ganz und gar irrational, ja kontraproduktiv und zugleich auf befremdliche Weise vertraut, ja fast schon ansteckend wirkt. Unvernünftig ist es, weil ein Geschäftsmann von Dagoberts Kaliber seine kostbare

Der Geizige reitet auf einem Wolf, der habgierig sein Maul aufreißt. Während sein Blick ganz seiner prallen Börse gilt, verschüttet er, ohne es zu bemerken, Goldstücke – Symbole seines Seelenheils, das er auf der Jagd nach zeitlichen Gütern verwirkt. So ist seine Seele dem Teufel sicher. Diesem gehören auch die Wucherer beiderlei Geschlechts, die im unteren Bildteil ihren unlauteren Geschäften nachgehen. – Miniatur aus dem Pierpont-Morgan Stundenbuch, um 1475; Pierpont Morgan Library, New York.

Zeit profitabler nutzen könnte; schlimmer noch, es ist ökonomisch schädlich, weil ihm durch die Jagd nach dem fremden Tageblatt viel höhere Gewinne entgehen. Und doch ist sein Streben danach, kostenlos zu bekommen, was andere achtlos wegwarfen, auch wieder aus tiefster Seele heraus nachzuvollziehen, ja geradezu ein Trieb, den jeder Mensch auf seine Weise im Zaum halten muss.

Geiz und Angst

Das Lachen über den Milliardär, der nicht nur auf Gratislektüre erpicht ist, sondern auch zu geizig, um seine riesenhaften Bargeldbestände nachhaltig zu schützen, und daher permanent von den Panzerknackern heimgesucht wird, hat etwas Ungläubiges – offenbar zählt und rechnet der Geizige anders. Er stellt nicht nüchterne Zahlen zueinander in Beziehung, sondern ist einer psychischen

Ökonomie verpflichtet, die sich als moralisch tarnt. Diese verleiht Ausgaben – und seien sie noch so geringfügig – einen hohen Eigenwert. Oder, um Georg Simmel, den scharfsichtigsten philosophischen Deuter des Geizes überhaupt, zu zitieren: «Der Geizige liebt das Geld, wie man einen sehr verehrten Menschen liebt ..., auch ohne dass unser Verhältnis zu ihm in die Einzelheit konkreten Genießens eingehe». Umgekehrt betrachtet, empfindet der Geizige erzwungene Ausgaben als dreiste Zumutungen, ja als regelrechte Aggressionen, die sein ganzes Ich in Mitleidenschaft ziehen. Die Ökonomie, nach deren Regeln er lebt, ist also nicht nur von Ängsten und Zwängen diktiert, sondern zugleich symbolisch und daher für die Außenwelt verschlüsselt, ja nicht selten ein Buch mit sieben Siegeln. Der Geizige aber wittert hinter den ihm abgerungenen Zahlungen eine finstere Gegenwelt, die ihn vernichten will. Harpagon, der Geizige in Molières Stück *L'Avare*, wird von Existenzangst nur so gebeutelt. Doch am Ende ist gerade diese Angst lächerlich, weil sie sich als eingebildet erweist. Das Lachen darüber hat etwas existenziell Befreiendes, weil es eigene Ängste bannt, und zwar nach dem Muster: Im Gegensatz zu Harpagon haben wir den Trieb zu nehmen, ohne zu geben, unter Kontrolle. Zudem verführt der Spott über die absurden Verarmungsängste des Geizigen zu einem weiter reichenden, bei nüchterner Betrachtung unerlaubten Schluss: Wenn diese Urangst unbegründet ist, sind es die anderen Urängste vielleicht auch.

Doch nach dem Lachen kommen die Fragen. Was nährt die Angst des Geizigen, was verbirgt sich hinter ihr? Schaut man näher hin, tun sich Abgründe auf. Der Geizige hat Angst davor, Rang und Ansehen zu verlieren, in Bedeutungslosigkeit und Abhängigkeit zu versinken. Noch tiefer sitzt die Angst vor dem Verlust der Selbstbestimmung, der Kontrolle über sich und die anderen. Der Geizige klammert sich mit allen Fasern seines Wesens ans Geld – so ein sehr alter Vorwurf der Theologen –, anstatt sich vertrauensvoll Gott anheimzugeben. Diese Diagnose trifft, rein psychologisch betrachtet, zu: Der Geizige hängt an seinem Geld, weil es ihn allein davor schützt, von anderen vereinnahmt zu werden. An diesem Punkt ist Simmels Erkenntnis, dass das Geld für den Geizigen vom Mittel zum Selbstzweck geworden ist, um einen Aspekt zu ergänzen: Es

Eine abgehärmte alte Frau vor einem Tisch mit kostbaren Gerätschaften und prallen Geldbörsen verkörpert Geiz und Habgier zugleich. Durch ihre Hartherzigkeit ist ihr der Weg in den Himmel verschlossen. Nicht anders ergeht es den zwei begehrlich auf ihre Schätze blickenden Kaufleuten im Vordergrund. Zwei frommen Betern dagegen erscheint Christus in der Aureole. – Illustration zu Augustinus' Werk *Vom Gottesstaat*, unbekannter französischer Künstler, um 1478; Rijksmuseum Meermanno Westreenianum, Den Haag.

hilft ihm, sich selbst, unabhängig von den anderen, zum Selbstzweck zu erheben. Deshalb vertraut der Geizige nur sich. Was Gott betrifft, so versucht er ihn so kostengünstig wie möglich zu bestechen, damit er ihn im Streben nach seliger Autarkie fördern möge. Das Höchste Wesen kann sich der Geizige nur wie sein eigenes Wesen vorstellen.

Seiner Andersartigkeit, die er als moralische Überlegenheit auslegt, hochgradig, doch nie vollständig bewusst, muss der Geizige wie der notorische Lügner die Kunst der Verstellung beherrschen. Er muss unaufhörlich Vorwände erfinden, um sich Situationen zu entziehen, die ihn Geld kosten könnten. Diese vorgeschobenen Begründungen aber müssen sorgfältig erwogen sein, um den Schein der Normalität, ja der höheren Rationalität und Moral zu erzeugen.

Solche Vermeidungsstrategien bestehen daher häufig darin, die Zumutungen der Außenwelt mit Argumenten zurückzuweisen, die auf deren Werteskala weit oben, in jedem Fall aber höher quotiert sind: harte Arbeit statt der vorgeschlagenen kostspieligen Vergnügungen, Fasten statt Festessen, um sich mit den Hungernden dieser Welt solidarisch zu erweisen. Der Katalog der erfolgreichen Tarnungen ist begrenzt und wird vom Zeitgeist diktiert; Wachsamkeit ist für den Geizigen oberstes Gesetz.

Denn er versucht etwas im Grunde Unmögliches: Er will seine Schätze und damit sich selbst abschirmen und von den Anderen trotzdem als einer der Ihren akzeptiert werden. Da er selbst von seiner Andersartigkeit weiß, muss er die Zugehörigkeit zu ihrer Wertegemeinschaft fingieren. Der Schein ist unabdingbar, damit ihn die anderen nicht umso heftiger bedrängen. Wüssten sie von seinen kostbaren Besitztümern, sie würden wie ein Rudel Wölfe über ihn herfallen. So ist der Geizige zur dauernden Verstellung verdammt. Ihr Spiel aber ist umfassender und aufreibender als das der Vermeidung. Sind deren Strategien gescheitert und kann der Geizige seine Verweigerung nicht mehr durch Unabkömmlichkeit verschleiern, so muss er zu ihr stehen. Das heißt, er muss seine Zurückweisung der dreisten Ansinnen, die die anderen an ihn herantragen, wirkungsvoll begründen. Das gelingt am besten, wenn er diese Ablehnung so rechtfertigt, dass sie in denjenigen, die ihn heimtückischerweise dazu verleiten wollen, gegen seine Prinzipien zu handeln, selbst Ängste weckt. Dass man in Anbetracht der unsicheren Zeitläufte für das Alter vorsorgen, den Kindern eine sichere Zukunft, den Angestellten krisenfeste Arbeitsplätze sichern müsse, sind seit jeher viel benutzte Versatzstücke dieser Verstellungs-Strategie. Am Anfang des 21. Jahrhunderts haben zudem Hinweise auf die Klimakatastrophe und moralisch begründete Vorbehalte gegenüber der ausufernden Konsumgesellschaft Konjunktur. Wie die Gemeinplätze der Vermeidung sind die Topoi der Geizverbrämung im Einzelnen dem Wandel der Wertesysteme unterworfen. Zugleich sind sie sich mit der Stoßrichtung, dem Gegenüber ein schlechtes Gewissen zu machen, ähnlich. Überdies sind sie wie die meisten Äußerungen des Geizigen in eigener Sache verräterisch. Denn alle noch so kunstvoll entworfenen Rechtfertigungen sind letzten Endes nichts anderes als Variationen eines immergleichen Themas: des Sich-Entziehens. Damit aber legt der Geizige unbewusst seine Zielvorstellung frei: das selige Alleinsein, ja Ganz-bei-sich-Sein, mit uneingeschränkter Hoheit über die Ausgaben, frei von jeglichem Fremdansinnen.

Damit tritt ein Merkmal hervor, das wiederum die Theologen als besonders anstößig, da quasi blasphemisch gebrandmarkt haben: das Meditative des Geizes. So wie der Selige im Paradies die unaussprechlichen Freuden der ewigen Gottesschau genießt, so betrachtet der Geizige seine Schätze: regungslos, vor Entzücken sprachlos, wunschlos. So aktiv der Geiz in jeder Hinsicht macht, so kontemplativ ist sein Genuss – und so verdinglicht, ja veräußerlicht in den Augen der Theologen. Eine Seele, die sich an ein so schnödes Ding wie das Geld hängt, muss verloren sein, lautet ihr Verdikt. Sie täuschen sich. Der Geizige ergötzt sich nicht vorrangig am Glitzern des Goldes oder am Knistern der Geldscheine. Das alles sind nur lustvolle Äußerlichkeiten. Ihre tiefere Bedeutung aber liegt darin, dass sie die Trennwand von den anderen und ihren immerwährenden Zumutungen markieren. Geld macht glücklich, weil es Beständigkeit, in den Worten Georg Simmels: «eine einzigartige und mit Worten nicht weiter ausdrückbare Einheit» bedeutet. Diese höchste Einheit ist für den Gläubigen Gott; sein höchstes Ziel besteht darin, mit seinem Schöpfer eins zu sein. Insofern haben die Theologen doch wieder Recht. Der Geizige vergöttert sein Geld, weil es ihm innerweltliche Ewigkeit verspricht.

Und eine weitere Ähnlichkeit zur Religion tritt hervor: Genuss durch Verzicht. Der Geizige zieht Befriedigung daraus, sich die für Geld erhältlichen Freuden des Lebens zu versagen; das Bewusstsein der Selbstüberwindung verschafft ihm eine bei weitem größere Genugtuung als der in seinen Augen sündhafte Akt, der Versuchung nachzugeben. Dabei steigert sich diese Selbstzufriedenheit, je intensiver das verachtete Begehren ausfällt; dann nämlich umkleidet sich die Verweigerung mit «jenem feinen Reize der Resignation», dem Glückserlebnis des Geizigen schlechthin. Den Konflikt zwischen den Kräften, die das Verbot auferlegen, und denen, die ihm Großzügigkeit gegenüber sich selbst einflüstern, erfährt der Geizige als heroisch, die erfolgreiche Bekämpfung seines hedonistischen Triebes hält er für einen Sieg der Disziplin. Ähnlichkeiten zu religiös motivierter Selbstgeißelung und zum Eremiten in der Wüste, der allen Anfechtungen widersteht, stechen ins Auge. Wären alle wie er, der Geizige würde wahrscheinlich zur Verschwendung tendieren. Für Georg Simmel liegen beide Extreme nahe beieinander. Der Geizige und der Verschwender haben gemeinsam, dass ihnen der Sinn für den nüchternen «Mittelcharakter» des Geldes fehlt – was der eine überschätzt, unterschätzt der andere. Eine weitere Gelegenheit zum höchsten Genuss bietet sich dem Geizigen dann, wenn er der Außenwelt seine Auffassung von einem angemessenen Verhältnis zwischen Preis und Leistung diktieren kann. Dann verschmelzen das diebische Vergnügen, die absurden Wertvorstellungen der irregehenden Welt zu widerlegen, und die Freude am wohlfeilen Besitz kostbarer Dinge mit dem Triumph, endlich eine gerechte ökonomische Ordnung herbeigeführt zu haben. Von dieser raren Dreierkombination ist in der Geschichte des Ölmilliardärs und Kunstsammlers Jean Paul Getty (Kapitel 10) zu erzählen.

Seinen Ersatz-Gottesdienst im Kultraum des Tresors aber muss der Geizige allein feiern. Er hat seine Wahrheit, die mit der Wahrheit der anderen nicht übereinstimmt. Dasselbe gilt für das Bild, das er sich von der Welt und die Welt sich von ihm macht. Der Geizige ist zutiefst davon überzeugt, dass ihm die Welt mehr schuldet, als sie ihm gibt – und, umgekehrt, dass sie ihm viel mehr abzupressen versucht, als sie fordern darf. Für den Geizigen ist die Welt daher im Ungleichgewicht. So ist er vom Glauben durchdrungen, die gerechte Weltordnung wiederherzustellen. Seine moralische und symbolische Ökonomie des Widerstandes ist zugleich eine Ökonomie des Lastenausgleichs in eigener Sache, ja der Wiederherstellung der von Gott und der Schöpfung gewollten Weltordnung. Der Geizige ist ein Missionar, dessen Mission sich aus dem Widerspruch der anderen nährt. Dieses Sich-Entgegenstemmen aber rechtfertigt alles, auch Verhaltensweisen, die üblicherweise als Laster abgestempelt sind: Lügen, Täuschungen, Verleumdungen. Dass die Theologen den Geiz unter die Sieben Hauptlaster («Todsünden») rechneten, ist aus ihrer Sicht sinnvoll (Kapitel 1). Der Geizige übertritt regelmäßig alle Zehn Gebote mit Ausnahme des sechsten – Ehebruch kann ein teures Vergnügen sein. Gott und die Mitmenschen treten

Stall und Keller sind aufs Beste bestellt. So haben die drei Geiz- und Begehrlichkeitsteufel leichtes Spiel mit dem reichen Mann auf dem Totenbett. Sie flüstern ihm ein, an seine Schätze zu denken, und drängen die traurig blickende Heilige Familie ganz an den Bildrand. – Illustration zu einer *Ars moriendi*, Köln 1475.

hinter dem schnöden Mammon zurück. Um seine Schätze zu bewahren, ist der Geizige grundsätzlich immer bereit zu stehlen, zu lügen und im Extremfall auch zu töten, von seinem Hang zum Neid auf andere und damit zur Begehrlichkeit ganz zu schweigen.

Wie aber wird man so? Die wahren Geschichten dieses Buches handeln von arm geborenen Aufsteigern, doch auch von Söhnen aus wohlsituierten Familien, von Fürsten und Königen – sie alle im Banne des Geizes und der von ihm diktierten Strategien. Arm geboren zu werden kann Bedürfnislosigkeit genauso hervorbringen wie die lebenslange Gier nach Luxus und eben Geiz. Eine sozialhistorische Theorie der Geiz-Entstehung kann es daher nicht geben. Und auch von jedem tiefenpsychologischen Deutungsversuch soll hier Abstand genommen werden. Die Thesen von Siegmund Freud, die den Geiz auf frühkindliche Prägungen zurückführen, sind so anregend wie historisch unbrauchbar. Das gilt auch für die – zugegebenermaßen nahe liegenden – Erklärungen, dass Geiz durch ein Manko elterlicher Zuwendung zustande kommt, nach dem Muster: Wer glaubt, dass die Welt ihm mehr abverlangt, als sie berechtigt ist, und weniger gibt, als sie verpflichtet ist, hat in der Wiege zu wenig Zuwendung erfahren. Solche Deutungen sollen nicht lächerlich gemacht werden. Man mag an sie glauben oder auch nicht. In jedem Fall dienen sie nicht den hier verfolgten Zwecken. Menschen der Vergangenheit entziehen sich jeder nachträglichen Analyse ihrer Psyche. Davon abgesehen, spricht alles dafür, dass auch die psychischen Grundstrukturen des Menschen dem historischen Wandel unterliegen.

Geiz und Gesellschaft

Was aber ist dann mit dem Bild vom Geiz, das bislang aus den Beobachtungen und Rückschlüssen von Philosophen, Dichtern, Malern und kleinen Leuten zusammengetragen wurde, für historische Beweiszwecke gewonnen? Alles und nichts. Ob es «den Geizigen» als eine historische Konstante menschlicher Gesellschaften, also als eine Epochen übergreifende Erscheinung mit unveränderlichen Merkmalen und Variablen, gibt oder nicht, soll hier ausdrücklich offen bleiben. Allenfalls lässt sich die Hypothese formulieren, dass manches für die durchgehende Existenz eines solchen Idealtypus spricht. Doch für eine Darstellung und Deutung des Geizigen und des Geizes in der Geschichte ist nicht nur die Antwort, sondern auch die Frage unerheblich. Für eine historische Präsentation genügt es voll und ganz, dass die Menschen der Vergangenheit felsenfest davon überzeugt waren, sich gegen den Geizigen und seine Strategien zur Wehr setzen zu müssen. Der zu allen Zeiten ungebrochene Glaube, dass der Geizige mitten unter uns lebt und so und nicht anders beschaffen ist, macht Geiz zu einem «harten» Faktum der Sozial-, Kultur- und Mentalitätsgeschichte. Als Abweichung von Normen definiert, hängt Geiz von Konventionen ab. Man muss die Regeln einer Gesellschaft in ihrer Zeit kennen, um den Geiz als deren Übertretung wahrzunehmen und zu verstehen.

Sind Geiz und Habgier, so betrachtet, Geschwister? Der bis heute provozierendste Staatstheoretiker Alteuropas, Niccolò Machiavelli, sieht *ambizione* und *avarizia*, Ehrgeiz und Geiz, als den Menschen beherrschende Grundtriebe an. Dabei handelt es sich um zwei gegensätzliche Stoßrichtungen derselben Kraft: *avarizia* verteidigt mit Zähnen und Klauen, was *ambizione* erworben hat. Das hat zur Folge, dass Eliten nie freiwillig ihre Macht abtreten, sondern höchstens kleine Teile davon abgeben, um ihre Herrschaft durch diese scheinbare Großzügigkeit zu stärken. Die Gier nach Einfluss und Reichtum aber ist unersättlich. Steigern lässt sich Macht dadurch, dass die Herrschenden ihr Sozialprestige durch aufwendige Kleidung und prächtige Paläste vermehren und die Massen parallel dazu immer mehr ausbeuten. Wären die Unterdrückten nur hellsichtig, so würden sie erkennen, dass sie die Betrogenen in einem ewigen Spiel der Vorspiegelung und der Täuschung sind, das von *ambizione* und *avarizia* diktiert wird. Dann würden sie einsehen, dass Vornehmheit künstlich erzeugt wird, und zwar als Vorstellung in ihren eigenen Köpfen; dann aber würden sie die Herrschenden aus ihren Palästen vertreiben, um selbst dort einzuziehen. Ein einziges Mal, so Machiavelli, hat sich die politische Entwicklung anders vollzogen. Im Rom der altrepublikanischen Ständekämpfe verbanden sich Elite und Volk durch die Mischverfassung von Monarchie, Aristokratie und Demokratie zu einer Union der Machtteilung und der Interessen. Die Republik, die im Inneren die politische Macht zwischen den großen Geschlechtern und den kleinen Leute verteilte, eroberte danach die ganze Welt, ohne den Unterworfenen Teilhabe am Staat zu gewähren. Zum Geiz als historischer Erscheinung lassen sich daraus zwei Schlüsse ziehen: Besitz macht gierig und geizig zugleich. Der kluge Politiker aber investiert reichlich in sein Prestige und in nützliche Netzwerke. Soziales Kapital ist die beste Rückversicherung gegen jede Form der Verarmung.

Das waren die Ideen eines notorischen Querdenkers. Die kleinen Leute aber hatten ihre eigenen Vorstellungen von einer gerechten Welt- und speziell Wirtschaftsordnung. In ihren Augen war der gute Herrscher weder gierig noch geizig, sondern begnügte sich mit dem, was er hatte. Wer nach mehr Macht und Geld strebte, als er besaß, fiel von Gott ab und versündigte sich an den Armen, Gottes bevorzugten Schützlingen. Ihnen gegenüber erwies sich der gute

Herrscher als grenzenlos freigebig; ja, um sie zu ernähren, erschöpfte er klaglos alle seine Ressourcen. Dabei Rücksicht auf die Einnahmen zu nehmen, um Verschuldung zu verhindern, war ein Zeichen des schnödesten, verabscheuungswürdigsten Geizes. Dieser Geiz wiederum wurde von der Verachtung des Volkes genährt und brachte krasse Ungerechtigkeit hervor – Vorstellungen, die bis heute fortleben. So betrachtet, waren gute Herrscher rar. Ja, die Anklage des Geizes richtete sich seit dem späten Mittelalter gegen die Mächtigen schlechthin. Sie waren durch die Bank der Unersättlichkeit, die sich in neuen Steuern niederschlug, überführt. Und sie alle sahen tatenlos zu, wenn sich das Brot verteuerte und die Armen hungerten. Schlimmer noch: Von Habgier und Geiz gleichermaßen angestachelt, gingen sie finstere Verschwörungen gegen das Leben der Armen ein. Die kollektive Angst der Masse vor solchen Komplotten konnte Könige ihrer Legitimität berauben, aber auch einen ehemaligen Hexenjäger als Hexenmeister auf den Scheiterhaufen bringen, wie die Geschichte von Dietrich Flade zeigt (Kapitel 4). Ihm wurde die Anklage, in Zeiten der Not aus Habgier und Geiz zugleich die Ernte zu vernichten, zum Verhängnis. Doch die volkstümliche Wirtschaftsethik bot dem Geizigen auch Chancen. Als väterlich fürsorgliche Sparsamkeit ausgegeben, ließ sich königlicher Geiz geradezu als Trumpfkarte ausspielen (Kapitel 3). Für die kleinen Leute war ein Monarch wie Ludwig XII., der seinen Hof mit gedünstetem Rindfleisch bewirtete und früh schlafen schickte, anstatt ihn mit kostspieligen Spektakeln zu unterhalten, der gute Herrscher schlechthin; und als solcher ist er auch in ihre Erinnerung eingegangen. Dass ihn sein Geiz zu Lebzeiten an den Rand des politischen und militärischen Zusammenbruchs führte, kostete ihn die Liebe seines Volkes nicht, im Gegenteil: Es verlieh ihm geradezu eine Märtyrerkrone. Der tote Geizige kann das soziale Kapital zurückgewinnen, das er zu Lebzeiten verloren hat. Lähmt Geiz im Falle des Königs, den das Geld für die Söldner reute, die ihm Mailand gewinnen sollten, so kann Geiz andererseits auch zu unablässiger Erwerbstätigkeit anspornen. Das belegt das Leben Francesco Datinis, der in der zweiten Hälfte des 14. Jahrhunderts aus ärmlichen Ursprüngen zu Europas reichstem Großkaufmann aufstieg (Kapitel 2). Gerade seine Geschichte aber zeigt an, wie sich

Geiz und Habgier zu einem Teufelskreis verbinden: Je reicher Datini wird, desto grausamer peinigt ihn die Angst, alles wieder zu verlieren.

Was der Geizige als gerechte Einforderung der Außenstände ansieht, die ihm die ewig zudringliche Welt schuldet, ist für diese Schnorrer- und Schmarotzertum. Dass der Geizige die Anderen für sich zahlen lässt, selbst aber die kleinsten Aufwendungen für andere scheut wie der Teufel das Weihwasser, bildet den Stoff der meisten Geizwitze. So versäumte James Wood, der steinreiche Bankier von Gloucester (Kapitel 9), kein Bankett des Stadtrats, bei dem er sich gratis den Bauch vollschlagen konnte. Selbst ein solches Gastmahl auszurichten, war er aber nicht bereit. Bürgermeister konnte er so nicht werden, denn der Kandidat für dieses Amt musste seine Wähler fürstlich bewirten. In diesem Verhalten zeigt sich am krassesten, wie verkehrt im wahrsten Sinne des Wortes die Wahrnehmung des Geizigen ist. Denn exakt an diesem Punkt beginnt Geiz die soziale Ordnung, genauer: die Reziprozität von Geben und Nehmen zu stören. Macht sich, wer andere für sich zahlen lässt, von diesen abhängig oder aber zu ihrem Herrn? Der Geizige glaubt zu gewinnen, und rein rechnerisch profitiert er tatsächlich. Auf der andren Seite verliert er, nämlich seine Reputation ebenso wie seine Ehre. Und als Folge dieser Verluste stellt sich soziale Verarmung und Isolation ein. Diese Vereinsamung ist dem Geizigen in seinem Streben nach Autarkie einerseits hoch willkommen; andererseits bedroht sie seinen Reichtum akut; auch dafür steht das Beispiel Datinis.

Die Diagnose Geiz ergibt sich aus dem Vergleich mit anderen, also aus sozialer Interaktion. Als Bruch eines ungeschriebenen Vertrags auf Gegenseitigkeit wahrgenommen, provoziert Geiz Gegenreaktionen. Sie zielen darauf ab, ihn einzudämmen und sich gegen seine Auswirkungen zu schützen, können im Extremfall aber noch viel weiter reichen. Denn der Geizige weiß zwar, warum er sich so verhält, kann jedoch nicht abschätzen, welche Rückschlüsse die Anderen daraus ziehen. Mit anderen Worten: Was der Geizige durch die Verweigerung der Zahlungen sagen will, ist die eine, die Reaktion der Betroffenen die andere Seite der Medaille. So will Ludwig XII. von Frankreich durch die Kürzung der Soldzahlungen

Mit sparsamen Mitteln wird hier alles gesagt: Das Herz des Geizigen gehört dem Geld und wird mit ihm zu Schacher und Wucher fortgetragen. – Illustration zum *Buch der Tugend*, Augsburg 1484.

den Schweizern eine Lektion in Sachen Ehre erteilen: Ich, der gesalbte König, bestimme die Preise, ihr habt zu nehmen, was euch zukommt. Die Schweizer aber verstehen diese Knauserigkeit als Ausdruck der Verachtung und ziehen daraus Konsequenzen, die weit über die Absichten des Geizigen hinausgehen.

Das Prinzip der Klientel, das heißt des wechselseitigen Gebens und Nehmens von Förderung und Einfluss, hat sich bis heute als die tragfähigste Basis der Politik überhaupt erwiesen, nicht zuletzt in Demokratien. Daraus ließe sich der Schluss ableiten, dass der Geizige – da zum Geben unfähig – keinen politischen Erfolg haben kann. Mehr noch: Die These, dass der Geizige gesetzmäßig gesellschaftlich und politisch verarmt, drängt sich verführerisch auf; sie ist verlockend, weil sie eine besondere Form der Nemesis, der verdienten Strafe für das Laster des Geizes, suggeriert. In diesem Sinne haben europäische Literaten und Moralphilosophen denn auch überwiegend gedichtet und argumentiert. Der Geizige Molières ist am Ende durch seine Besessenheit und die dadurch verursachte Verengung des Blickfelds der Spielball der anderen. Gottes Urteil über den Geizigen, durch irdisches Scheitern vorweggenommen oder dadurch sogar überflüssig gemacht – das wäre in der Tat eine erbauliche Schlussfolgerung! Aber ist sie auch historisch wahr?

Geiz im Lauf der Jahrhunderte

Der Geiz hat seine eigenen Wahrheiten. Der Geizige kann seiner eigenen Einschätzung gemäß erfolgreich sein, wenn er in den Augen der anderen katastrophal gescheitert ist. So ist der Bankier James «Jemmy» Wood (Kapitel 9) in den Augen der guten Gesellschaft nicht nur eine komische, sondern auch eine traurige, ja abschreckende Figur, während er selbst mit sich voll und ganz im Reinen ist. Und da er in krisenhaften Zeiten – im Gegensatz zu vielen anderen, «gentlemanlike» lebenden Geschäftsleuten – seine Zahlungsfähigkeit und damit die Guthaben der kleinen Leute bewahrt, ist er für diese sogar ein Held. Der Geizige wird also kaum je sämtliches soziales Kapital in allen Schichten der Gesellschaft verspielen, dafür sind die Maßstäbe der moralischen Ökonomie zu gegensätzlich; das illustrierte schon das Nachleben Ludwigs XII. als guter Herrscher des Volkes. Prekär kann die Existenz des Geizigen dadurch werden, dass er durch die Weigerung, in nützliche Netzwerke zu investieren, das Ansehen innerhalb seines Standes und bei den Mächtigen verliert. Francesco Datini, der Krösus von Prato, lebte in der dauernden Angst, von einer feindlich gesinnten Stadtregierung in Florenz durch Steuern oder durch Prozesse wegen Steuerhinterziehung ruiniert zu werden. Vierhundert Jahre später bleibt die gleichfalls vom Geiz diktierte Ablehnung aller politischen Ämter für Jemmy Wood ohne negative fiskalische Konsequenzen – die Rache der Außenwelt beschränkt sich auf seine systematische Verhöhnung. Die Ausbildung des liberalen Rechtsstaats im 19. und 20. Jahrhundert hat zur Folge, dass Geiz mit Milde rechnen darf, heute mehr denn je. Das dürfte daran liegen, dass die Grundwerte des Kapitalismus, wie sie ein Benjamin Franklin lehrte (Kapitel 8), in den Rang verbindlicher Normen erhoben wurden, und zwar für alle Schichten. Vor der Französischen Revolution aber waren die Regeln, die Normalität und Abweichung bestimmen, in hohem Maße standesspezifisch fixiert. Und darüber hinaus befanden sich die Wertsysteme, aus denen sich diese Konventionen ableiten, im Fluss; das heißt, alte und neue Vorschriften konnten sich überschneiden oder zueinander in Konkurrenz treten. Das war im 15. Jahrhundert der Fall, als die italienischen Humanisten die Mächtigen ihrer Zeit auf eine Ökonomie der zielgerichteten Großzügigkeit *(liberalitas)* verpflichten wollten. Legitime, von Gott eingesetzte Herrscher, mussten die humanistischen Studien der Antike, aber auch die bildenden Künste freigebig fördern. Wer sich hingegen dieser nobelsten aller Herrschaftsaufgaben verweigerte und mit Geld für die Talentvollen und Begabten geizte, stellte sein Recht, Macht auszuüben, in Frage.

Dadurch, dass diese Vorstellungen Anklang und Akzeptanz fanden, wurden planvoll geübte Freigebigkeit und der Verherrlichung des Guten und Schönen dienende Prachtentfaltung für die Fürsten und ihre Höfe seit der Mitte des 15. Jahrhunderts zu einer verpflichtenden Norm. Anfangs standen ihr allerdings ältere Regeln entgegen, die diesen Aufwand moralisch missbilligten und eine viel bescheidenere Selbstdarstellung vorschrieben. Cosimo de' Medici, der seinen als Bankier der Päpste gewonnenen Reichtum wie kein anderer in den Aufbau einer politischen Gefolgschaft investiert und mit ihr 1434 in Florenz die Vorherrschaft gewonnen hatte, löste dieses Problem auf seine Art. Im Sinne der humanistischen Forderungen finanzierte er aus seinem immensen Vermögen aufwendige öffentliche Bauten und ließ den führenden Gelehrten seiner Zeit aus derselben Quelle ansehnliche Zuschüsse zum Lebensunterhalt zukommen. Um den Vorwurf zu entkräften, sich als Bürger einer Republik die Rolle eines Fürsten anzumaßen, streute der kluge Bankier diese Förderung breit und investierte überdies die größten Summen in Kirchen und Klöster; moderner denkende und konservative Zeitgenossen sollten so gleichermaßen zufrieden gestellt werden. Ob dieser Versuch gelang, zwischen konkurrierenden Vorstellungen einer moralischen Ökonomie einen Ausgleich zu finden, muss offen bleiben. Fest steht, dass die kleinen Leute in Florenz die Prunkentfaltung der Mächtigen weiterhin mit Misstrauen betrachteten; ihr Sprachrohr, der wortmächtige Bußprediger Girolamo Savonarola, brandmarkte deren Selbstdarstellung am Ende des 15. Jahrhunderts als gottlosen Personenkult.

Herrscher und Eliten mussten also einen Mittelweg zwischen einer höfischen Ökonomie der zielgerichteten Prunkentfaltung und einer volkstümlichen Haushaltung der Vorsorge und Fürsorge anstreben. Das war eine stets vom Absturz bedrohte Gratwanderung. Auf der einen Seite drohte der Vorwurf des Geizes, auf der anderen die Anklage der Verschwendung als Ausdruck von Selbstüberschätzung und Hochmut. Wie ein pflichtbewusster Fürst seine Finanzen zu regeln und welche Wirtschaftsordnung er zu befolgen habe, wurde daher am Anfang des 16. Jahrhunderts lebhaft und kontrovers diskutiert. Dass das Problem, familienväterliche Sparsamkeit und höfische Pracht miteinander zu vereinbaren, letztlich unlösbar, da auf einen Konflikt unvereinbarer Interessen gegründet war – diese Erkenntnis tritt mit unvergleichlicher Schärfe in den Texten des Florentiner Politikers, Historikers und Staatsdenkers Francesco Vettori hervor. Das Dilemma besteht für ihn darin, dass die Ressourcen der Welt beschränkt, die Begehrlichkeiten der Menschen aber unbegrenzt sind. Diese sind daher zu erbarmungslosen Verteilungskämpfen verurteilt, in denen stets wenige gewinnen und viele verlieren, ohne dass dabei Verdienst und Moral überhaupt ins Spiel kommen. Dass die Sieger in diesem andauernden Konkurrenzkampf ihren Reichtum ethisch und religiös rechtfertigen, ändert nichts daran, dass bei der Aufteilung der Güter nackte Willkür herrscht. Die Politik kann diesen Widerspruch in einer heillosen Welt nicht aufheben, sondern allenfalls abmildern, und zwar durch eine Ökonomie des behutsamen Ausgleichs. Der gute Fürst reduziert die Aufwendungen für seinen Hof, soweit es seine Ehre zulässt, und schont so das Volk durch niedrige Steuern.

Doch das war pure Theorie. In Wirklichkeit hatten die Herrscher der Frühen Neuzeit kaum eine Wahl; zum Herrschaftsinstrument des Hofes gab es schlichtweg keine Alternative. Er diente dem Fürsten als Bühne der Selbstdarstellung, verpflichtete den Adel zur Anwesenheit und erzeugte Prestige nach innen wie nach außen. In der höfischen Gesellschaft verschmolzen Herrscher und Aristokratie zu einer spannungsreichen Symbiose. In ihr galten die Gesetze des zielgerichteten Prunkaufwands, Geld als Selbstzweck fiel der Verachtung anheim. Hof und Geiz schlossen sich daher aus – wiederum in der Theorie. In der historischen Wirklichkeit aber konnten sie sehr wohl zusammen auftreten. Das zeigt das Beispiel des Landgrafen und späteren Kurfürsten Wilhelm von Hessen-Kassel (Kapitel 8). Einerseits baute er teure Schlösser und hielt sich zahlreiche Mätressen. Auf der anderen Seite aber verschrieb er sich mit Leib und Seele dem antiaristokratischsten und antihöfischsten Wirtschaftsgrundsatz schlechthin: die Einnahmen mit allen Mitteln, auch den dubiosesten, zu steigern, und die Ausgaben um jeden Preis zu reduzieren. Am Ende kostete es ihn Beliebtheit und Nachruhm, doch nicht die Herrschaft. Die Schlussfolgerung lautet wie im Falle Ludwigs XII. und Jean Paul Gettys: Wer über ein ererbtes Kapital der Loyalität und der Gefolgschaft verfügt und aufgrund seiner herausgehobenen Position die Regeln des sozialen und ökonomischen Austauschs diktiert, kann sich auch krasse Unausgewogenheiten zwischen Geben und Nehmen erlauben.

Doch das ändert nichts an der Regel, dass vor der Französischen Revolution jedem Stand das rechte Wirtschaften verbindlich vorgeschrieben war. So unterlag der Adel dem ehernen Gesetz, die Ausgaben für die sichtbare Wahrung seines Ranges auch dann aufrecht zu erhalten, wenn die Einnahmen damit nicht Schritt halten konnten. Dieser Zwang zum Aufwand wurde dadurch verstärkt, dass in vielen Ländern Europas Sekundäreliten bürgerlicher Herkunft nachrückten und die alte Aristokratie nicht selten ökonomisch in den Schatten stellten. Damit wurde ein enormer Wettbewerbsdruck erzeugt. Wer mit den Parvenüs Schritt halten wollte, musste immer höhere Mitgiften zahlen, immer prunkvollere Paläste, Villen und Grabkapellen errichten lassen und immer mehr Domestiken beschäftigen – auch um den Preis der stetig steigenden Verschuldung, ja des Bankrotts. Doch zur Empörung des Bürgers, der seine Ethik der strengen Sparsamkeit in Molières Stück als Geiz verhöhnt sah (Kapitel 5), fiel der Adelige, der mit vollen Händen ausgab, was ihm nicht gehörte, meistens weich (Kapitel 6). Und zwar deshalb, weil die höfische Gesellschaft einem klugen Verschwender wie dem Herzog von Richelieu schier unbegrenzte Chancen bot, neue Ressourcen zu erschließen und seine Verluste so wieder wettzumachen. Und zum anderen konnte die Ökonomie des alles beherrschenden Prunkaufwands, wie derselbe Herzog schlüssig bewies, sehr planvoll, manche sagten sogar: geizig betrieben werden.

Erzog der Adel seine Söhne zur ostentativen Verachtung des Geldes als Selbstzweck, so praktizierte und predigte das Bürgertum im 18. Jahrhundert eine Ökonomie der Enthaltsamkeit. Genuss sollte aus Tugend und Bildung, nicht aus Äußerlichkeit gezogen werden. Diese Erziehung zur Kontrolle der Affekte und der Ausgaben aber war nicht nur streng, sondern auch permanent gefährdet, und zwar durch die entgegengesetzte Ökonomie des Adels und speziell des Hofes. Diese Normenkonkurrenz hatte zur Folge, dass sich die Trennlinie zwischen Sparsamkeit als Tugend und Geiz als Laster weiter verschob als je zuvor in der europäischen Geschichte – bis Geiz in der Wahrnehmung des aufgeklärten Bürgertums zur extremen Übersteigerung einer grundsätzlich lobenswerten Verhaltensweise und dementsprechend zu einer seltenen Erscheinung geschrumpft war. Diese neue Toleranz gegenüber dem Geiz war vor allem im Bildungsbürgertum verbreitet. Wie sollte ein vielköpfiger Pfarrer- oder Professorenhaushalt mit dem schmalen Salär des Familienoberhaupts auch anders wirtschaften?

Geiz heute

Doch dieses Argument war schon für kritische Zeitgenossen alles andere als stichhaltig. Auch der Arme kann geizig sein; er ist es dann, wenn er die in seinen Kreisen verpflichtenden Normen außer Kraft setzt, zum Beispiel in Notzeiten nicht hilft, wie ihm selbst geholfen worden ist. Für das Bildungsbürgertum des 18. und 19. Jahrhunderts aber wurde die stets aufs Neue unter Beweis zu stellende moralische Stärke, sich unvernünftige Genüsse zu versagen, zur Tugend schlechthin. Für die anderen, die moralische Überlegenheit nicht durch die Verweigerung von Konsum dokumentiert ansahen, war es schlicht Geiz. Und diese anderen waren nicht nur Aristokraten, sondern auch Bankiers und Kaufleute. Der damit anhebende Konflikt zwischen Wirtschafts- und Bildungsbürgertum dauert bis heute fort, ja er wird ideologisch heftiger denn je ausgetragen. Der Gegensatz zwischen einer auf Luxuskonsum zwecks Statusbehauptung gerichteten Wirtschaftshaltung und einer moralischen Ökonomie, die «materiellen» Genuss und kommerzielle Betätigung insgesamt als minderwertig abstempelt, lebte mit eigentümlich verwandelten Vorzeichen in der 68er-Bewegung fort. Was die Vorväter dieser jungen Bildungsbürger im 18. Jahrhundert als Veräußerlichung und daher unethisch abgelehnt hatten, wurde jetzt unter dem Oberbergriff Kapitalismus als pervertierte Wirtschaft der Ausbeutung politisch gebrandmarkt. Über zwei Jahrhunderte hinweg konstant aber blieb das Misstrauen gegenüber dem frei schaltenden und waltenden Unternehmer und das Lob des alles regulierenden Staates und seiner bildungsbürgerlichen Funktionsträger.

Zu Beginn des 21. Jahrhunderts aber weist die Debatte über eine moralisch zuträgliche Wirtschaftsordnung überraschende Frontverschiebungen auf. Das Prinzip des fairen Handels, der den Produzenten der Dritten Welt eine angemessene Gewinnspanne einräumt, stellt sich, als Bereitschaft, ohne Zwang für dasselbe Produkt mehr als notwendig zu bezahlen, als zeitgemäße Weiterentwicklung des humanistischen *liberalitas*-Grundsatzes und somit als extremer Kontrast zum Geiz dar. Zudem fand darin die alte Forderung der Theologen Widerhall, dass der Reiche dem Armen abzugeben hat, ohne diesen zu demütigen. In dieser Haltung, Preise nicht nach Marktchancen auszunutzen oder zu diktieren, sondern nach ethischen Maximen zu gestalten, ist also ein christlicher wie ein aristokratischer, in jedem Fall aber ein antikapitalistischer Kern auszumachen. Doch auch Bestandteile einer entschieden (bildungs-) bürgerlichen Wirtschaftsethik gesellen sich mit dem moralisch motivierten Verzicht auf Aufwand und dem Lob der ökologisch begründeten Einschränkung nicht selten hinzu. Alle diese Regeln und die von ihnen geleiteten Verhaltensweisen haben mit Geiz nur insoweit zu tun, als sie die Grenzen zur vernünftigen Sparsamkeit weiter oder enger ziehen – oder aber als Argument der Verbrämung und Verstellung dienen. Glaubt man Cartoonisten und Kabarettisten, so lassen sich bekennendes Gutmenschentum und Geiz besonders erfolgreich kombinieren. Der Prototyp des drittweltbewegten Geizkragens predigt demnach gerechten Kommerz, kauft aber heimlich im Superdiscounter Billigprodukte, die von Niedriglohnsklaven hergestellt wurden und eine weitere Auslagerung von Industrieanlagen aus Europa nach Asien zur Folge haben. Nüchtern betrachtet, zeugt dieses ebenso wirkungsvolle wie statistisch nicht belegbare Feindbild davon, wie heftig der Kampf zwischen den Vertretern der konkurrierenden Wirtschaftsethiken bis heute ausgetragen wird. Das spiegelt sich nicht zuletzt in der Aufmerksamkeit wider, die der von einem Großmarkt für Elektrogeräte lancierte Werbeslogan «Geiz ist geil» in der Öffentlichkeit fand. Die Wogen der Erregung gingen hoch, weil hier, so schien es zumindest, ein Laster gerecht gesprochen und damit ein Tabu gebrochen wurde – für konservative Kulturkritiker der Anfang vom Untergang des Abendlandes! Dabei ließ auch dieser nassforsche Spruch durchaus verschiedene Auslegungen zu. Wenn man die Einsparung an und für sich als «geil» betrachtete, wurde in der Tat der Geiz gesellschaftsfähig gemacht. Wenn man das Prinzip «Schnäppchen» hingegen als Gelegenheit für noch mehr Konsum interpretierte, lief es auf ein Lob des reinen Hedonismus hinaus.

An der Haltung zum Geiz lässt sich also bestimmen, in welchem Grade Gesellschaften aristokratisch oder bürgerlich geprägt sind – dieser Umkehrschluss hat im 21. Jahrhundert mehr denn je Bestand. Schon in Theodor Fontanes Ballade *Herr von Ribbeck auf Ribbeck im Havelland* bahnt sich die Trendwende an. Der alte Adelsherr ließ die Dorfjugend die Früchte von seinem Birnbaum genießen. Danach aber war diese Ökonomie der Freigebigkeit beziehungsweise Selbstbedienung aufs höchste bedroht.

«He is dod nu. Wer giwt uns nu 'ne Beer?»
So klagten die Kinder. Das war nicht recht –
Ach, sie kannten den alten Ribbeck schlecht;
Der neue freilich, der knausert und spart,
Hält Park und Birnbaum strenge verwahrt.

In einem Wort: Er ist geizig. Doch die alte Großzügigkeit ist nicht tot, sondern nur an den Ort der Toten, auf den Friedhof, umgezogen. Dort wächst ein neuer Birnbaum und mit ihm die alte Großzügigkeit aus dem Grab – ein moralisch erbaulicher Schluss, der jedoch nichts daran ändert, dass sich die Maßstäbe der Ökonomie und damit des Geizes unumkehrbar verschoben haben.

Wie es um die Annahme oder Ablehnung des Geizes heute wirklich steht, zeigen die Verhältnisse in Entenhausen. Bei aller Verschrobenheit, deren Exzesse manchmal auch schmerzhafte Profiteinbußen zur Folge haben, ist der geizige Hyperkapitalist Dagobert Duck doch ohne Frage die eigentliche Vorbildfigur der Comicwelt und damit der Jugend. Seine Schläue behält die Oberhand, ja, sein Geiz erweist sich dem protzig aufwendigen Parvenügehabe seines Erzrivalen Klaas Klever (auch Rockerduck genannt) als strategisch überlegen. Maximal geht es darum, Übersteigerungen eines an sich richtigen Prinzips zu vermeiden. Dieser Mittelweg ist dann beschritten, wenn sich der Milliardär nach dem Bad im Geldspeicher zu einer Spende für die Verschönerung der öffentlichen Parks von Entenhausen durchgerungen hat. Nach soviel Bezeugung von Gemeinsinn ist Geiz gerechtfertigt. Jedenfalls erhob sich kein Proteststurm, als ein millionenschwerer Star der Unterhaltungsmusik öffentlich im Brustton moralischer Grundanständigkeit bekundete, grundsätzlich in Hotels und Restaurants keine Trinkgelder zu geben. So dürfte sich die tonangebende Richtung der Gegenwart im verschwiegenen Lob des moderaten Geizes einig sein.

Darin will sie das vorliegende Buch nicht bestärken. Anklagen aber soll es genauso wenig. Es will vielmehr aufzeigen, wo zu verschiedenen Zeiten die Grenzen zwischen einer noch akzeptablen Einschränkung des Gebens und dem Geiz verlaufen. Glaubt man dem Witz, dann hat es Geiz schon in den Wohnhöhlen der Steinzeit gegeben. Während die Horde die gemeinsame Jagdbeute verzehrt, legt der Geizige in einem dunklen Winkel geheime Reserven an, die ihn von den anderen unabhängig machen sollen. Wie dem auch sei, schon die griechischen und römischen Moralisten des Altertums schildern den Typus des Geizigen mit all seinen Verstellungs- und Vermeidungsstrategien. Dennoch sprechen gewichtige Gründe dafür, eine Geschichte des Geizes mit dem Ausgang des Mittelalters einsetzen zu lassen. Zum einen wird der Geiz durch das Christentum zu einem Hauptlaster, aus dem das Seelenheil gefährdende Sünden hervorgehen; mit der Durchsetzung und Verinnerlichung des christlichen Normenkatalogs wird Geiz daher im Lauf von Jahrhunderten umgewertet und neu definiert. Zum anderen ist Geiz – siehe die Steinzeithöhle – zwar nicht an Geldwirtschaft gebunden, doch tritt er in einer Subsistenz- und Naturalwirtschaft sehr viel weniger deutlich hervor. Umgekehrt ausgedrückt: Erst durch die dynamische Entfaltung von Bank- und Kreditwesen und die damit einhergehenden Veränderungen von Vermögensstrukturen und Sozialprestige wird Geiz ein Phänomen der Öffentlichkeit und Gegenstand breiterer Diskussionen. Drittens schließlich bildet sich als Folge dieser Entwicklungen das Spannungsverhältnis von stadtbürgerlicher und aristokratischer Wirtschaftsethik heraus, durch das Geiz unterschiedlich definiert wird. Auf diese Weise spiegeln die Debatten über den Geiz und der Umgang mit ihm die Wesenszüge von Epochen wider. Die Geschichte des Geizes wird so zu einem Spaziergang durch sechs Jahrhunderte.

An seinem Anfang wird der Geiz in den Bildern Hieronymus Boschs und damit als eines der sieben Hauptlaster der mittelalterlichen Theologie vorgestellt (Kapitel 1). Was Geiz im Frankreich Ludwigs XIV. und speziell für das Bürgertum des 17. Jahrhunderts bedeutete, zeigt Kapitel 5, das dem Geizigen Molières gewidmet ist. Demgegenüber versinnbildlichen Leben und Ansichten des Herzogs von Richelieu den Gegenpol: das aristokratische Verständnis einer ebenso gerechten wie nützlichen Ökonomie, in der die Ausgaben für die Pflege des Images den höchsten Stellenwert besitzen (Kapitel 6). Kapitel 8 schließlich fragt nach der Wirtschaftsethik Jean Calvins sowie Benjamin Franklins und damit nach dem Verhältnis von Calvinismus und Kapitalismus.

Darüber hinaus soll der Geizige in Aktion, in seinem Lebensraum, in seiner Besessenheit und in seinem andauernden Konflikt mit der Außenwelt präsentiert werden. Sechs Lebensgeschichten im Zeichen des Geizes sollen ein historisches Umfeld und seine Normen ausloten. Dabei steht Francesco Datini für das Bankwesen und den Großhandel im Zeichen des spätmittelalterlichen Normensystems (Kapitel 2), König Ludwig XII. für die große europäische Politik und ihren Machiavellismus in der Renaissance (Kapitel 3), Dietrich Flade für Hexenwahn und Hexenverfolgung der Neuzeit (Kapitel 4). Die Geschichte Wilhelms des Geizigen von Hessen beleuchtet die Umbrüche zwischen dem späten Ancien Regime, der Französischen Revolution, dem Zeitalter Napoleons und der Restauration auf dem Kontinent (Kapitel 7), während James «Jemmy» Wood für die englische Gegenwelt der Zeit mit ihren Kontinuitäten und moralischen Gewissheiten Zeugnis ablegt (Kapitel 9). Den

Schluss bildet die erstaunliche Vita Jean Paul Gettys, des Ölmagnaten, der nicht nur dem Kunsthandel, sondern auch den Entführern seines Enkels die Preise diktierte (Kapitel 10). Diese Lebensgeschichte illustriert zum einen das Fortleben humanistischer Normen im 20. Jahrhundert und damit eine Synthese des Geizes aus den Bestandteilen der Alten wie der Neuen Welt. Wofür sie sonst noch steht, wird der zukünftige Verlauf der Globalisierung zeigen.

So zeichnen sich Phasen der Strenge und der Lässlichkeit in der Definition von Geiz sowie im Umgang mit ihm ab – und damit die Umrisse eines historischen Gesamtbildes. Herrscht im 14. und 15. Jahrhundert das Verdikt der Theologen vor, die in einer immer dynamischeren Geldwirtschaft eine Störung der gottgewollten Ordnung und im Geiz den hässlichen Zeitgeist, nämlich Hartherzigkeit und frevlerisches Aufgehen im Diesseits sehen, so wandelt sich diese Einstellung im Jahrhundert der Reformationen grundlegend. Almosengeben ist jetzt keine Pflicht an sich und erst recht kein heilswirksames gutes Werk mehr. Ob eine milde Gabe angebracht ist oder nicht, entscheidet sich an der Einstellung des Empfangenden – will er nur faulenzen, ist Großzügigkeit fehl am Platze. Und auch der eherne Grundsatz der Humanisten, dass die Reichen und Mächtigen dazu verpflichtet sind, glänzend aufzutreten sowie die Künste und Wissenschaften freigebig zu fördern, tritt in streng denkenden reformierten Milieus zurück. Sie stimmen kein Lob des Geizes an, doch sind sie jedweder Kultur der Prunkentfaltung zutiefst abgeneigt. Sparsamkeit wird dadurch erstmals im höheren Sinne zur Tugend, Geiz daher neu, und zwar grundsätzlich enger und eingeschränkter, definiert. Tiefe Prägungen hinterlässt diese neue Wirtschaftsethik, die ab der Mitte des 16. Jahrhunderts in abgewandelter, meistens eher abgeschwächter Form auch in die katholische Reform Eingang findet, in stadtbürgerlichen Milieus, bei Kaufleuten und Handwerkern.

In schroffer Opposition dazu entfaltet sich das umgekehrte Wertesystem des Adels: Verachtung des schnöden Gelderwerbs und des noch schnöderen Mammons, Hochherzigkeit statt hoher Kontostände. Diese Konkurrenz der Normen durchzieht das gesamte Ancien Regime bis zur Französischen Revolution. Im 18. Jahrhundert wird nämlich nicht nur das Hohelied der Sparsamkeit, sondern auch das Lob des Luxuskonsums angestimmt. Bernard Mandeville zum Beispiel wertet das persönliche Laster der Genusssucht zum öffentlichen Nutzen um – Verschwendung wandelt sich zur Arbeitsbeschaffungsmaßnahme. Dieser Grundsatz stößt vor allem unter Bankiers und Unternehmern auf Gegenliebe. Mag ein Teil von ihnen – und zwar keineswegs nur der reformierte – auch nach dem Prinzip wirtschaften, dass Geld nicht genossen, sondern in die Firma reinvestiert werden muss, so treten doch nicht wenige der neuen Reichen im 19. und 20. Jahrhundert an die Stelle einer Aristokratie, die ihren Vorrang des Prestiges und der Normensetzung nach und nach verliert. Die Folge ist, dass man sich über Geiz weniger denn je einig ist. Was für Lehrer, Pastoren und Professoren Verschwendung und daher ein Zeichen für Bildungslosigkeit und Unmoral ist, ist für den Manager und Industriellen die zweckrationale Abspiegelung seiner Zahlungsfähigkeit und seines Status – und die Ablehnung dieses Aufwandes Geiz. Zu Beginn des 21. Jahrhunderts aber hat es den Anschein, als ob sich die restriktive Haltung durchsetzt und Geiz aus dem öffentlichen Bewusstsein verschwindet, ja regelrecht weg-gedacht wird.

Möge der Leser seine eigenen Rückschlüsse daraus ziehen.

1 Zwischen Gott und Geld

Hieronymus Bosch und die «Sieben Todsünden»

Der Kreislauf der Laster

Wer an diesem bemalten Tisch speiste, sah die Welt so, wie sie war und wie sie bleiben würde (Abbildung Seite 34). Die Holzplatte ist rund, so wie die Szenen der sieben Hauptlaster, mit denen sie Hieronymus Bosch (um 1450–1516) bemalt hat. Alles dreht sich, alles bewegt sich im immergleichen Rhythmus des Bösen. Ja, das Böse hält die Welt geradezu in Bewegung, eine Verwerflichkeit geht in die andere über in diesem sich unaufhörlich drehenden Karussell der menschlichen Urantriebe. Außerhalb dieses höllischen Drehwurms stehen die Vier Letzten Dinge fest: Tod, Auferstehung zum Jüngsten Gericht, Hölle und Paradies. Doch die Gravitation des Lebens ist ohne jede Beziehung zu diesen Fixpunkten. Ja, die Schleuderbewegung der sieben Hauptlaster mit ihrer unveränderlichen Kreisbahn scheint geradezu den Zweck zu verfolgen, den Blick abzulenken von dem, was doch für jeden einmal kommen muss. Der Mensch in all seiner Triebhaftigkeit tobt sich aus, um das Ewige nicht sehen zu müssen. Er strampelt sich ab im perversen Rad der Laster und kommt doch nicht vom Fleck, geschweige denn zum Heil.

Dabei fehlt es nicht an weiteren Mahnungen. In der Mitte der Tischplatte prangt – durch einen grellen Strahlenkranz wirkungsvoll hervorgehoben – das Auge Gottes. In seiner Pupille bricht sich das Bild des Gekreuzigten, der auf seine blutende Wunde zeigt. Aber Gottes Blick ist dadurch nicht getrübt, im Gegenteil: Nimm

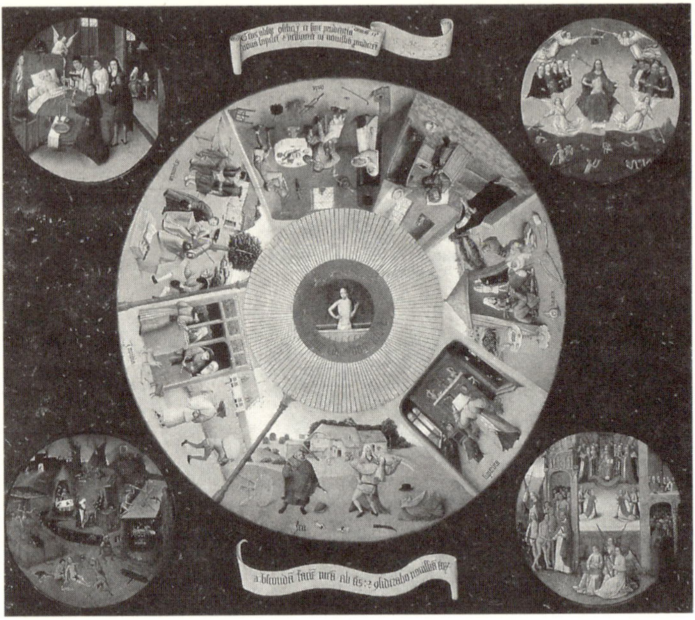

Auf Hieronymus Boschs Bildtafel dreht sich das Böse von einem der sieben Hauptlaster zum anderen. Im Auge des fatalen Orkans steht unverrückbar Christus der Schmerzensmann. Doch die Sünder umtosen ihn, als ob ihr wüstes Treiben niemals endete. Dabei steht der Ablauf der Geschichte unverrückbar fest: Tod, Auferstehung zum Jüngsten Gericht, Paradies oder Hölle. – «Die sieben Hauptlaster und die vier letzten Dinge», Prado, Madrid.

dich in Acht, Gott sieht es, so lautet eine von drei schriftlichen Warnungen. Die zweite klagt darüber, dass der Mensch Vorsicht, Vernunft und Einsicht verloren hat. Und die dritte droht damit, dass der Herr sein Angesicht von denen abwenden wird, die sich dem Bösen zuwenden.

Doch diese Appelle fruchten nichts. Wie sollten sie auch? Diejenigen, die von einer bösen Leidenschaft zur anderen hetzen, hören sie ja nicht. So aber bleibt auch die Sterbeszene offen. Gewiss, es fehlt nicht an frommen Gerätschaften und kirchlichem Personal am Lager des Moribunden; gleich zwei Weltpriester sowie eine Nonne und ein Mönch vertreten den Heilsapparat der Kirche. Doch auch ein sehr weltlich gekleideter Herr ist anwesend. Er dürfte in Ge-

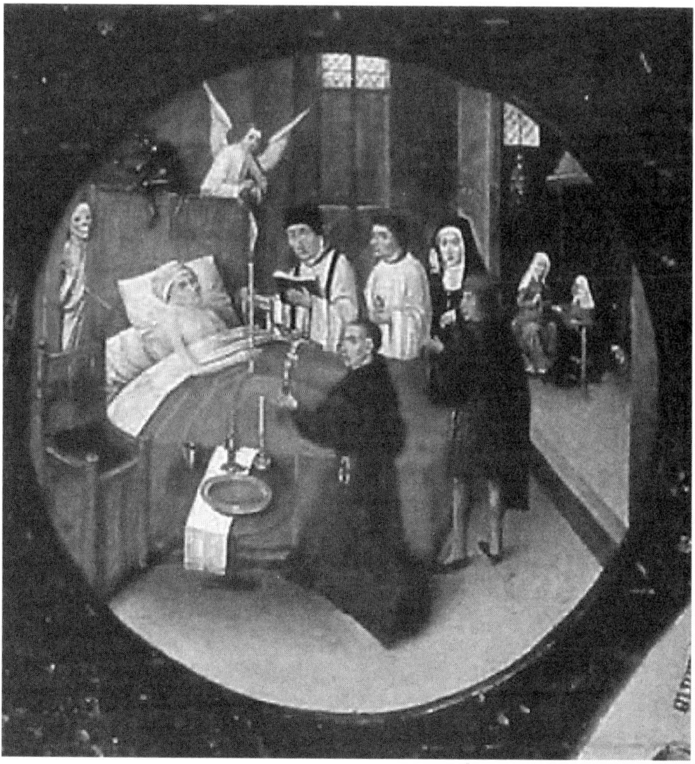

Der Knochenmann schleicht sich von hinten an. Um die Seele des Sterbenden ringen Teufel und Engel. Doch der Ausgang dieses Kampfes stimmt hoffnungsvoll: Der geflügelte Himmelsbote und die Diener der Kirche haben die Oberhand gewonnen, die dämonische Kreatur wendet sich angewidert ab. – Ausschnitt aus der Bildtafel von Hieronymus Bosch (vgl. Seite 34).

schäften gekommen sein, die draußen im Vorraum, wo das Leben munter weitergeht, bereits eifrig verhandelt werden. Vor dem Sterben sind schließlich Vermögensangelegenheiten zu regeln; für die Erben ist der Tod des Reichen ein Geschäft.

Doch nicht nur ihre Interessen stehen auf dem Spiel. Noch ein anderer Wettstreit wird ausgetragen. Ein Teufel und ein Engel sitzen über dem Haupt des Todkranken. Und der Moment der Entscheidung naht. Der Tod ist von hinten gekommen, wie ein Dieb in der Nacht. Noch zielt er mit seinem graziösen Pfeil nicht aufs Herz. Doch wird er es in Kürze zu treffen wissen. Wohin aber wird dann die Seele gewandt sein, zum Himmel oder zur Hölle? Der Engel hat die Verbindung zum Sterbenden sichtbar hergestellt, der affenhafte Dämon hingegen scheint sich angewidert abzuwenden. So spricht am Ende vieles für einen guten Ausgang der Lebensreise. Schließlich steht Christus, der Schmerzensmann, im Mittelpunkt. Er hat in seiner Barmherzigkeit scin Blut geopfert, um die Menschen aus der Kreisbahn der Laster zu erlösen. Er allein ist die Rettung aus der ausweglosen Rotation des Bösen.

Welche Laster die Wurzeln der menschlichen Sündhaftigkeit bildeten und daher theologisch ungenau, aber einprägsam als «Todsünden» zu bezeichnen seien, wurde seit dem späten vierten Jahrhundert eifrig systematisiert und katalogisiert. Kanonische Gültigkeit gewann für die Folgezeit die Auflistung Papst Gregors des Großen (590–604). Demjenigen, der auf die Tischplatte des Lebens blickte, sprang zuerst *ira*, der Zorn, ins Auge. Gemalt ist er als sinnlose Triebkraft der Zerstörung. Vor einem Bauernhaus bekämpfen sich zwei Kontrahenten mit allen nur denkbaren Waffen und Gerätschaften. Sie rasen in blinder Wut, aller Mäßigung unzugänglich, die in Gestalt einer Frau einem der beiden in den Arm zu fallen versucht. Das Wesen des Lasters besteht darin, den ganzen Menschen zu erfassen. Dieselbe zerstörerische Exklusivität versinnbildlicht die Szene der *superbia*, des Hochmuts. Ihn verkörpert eine Frau vor einem Spiegel, den ihr eine scheußliche Kreatur der Hölle vors Gesicht hält. Aus einer offenen Truhe quellen eine Kette und ein goldbesetzter Gürtel; die Schatulle ist länglich und schwarz wie ein Sarg. Auf dem Schrank stehen kostbare Vasen und Pokale. Auch sie symbolisieren den Kult der schönen Dinge, an den die Reichen ihre Seele verlieren. Dieselbe Gesellschaft verlustiert sich in der anschließenden Szene der *luxuria*, der Ausschweifung. Zu diesem Zweck ist sie aus der Stadt aufs Land gezogen. Gemalt ist ein Frühstück im Grünen mit allen Attributen der Vornehmheit; dazu gehören ein edel gedeckter Tisch, professionelle Spaßmacher, Musikinstrumente und ein Brokatzelt. In dessen Hintergrund vergnügen sich zwei geckenhaft gewandete Personen; sie sind im Begriff, nach der üppigen Mahlzeit zu anderen fleischlichen Genüssen überzugehen.

Die Unterwelt ist von Hochöfen, Siedekesseln und Bratspießen hell erleuchtet. Hier müssen diejenigen fühlen, die zuvor nicht hören wollten. Hier ist das Siebenerrad der Laster zum Stillstand gekommen: Hölle, hier ist dein Sieg. – Ausschnitt aus der Bildtafel von Hieronymus Bosch (vgl. Seite 34).

Dann ein harter Kontrast der Lebensräume. In der Szene der *accedia*, der religiösen wie sittlichen Trägheit, ist ein Geistlicher vor dem behaglichen Kamin eingeschlafen, animalisch erschlafft wie der kleine weiße Hund zu seinen Füßen. Doch was der Vierbeiner darf, ist für den Menschen Sünde. Und der Pflichtvergessene weiß es auch. Im Traum erscheint ihm eine Nonne mit Rosenkranz und Gebetbuch; sie zeigt ihm, was er eigentlich tun sollte. Darauf folgt *gula*, die Völlerei. Ein bereits unmäßig beleibter Esser schlingt Speisen von einem reich gedeckten Tisch in sich hinein, von einem nicht minder übergewichtigen Kind bei der Nahrungsaufnahme aufs heftigste bedrängt. Nachschub in Form eines Huhns, welches die Aufwärterin eilfertig herbei trägt, und über dem Feuer gerösteter Wurst lässt nicht auf sich warten. Auf der rechten Seite des Tisches wird der Trunksucht gefrönt. Eine zerlumpte und ausgemergelte Gestalt trinkt so gierig aus einem Krug, dass ihr die berauschende Flüssigkeit nicht nur in die Kehle, sondern auch über die Schulter rinnt. Beide Szenen tierischer Triebverfallenheit mögen zum Lachen anreizen.

Die Darstellung der *avaritia*, der Habgier und des Geizes zugleich, hingegen entbehrt, wie alle anderen auch, jeglicher Komik. Wäre sie nicht entsprechend beschriftet, hielte man sie für eine Illustration der Bestechlichkeit. Unter der Linde sitzt auf seiner Bank der ungerechte Richter. Er verweigert dem schutzflehenden Armen, der ihm mit allen Zeichen der Demut gegenübertritt, was ihm zusteht, ja er bedroht ihn mit finsterer Miene und seinem Stock. Warum, ist nicht dem Abgewiesenen, wohl aber dem Betrachter des Bildes ersichtlich. Am rechten Bildrand nämlich nähert sich, nicht minder unterwürfig, ein weiterer Bittsteller, der verstanden hat, wie hier «Recht» gesprochen wird – er hält seine Münze bereit, die sich der hinterrücks ausgestreckten Krallenhand des pflichtvergessenen Richters entgegen schiebt. Bestechungsgeld anzubieten hat also der abschlägig Beschiedene versäumt. Die beiden finsteren Gestalten am linken Bildrand – vielleicht Schöffen – sind in das perfide Spiel eingeweiht. Einer hält die Urkunde in der Hand, die die legitimen Ansprüche des Klägers beweist; der andere zeigt mit der Hand auf diesen, als wollte er ihn schon im Voraus verspotten: Brief und Siegel kommen gegen die Überzeugungsmacht des Geldes nicht an.

Wer profitiert und wer verliert, zeigen Vorder- und Hintergrund. Vorne auf dem Pult liegt ein Buch aufgeschlagen, daneben Feder und Tintenfass. Vielleicht ist es ein Verzeichnis der verkündeten Urteile. Doch ähnelt es penetrant einem Kontobuch, in dem der käufliche Richter seine Gewinne notiert. Die Hütte des Abgewiesenen aber ist baufällig, das Dach klafft offen, die Mauer weist Lücken auf, vor der Tür kläfft ein halb verhungerter Hund. Die Welt ist in die Hände der Bösen gefallen, die die Armen ausbeuten. Diese Botschaft versinnbildlicht selbst der Baum. Ihm ist kurz

Wie der Geizige will auch der Neidische immer mehr und sieht nicht, was er durch seine sündhafte Unzufriedenheit verliert. «Du sollst nicht begehren, was deinem Nächsten gehört» – doch im Rad der Laster werden die Zehn Gebote mit Füßen getreten. – Ausschnitt aus der Bildtafel von Hieronymus Bosch (vgl. Seite 34).

unter dem Blattwerk eine tiefe Kerbe geschlagen worden; aus ihr rinnt Harz wie Blut aus den Wundmalen Christi herab. Der unstillbare Drang nach mehr Besitz hat die Justiz zu einer Farce herabgewürdigt, schrankenlose Habgier hat die Welt aus dem Gleichgewicht gebracht. Doch kommt in der Szene der Bestechlichkeit auch das tiefste Wesen des Geizes zum Ausdruck. Der korrupte Richter will mehr, als ihm zusteht; und er gibt nicht, was er auszuteilen verpflichtet ist. Der Austausch der Güter ist unterbrochen, denn die Reichen und Mächtigen geben nichts ab. Was sich auf der einen

Seite staut, lässt die andere Seite ausdörren. Die nach Gerechtigkeit lechzen, müssen verdursten.

Das Thema der ungleichen Verteilung der Güter dieser Welt nimmt auch die Darstellung der *invidia*, des Neides, wieder auf. Aus einem ansehnlichen, mit Wappenschildern geschmückten Haus blickt ein ältliches Paar begehrlich auf die Straße. Dort nämlich sehen die beiden, was sie selbst nicht haben: Vornehmheit in Gestalt eines Adligen und Reichtum. Dieser manifestiert sich im prall gefüllten Warensack, den eine gebückte Gestalt seinem stolzen Eigentümer entgegenträgt. Hinter einer zinnenbewehrten Mauer schließlich prangt ein schlossartiges Gebäude. Es ist die Stein gewordene Sehnsucht, Provokation und Frustration der beiden Neidischen zugleich: Herrschaftlich wie in diesen noblen Hallen zu leben, ist ihre Gier; dass sie unerfüllbar ist, ihre Qual. Ihre Verblendung sticht ins Auge. Wie die beiden Hunde, die die ihnen zugeworfenen Leckerbissen verschmähen und stattdessen den noch verlockenderen Riesenknochen in der Hand des Mannes begehren, sind sie blind für das, was sie haben. Der Neidische schätzt hoch, was ihm fehlt, und gering, was ihm gehört. Das aber hat fatale Folgen. Gefesselt von den fremden Schätzen, sehen die beiden Neidischen nicht, was sich in ihrem eigenen Haus zur selben Zeit abspielt. So gebannt blicken sie hinaus, dass ihnen die Folge des Neides, die Verführbarkeit, völlig entgeht. Unmittelbar neben ihnen nämlich verfällt ihr Töchterchen dem Liebeswerben eines jungen Mannes. Dieser hat seine Chancen klar erkannt. An seinem Gürtel prangt eine riesige Geldtasche.

Was die sieben Hauptlaster zu einem einzigen, die Welt beherrschenden Antrieb verbindet, tritt mit aller Deutlichkeit hervor. Es ist die Absolutsetzung des Ichs, und zwar ohne Rücksicht auf die Folgen. So betrachtet, sind Zorn, Hochmut, Ausschweifung, Trägheit, Völlerei, Geiz und Neid nur sieben Variationen eines einzigen Themas. Jedes dieser Laster bemächtigt sich des Menschen mit einer Ausschließlichkeit, die keinen Raum für anderes oder für den Anderen, geschweige denn für Mitmenschlichkeit lässt. Hinter allen Lastern aber steht der schrankenlose Egoismus, der die Regeln des Anstands bedenkenlos außer Kraft setzt, wenn es dem eigenen Vorteil dient. Dieses rückhaltlose Ausleben des Egos hat den Ver-

In dieser Szene der Habgier, die mit allen Bildtraditionen bricht, herrschen Hartherzigkeit, Bestechung und Betrug. Wer das böse Spiel der Begehrlichkeit und des Geizes nicht mitspielt, verliert Haus und Hof. – Ausschnitt aus der Bildtafel von Hieronymus Bosch (vgl. Seite 34).

lust des Maßes, des Gleichgewichts und damit Gottferne zur Folge. Die wahre Lebensordnung schreibt vor – so werden die Theologen der Zeit zu predigen nicht müde –, die Güter der Welt maßvoll, im stetigen Bewusstsein ihrer Vergänglichkeit und Unzulänglichkeit, zu nutzen, anstatt sich ihrem Genuss zu verschreiben. Nur wer loslassen und damit abgeben kann, gewinnt das wahre Gut, nämlich die Gnade Gottes im Paradies.

In diesem Sinne wird Geiz zur Grundformel des Bösen und zur Hauptursache des Heilsverlusts. Nur wer sich leichten Herzens von seinen irdischen Besitztümern lossagt, wird des Himmels teilhaftig. Wer aber mit seinen zeitlichen Ressourcen geizt, steht am Ende, wenn die Posaunen zum Jüngsten Gericht blasen, mit leeren Händen da. Was ihn danach erwartet, zeigt das Bild der Hölle mit aller wünschenswerten Deutlichkeit (Abbildung Seite 37). Die Strafen, die hier verbüßt werden müssen, dauern im Unterschied zur nicht bestandenen Lebensprobe ewig. In der von lodernden Schmelzöfen der Qual erleuchteten Unterwelt erhält jeder, was ihm gemäß seinem Haupttrieb gebührt. Dem Völler werden Kröten und Schlangen zum Fraß serviert, das ehebrecherische Pärchen wird von Dämonen liebkost, die Neidischen werden von ausgehungerten Bestien bei lebendigem Leibe zerfleischt. Nicht minder grausam werden Zorn und Trägheit betraft: Der Träge ist auf den Prügelbock gespannt, während der Zornige auf der Folterbank gemartert wird. Das dem Hochmut verfallene junge Paar hingegen kommt, rein körperlich betrachtet, glimpflich davon. Ihm hält, wie schon auf Erden, ein Teufel den Spiegel vors Gesicht. Diesmal aber ist keine Selbsttäuschung mehr möglich. Beide müssen mit Entsetzen erkennen, wohin sie ihr Stolz gebracht hat: ins ewige Verderben. Ist ihre Qual seelisch, so erwartet die Geizigen die schauerlichste physische Tortur. Sie werden, von Dämonen umringt, in einem riesigen Ölkessel bei lebendigem Leibe gesotten. Sie schmoren wortwörtlich im eigenen Saft. Die Güter, die sie zu Lebzeiten eigensüchtig horteten, kehren sich jetzt gegen sie.

Umwertung ist also die Botschaft der bemalten Tischplatte. Wer zu Lebzeiten nicht erkennt, dass er den falschen Werten nachjagt, lernt diese Lektion im Jenseits, also zu spät. Wie aber kann man sich der Macht der Laster entziehen, wenn sich doch alle Welt freudig unter ihr Joch spannen lässt? Das Bilderkarussell gibt darauf keine klare Antwort. Obwohl der Tischplatte eine klare antiklerikale Tendenz fehlt, erscheint das Personal der Kirche zumindest im Zwielicht. Schließlich verkörpert die Trägheit des Glaubens ausgerechnet einer ihrer Vertreter; andererseits ist unter den Auferstandenen auch ein Mann mit Tonsur, also ein Mönch. Eine Möglichkeit, sich dem Bösen zu entziehen, bestünde laut theologischer Lehre der Zeit darin, in die Einsamkeit hinauszuziehen und so das Risiko der Ansteckung zu meiden. Diesen potentiellen Ausweg hat

Bosch in anderen Bildern oft gemalt – mit allen in diesem Eremitendasein schlummernden Gefahren. Heilige Einsiedler wie Antonius in der Wüste führen die Teufel in die schwerste Versuchung. Sie zeigen ihnen nicht nur die verführerischen Schätze dieser Welt, sondern fallen in hellen Scharen über sie her. Die Ortsveränderung allein bewirkt also rein gar nichts. Das Böse mag im Umgang mit der Welt lauern; seine stets bedrohliche Kraft aber lebt in der Menschenseele selbst.

Der Tod des Geizigen

Wie kann man sich ihr entziehen? Geiz als Matrix aller Laster hat Hieronymus Bosch, wohl als Seitenstück eines Triptychons, lange nach der Siebenertafel nochmals gemalt (Abbildung Seite 44). Hier genügt eine einzige Szene. Sie sagt alles. Alles ist in einem einzigen Augenblick verdichtet, und zwar im alles entscheidenden Moment des Todes. Wie alle anderen Sünder hat auch der Geizige bis zum Schluss die Chance, seinem Laster abzuschwören. Und diese Absage wird ihm durch die ebenso unergründliche wie unverdiente Gnade Gottes auch noch leicht gemacht. Das fahle Gerippe mit dem tödlichen Pfeil in der Hand, auf dem der Blick des Kranken ruht, zeigt krass genug an, dass man die Schätze dieser Welt nicht in das andere, ewige Leben mit hinübernehmen kann. Zudem kniet neben dem Sterbenden ein Engel, der diesen mit höchster Anspannung auf ein weiteres Heilszeichen aufmerksam zu machen versucht: Hoch oben im Fenster erscheint der Erlöser am Kreuz, aus seinen Wunden entspringt ein Lichtstrahl. Erreicht er den Moribunden, den er aufrütteln soll?

Die Gegenkräfte sind in der Überzahl, die höllischen Heerscharen sparen nicht an ihrem Aufgebot. Der Oberdämon lauert auf dem Betthimmel. Im Gegensatz zum geflügelten Himmelsboten hält er Abstand, so sicher ist er offenbar seiner Sache. Fünf seiner Hilfsteufel aber sind eifrig am Werke. So wie es im Wesen des Bösen liegt, äffen sie die Wahrheit nach. Auch sie begnügen sich damit, dem Sterbenden ihre Attraktionen zu zeigen. Doch was sie vorweisen, ist von anderer, irdischerer Art als das Heil, auf das der Engel

Himmel oder Hölle? Im Gegensatz zur ersten Sterbeszene (Seite 35) ist in Hieronymus Boschs später entstandenem Bild «Tod eines Geizhalses» jeglicher Optimismus verflogen. Christus ist so klein und so weit, die höllische Heerschar hingegen allgegenwärtig. Und die Schätze des Sterbenden wird der Heuchler übernehmen, der sie im Vordergrund gierig taxiert. – Louvre, Paris.

deutet. Sie haben die Schätze dieser Welt zu bieten, die man nicht wie das Kreuz mit dem inneren Blick, sondern mit dem bloßen Auge sieht und mit den Händen ertasten kann. Eine teuflische Kreatur hat es bis an die Seite des Bettes geschafft. Dort bedient der Dämon die gierigen Hände. Geradezu reflexartig streckt sich die Rechte des Geizigen dem prall gefüllten Geldsack entgegen. Und auch die Linke folgt nicht der rettenden Hand des himmlischen Geschöpfs. Stattdessen versucht sie den Pfeil des Todes abzuwehren. Der Sterbende will das Unmögliche: Er will weiterleben, um noch mehr Schätze anzuhäufen.

An der Schwelle zum Tode ist er immer noch vom Geiz beseelt. Was sein Geiz zu Lebzeiten angerichtet hat, kann im Bild ebenfalls besichtigt werden. Im Gegensatz zum Todkranken der Sieben-Laster-Tafel ist er von allen guten Menschen und auch von den Dienern der Kirche verlassen. Schlimmer noch: Der einzige Mensch, der sich im Sterbezimmer eingefunden hat, ist zwar mit Rosenkranz und Kreuz ausgestattet, doch gilt sein ganzes Trachten dem schnöden Mammon, den ihm ein weiteres Teufelchen in einem offenen Sack entgegenhält. Sein Sicherheitsschlüssel mit siebenfach gegliedertem Bart, der fraglos seine geheime Schatzkammer einbruchsicher verschließt, weist ihn als Gesinnungsgenossen des Sterbenden aus. Über seine Motive, sich hier aufzuhalten, kann es daher keine Zweifel geben. Der als Frömmler verkleidete Habgierige will erben. Offenbar sieht er die Schätze des anderen bereits als seine eigenen an. Warum sollte er sonst seine Münze den Schätzen des Sterbenden hinzufügen? Dass er sich alleine eingefunden hat, gibt gleichfalls zu denken. Gemeinhin stehen dem Sterbenden Verwandte und Freunde bei. Dass dieser Todkranke seine letzte Stunde allein mit einem heuchlerischen Erbschleicher verbringt, zeigt an, was der Geiz auf Erden zur Folge hat: Vereinsamung. Wer nicht abgeben kann, steht am Ende isoliert oder schlimmer noch: in Gesellschaft seinesgleichen da. Der Mensch, das unheilbare Instinktwesen, ist eine Insel für sich selbst. Jeder giert und stirbt für sich allein.

Auf dieser Schaubühne, die ein weiterer Höllendiener mit kostbarem Stoff drapiert, wird das ewig gleiche Schauspiel von Lug und Trug, Verstellung und Heimtücke gespielt. Dahinter aber verbirgt sich der alles beherrschende Trieb, der Welt immer mehr abzuringen, ohne ihr abgeben zu müssen. Dahinter müssen alle anderen Werte zurücktreten. Schwert, Schild, Helm, Lanze und Fehdehandschuh finden nicht einmal den Weg auf die Bühne, sie müssen hinter der Trennmauer zurückbleiben. Als Abzeichen des Adels versinnbildlichen sie die Gegenwerte der Großmut und der Uneigennützigkeit. Doch nicht nach ihnen greift die Hand des Sterbenden, sondern nach dem Geld. Der Aristokrat ist zum Wucherer geworden, Geiz ist nicht mehr das Laster eines Berufsstandes, sondern der Menschheit insgesamt. Damit malt Bosch eine umfassendere Kritik, als sie gemeinhin von den Kanzeln zu hören war. Im Zentrum der kirchlichen Geiz-Lehre nämlich standen die Geldverleiher. Sie pressten den Bedürftigen für ihre Kredite Wucherzinsen ab. Damit verstießen sie gegen den biblischen Grundsatz, dass man seinem Nächsten ohne Gebühr aushelfen sollte. Wer dafür Zinsen einzog, war also eines eklatanten Mangels an *caritas*, an Nächsten- und Gottesliebe eminent verdächtig. Auf diese Weise verfiel seit dem 13. und 14. Jahrhundert das mächtig aufblühende Gewerbe der Bankiers dem Pauschalverdikt des Geizes in seiner abstoßendsten Form. Paradox daran war, dass das Papsttum in derselben Zeit deren Dienste immer dringender bedurfte. Zu diesem Zweck ersannen die Theologen und Kanoniker kirchenrechtliche Regelungen, die das eigentlich Verbotene legalisierten. Sie zwangen dadurch die Banken, Darlehen als komplizierte Wechseloperationen zu verkleiden; bei einem Wechselgeschäft nämlich kam Risiko ins Spiel, und Risiko rechtfertigte die Erhebung von Gebühren. Dazu kamen mancherlei weitere Konditionen, die die Geldgeschäfte behinderten. Für die Bankiers waren diese Restriktionen umso ärgerlicher, ja heuchlerischer, als sich die Häupter der Kirche immer ungehemmter daran machten, die Schätze dieser Welt einzusammeln. Ein Papst wie Johannes XXII., der mit 72 Jahren zum Nachfolger Petri gewählt wurde (und entgegen allen Erwartungen volle 18 Jahre lang von 1316 bis 1334 seines Amts als Oberhaupt der Kirche waltete), organisierte von seiner Residenz in Avignon aus eine ganz Europa dichtmaschig umspannende Besteuerung der Kirche und zog ungeheure Reichtümer ein. Sein Ruf als Geizhals und Wucherer war so verheerend, dass der florentinische Dichter Dante Alighieri dieses Treiben auf seiner Jenseitswanderung schon zu

Lebzeiten des umtriebigen Pontifex maximus als Gesprächsstoff in der Hölle notiert.

In den nutzlos weggeworfenen Waffen des Bildes mag eine Spitze gegen den Adel zu sehen sein, der in Geiz und Habgier den Wucherern gleich geworden ist. Im weiteren Verständnis aber ist das Gleichnis einer Welt gemalt, die Habgier und Geiz verfallen ist, obwohl sie diese von Stand und Berufs wegen zu bekämpfen hat. Das verlangen nicht nur Gott und die Mitmenschlichkeit, sondern auch die wohlverstandenen Eigeninteressen hienieden. Wiegen denn gefüllte Truhen die soziale Verarmung auf, sind die Schätze dieser Welt die Vereinsamung wert? Natürlich nicht, müsste die Antwort lauten, doch der Mensch ist verblendet und erkennt nicht, was ihm wirklich nützt. Noch viel weniger vermag er die zweite, die unwiderrufliche Selbstzerstörung zu verhindern: den drohenden Verlust des Heils. Der Geiz ist stärker als der Glaube, ja er löscht diesen vollständig aus. Darin liegt die tiefste Sünde beschlossen, die von diesem Laster aller Laster ausgeht.

So ist die Botschaft des Bildes zutiefst pessimistisch. Der Lichtstrahl, der aus dem Kreuzigungsfenster ins Sterbezimmer dringt, bricht auf halbem Wege ab. Der Sterbende bleibt vom Schrecken des nahenden Todes und zugleich vom verlockenden Anblick der Schätze gefesselt. Seine Entscheidung ist gefallen, sein Wille geschehen. Dieser Wille aber ist vom Geiz beherrscht. Heißt das, dass der Geizige unfrei ist? Muss man gar Mitleid mit ihm haben, ist er ein bedauernswerter Gefangener seiner Besessenheit? Die Antwort des Bildes ist eindeutig, und sie lautet: zweimal nein! Die göttliche Gnade ist ja in der Welt, der Engel verkörpert sie ganz rein. Um von ihr den rechten, zur Erlösung führenden Gebrauch zu machen, bedarf es jedoch der Anstrengung des aufrichtig strebenden Willens. Ohne diese Gnade wäre die Lage aussichtslos; seit dem Sündenfall ist die Natur des Menschen so beschädigt, dass sie unweigerlich zur Sünde neigt. Durch Christi Opfertod aber kann der aus freier Entscheidung zum Guten neigende Wille das göttliche Angebot der Gnade annehmen und mit ihrer mächtigen Unterstützung die Gefahren des Lebens unbeschadet bestehen. Genau das zeigt Boschs Bild des sterbenden Geizigen; es ist theologisch bis in die letzten Einzelheiten orthodox. Wenn der Moribunde die ihm gebotene

Chance zum Loslassen in letzter Minute ausschlägt, so ist das seine ureigene, unverzeihliche und daher zur Verdammnis führende Schuld. Sein Geiz ist sein Himmelreich und daher seine Hölle. Der theologisch richtige Weg bestünde darin loszulassen, und zwar auf eine kirchlich genau vorgeschriebene Art und Weise. Der Wucherer, der spät, aber nicht zu spät den Weg zum Heil beschreiten will, muss seine Güter den Armen, und das heißt: der Kirche hinterlassen. Allein durch solche verdienstlichen Werke kann er ein Gegengewicht zur Masse seiner Sünden schaffen, vorausgesetzt, er bereut diese zugleich aufrichtig. Zur Entstehungszeit von Boschs Bild wird sogar von der Spitze der Kirche noch eine weitere Möglichkeit angeboten: Ablass für die Toten! Wenn Nachkommen, Freunde oder sonstige mitleidige Seelen gute Werke, die auch in Geldzahlungen bestehen können, für die bereits Verstorbenen verrichten, so kürzt sich deren qualvoller Aufenthalt im Fegefeuer entsprechend ab. Diese Offerte allerdings war theologisch so heikel, dass sie von nicht wenigen Gottesgelehrten bestritten wurde.

Was theologisch außer Frage steht – die freie Entscheidung zwischen Himmel und Hölle –, nimmt sich im Bild jedoch psychologisch differenzierter aus. Der Geizhals auf dem Totenbett kann nicht anders handeln, weil sein ganzes Leben vom Geiz dominiert war. Der Geiz hat dadurch die Wahrnehmung von Gut und Böse verkehrt. Doch für den Maler und seine Zeitgenossen ist das kein Plädoyer für einen Freispruch. Im Gegenteil: So gefangen der Wille von der *avaritia* auch ist, so begibt er sich doch aus eigenem Antrieb in den Kerker des Geizes. So harrt seiner die Hölle zu Recht: Er hätte sich anders entscheiden können. Eine Absage an das humanistische Menschenbild, wonach das aufrichtig strebende Individuum die Fähigkeit zur Selbstvervollkommnung besitzt, hat Bosch also nicht gemalt. Stattdessen darf man seinen «Tod des Geizigen» als eine pessimistische Aussage dazu bewerten, wie groß die Chancen eines guten Gebrauchs der Gnade in der Realität tatsächlich sind: sehr gering. Damit ist nicht der Mensch, sondern Gott freigesprochen.

Ein Sprung über ein halbes Jahrtausend – von Bosch ins Internet. Glaubt man den Verheißungen diverser Websites, dann sind die «Todsünden» längst in Tugenden umgewandelt worden. Mein Haus, mein Reitpferd, meine Yacht – mit der richtigen Bank an deiner Seite gewinnst du die Konkurrenz spielend. Soviel zum Neid. Popstars rühmen sich im Fernsehen, noch nie im Leben ein Trinkgeld gegeben zu haben. Damit ist der Geiz abgetan. Selbst der Zorn ist gesellschaftsfähig geworden; selbst ernannte Lebenshelfer jeglicher Couleur raten dazu, Emotionen ganzheitlich auszuleben. Trägheit ist längst ein allgemein anerkanntes Lebensprogramm. Im Gegensatz zu Geiz ist Geist nicht geil, im Gegenteil. Der Gelehrte ist in der Werbung bestenfalls ein versponnener Kauz, meistens jedoch ein weltfremder Autist. Noch mehr Konjunktur hat die *superbia*, der Hochmut. Sämtliche Lebensratgeber legen ihrem Millionenpublikum ans Herz, das eigene Ich mit all seinen Eigenarten, sprich Unvollkommenheiten, nicht nur anzunehmen, sondern geradezu Weihrauch schwenkend zu verehren. Ich bin gut, so wie ich bin. Mit diesem Mantra kommt man nach oben. «Völlerei» ist im Zeitalter der vom Fernsehen übertragenen Kochshows und Menü-Wettbewerbe so abwegig geworden, dass der Begriff der Erläuterung aus dem Wörterbuch bedarf – von der kaum weniger antiquierten «Wollust» im Zeitalter des Hedonismus im Allgemeinen wie der Swingerclubs im Besonderen ganz zu schweigen. Fazit: Die sieben «Todsünden» sind, glaubt man dem Web, als solche abgeschafft und stattdessen als Lebensgefühl voll und ganz akzeptiert. Für die wenigen, die selbst diese lässlichen Grenzen nicht einhalten können, sondern nach dem einen oder anderen Ex-Laster süchtig werden, warten entsprechende Therapie-Websites. Dabei ist Geiz zur exzessiven Kaufsucht mutiert. Abhilfe versprechen Shopping-Berater. Auch den Todsünden-Test kann man im Internet machen – bist du eher der Völlerei- oder der Wollust-Typ?

Ist das der Zeitgeist? Das wäre eine gewagte These; das Web spiegelt allenfalls Tendenzen wider. Diese aber sind alles andere als eindeutig. Außerhalb des christlichen Kulturkreises nämlich avancierte Geiz kürzlich zu einem großen Thema. Nach dem schweren Erdbeben im Mai 2008 wurden in China von Amts wegen Listen der Spendenbereitschaft ins Web gestellt. Dadurch wurden die Reichen im Lande aufgefordert, ihrer patriotischen Hilfspflicht Genüge zu leisten. Prominente Spitzenverdiener wie Sportstars und Filmschauspieler, die es bei geringfügigen Oboli bewenden ließen, wurden so an den öffentlichen Geiz-Pranger gestellt. In Europa bietet sich hingegen ein paradox anmutendes Bild. Dass Milliardäre sich dazu bekennen, in Billigdiscountern einzukaufen, wird milde bespöttelt, doch nicht mehr kritisiert. Ja, fast hat es den Anschein, als sei das, was vergangene Jahrhunderte als Geiz brandmarkten, als eine akzeptable Verhaltensweise approbiert. Doch was das Individuum darf, nämlich so sparen, dass die Einnahmen die Ausgaben übersteigen, darf der Staat nicht. Dass der Schuldenstand der öffentlichen Hand in der Bundesrepublik Deutschland mit mehr als 1500 Milliarden Euro eine Höhe erreicht hat, die zu exorbitanten Zinszahlungen zwingt und die finanziellen Spielräume der nachfolgenden Generationen irreparabel verengt, ist nicht nur von allen staatstragenden politischen Kräften gemeinsam verursacht worden, sondern stößt offenbar auch bei der überwältigenden Mehrheit der Staatsbürger auf Zustimmung.

2 Der Kaufmann

Francesco Datini, das Geld und die Angst

Genie des Mehrwerts

Francesco di Marco Datinis Lebenszeit (ca. 1335–1410) überschneidet sich mit der vieler illustrer Geister. Ja, für die Zeitgenossen wie die Nachgeborenen hob jetzt in Italien geradezu eine Geniezeit an. Jede Generation brachte aufs Neue Männer von sublimstem Intellekt und erhabenster Kunstfertigkeit in geradezu verschwenderischer Fülle hervor: Francesco Petrarca, der das klassische Latein wieder entdeckte und, bei aller Demut gegenüber den grossen Vorbildern Cicero und Vergil, doch den Wettbewerb mit ihnen aufnahm; Coluccio Salutati und Leonardo Bruni, die ihren Mitbürgern die Schätze antiker Lebensweisheit zwecks Anleitung zu einem ebenso gottgefälligen wie dem Nächsten nützlichen Alltagsleben vermittelten; Lorenzo Valla, der mit philologischem Scharfsinn die so genannte Konstantinische Schenkung, die der Kirche zur Begründung ihrer Oberhoheit über die Fürsten der Christenheit diente, als Fälschung entlarvte und so die Geschichtlichkeit der Sprache bewies; Donatello, der in einer Zeit der Angst und des Massensterbens Statuen voller Kraft und Optimismus schuf, die bis heute als Modelle des Schönen schlechthin gelten.

Von diesem Aufblühen der Gelehrsamkeit und Kunst hat Francesco Datini aller Wahrscheinlichkeit kaum etwas wahrgenommen. Und doch gehört auch er zu den Ausnahmegestalten, die mit einem ungewöhnlichen Talent gesegnet beziehungsweise geschlagen waren. Er verfügte über die einzigartige Fähigkeit, bei nahezu allen Waren seiner Zeit genau die Differenz des Wertes für sich nutzbar zu machen, die sich zwischen dem Land der Erzeugung und dem Gebiet des profitabelsten Absatzes sowie zwischen der Einschätzung des Verkäufers und der Taxierung des Abnehmers ergab. Diese für seine Mitmenschen geradezu unheimliche Gabe erstreckte sich des Weiteren darauf, gegenüber dem Verkäufer den Wert von dessen Produkt herabzusetzen, dem Kaufinteressenten aber denselben Gegenstand als überaus begehrenswert zu präsentieren. Dieses Ausnahmetalent entfaltete sich schließlich nicht minder in der Kunst, den künftigen Bedarf an Waren, das heißt deren Marktchancen, vorauszusehen sowie demgemäß zu ordern und zu kalkulieren.

Man mag einwenden, das sei ein klägliches oder gar schäbiges Talent, das letztlich auf der Ausbeutung des Mitmenschen beruhte. Strenge Moralisten sahen es in der Tat so, Datini selbst aber hätte eine Menge dagegen zu sagen gehabt. War es etwa keine Kunst, ein Warenlager mit Tausenden verschiedener Artikel so minutiös im Kopf zu haben, dass man unfehlbar das Abhandenkommen eines einzigen Knopfes bemerkte? War es nicht des höchsten Lobes würdig, die Güter der Erde über alle natürlichen Hindernisse, Wüsten ebenso wie sturmgepeitschte Meere, hinweg zu verteilen und so die Menschen mit der Herrlichkeit von Gottes Schöpfung zu beglücken? Und war es etwa kein Zeugnis eines hohen, weit ausgreifenden Geistes, seine Filialleiter in Valencia, Mallorca oder anderswo so klug auszuwählen, dass sie nicht eine einzige Kupfermünze veruntreuten, also in die Seelen der Menschen hineinzuschauen, um sie zu lenken? Und war es nicht ein viel nobleres und lockenderes Metier, eigene Schiffe durch alle Fährnisse der Piraterie, durch Klippen, Orkane und Seeungeheuer sicher in die vorherbestimmten Häfen zu dirigieren als sich wie verarmte Ritter in scheppernder Rüstung hölzerne Lanzen um die Ohren zu schlagen? Erlebte nicht der die Welt umspannende Großkaufmann die Abenteuer tatsächlich, von denen die höfischen Dichter nur schwadronierten? War es nicht höheres Heldentum, nächtelang mit nichts als einem trockenen Laib Brot im Magen Geschäftsbriefe zu schreiben, zu rechnen und zu kalkulieren, als devot um einen permanent unterhaltungsbedürftigen Herrscher herum zu scharwenzeln? Und war es nicht ein preiswürdiges Kunststück, Europa mit einem so dichten Netz von Handelsstationen und -beziehungen auszustatten, dass die Waren- und Geldströme in geordneter Fülle hin- und herflossen, Angebot und Nachfrage ausgewogen bedienend? Was waren dagegen schon die vergänglichen Bilder der Maler, die doch nur Illusionen erzeugten, ganz zu schweigen von den Luftschlössern der Philosophen, die Gott und die Welt zu verstehen, ja selbst die Sterne zu deuten beanspruchten, aber unfähig waren, sich aus eigener Kraft ein vernünftiges Einkommen zu sichern. Herr seines Geschicks war allein derjenige, welcher der widerspenstigen Welt das Geld abzuringen wusste, das sie ihm schuldete. So in etwa lässt sich die Weltsicht dieses ganz besonderen Genies nach Maßgabe seiner Selbstzeugnisse umreißen.

So betrachtet, hatte Francesco Datini, der Verächter all dessen, was sich nicht zu Geld machen ließ, seinen eigenen Anteil an den Bildungsbestrebungen seiner Zeit. Er hatte seine eigene Rhetorik, die Welten vom immer geschliffeneren Latein der Humanisten trennten, doch deshalb nicht weniger Überzeugungskraft besaß. Sein Stil war das «Denke daran!», «Vergiss nicht!», «Unterstehe Dich!». Und diese Wendungen wurden den Empfängern immer wieder eingehämmert, bis sie gar nicht anders konnten als zu gehorchen und in der dauernden Angst lebten, die Tür zum Kontor oder zur Speisekammer nicht abgeschlossen zu haben. Datini war ein Disziplinierer von höchsten Graden. Er konnte seine eigene Besessenheit den anderen einflößen, bis auch sie sein Ziel verfolgten: Geld. Auf seine Art war er auch ein Pädagoge; seine Instruktionen prägten die Menschen, deren Schicksal es war, ihm zu dienen. Wohl denen, die seinem geschäftlichen Kurs folgten, wehe denen, die andere Wege gingen.

Ungewöhnliche Begabungen aber haben auch Schattenseiten. Datinis ganz persönlicher Lebens-Fluch war es, den Wert der Dinge so genau zu kennen, dass er keines, und sei es noch so gering, missen mochte. Für die Nachwelt wiederum hat sich diese Sammelwut als segensreich erwiesen. Mehr als einhundertvierzigtausend Briefe sowie die Fülle seiner Notiz- und Rechnungsbücher (allein von letzteren gibt es mehr als fünfhundert) sind auf uns gekommen. Ihre Bewahrung ist alles andere als zufällig. Noch über seinen Tod hinaus konnte und wollte der große Kaufmann nicht loslassen. Seine Testamentsvollstrecker wurden von ihm selbst ausgewählt. Die Vorstellung, sein riesenhaftes Vermögen schlicht der Kirche zu hinterlassen, die Augen zu schließen und basta, wie es ihm sein Freund und moralischer Ratgeber Lapo Mazzei, seines Zeichens Notar und ein guter Mensch, empfahl, faszinierte und empörte ihn zugleich. «Ich kann das nicht», lautete sein schlichtes Fazit. So einschüchternd wirkte seine Persönlichkeit über den Tod hinaus, dass sein Nachlass fast vollständig erhalten blieb – und damit der Abdruck seines Charakters.

Dessen hervorstechendes Merkmal war die Angst. Sie manifestierte sich vorwiegend in der Furcht, wieder zu verlieren, wieder zu verarmen, wieder am Anfang zu stehen. Diese Furcht wiederum erzeugte den Geiz. Er schlug sich darin nieder, dass der reichste Mann von Florenz, Europas und vielleicht der Welt Tage und Wochen lang darüber zeterte, dass ein Topf mit Traubensaft verschüttet worden war. Doch die Angst bewirkte noch mehr. Sie war die Kraft, die selbst den Tod überdauerte. Denn das Vermögen, das der alte Kaufmann am Ende seiner ureigenen, über den Tod hinaus von ihm kontrollierten Stiftung anvertraute, scheint eine ganz besondere Gnade beziehungsweise den Fluch des Geizes auf sich gezogen zu haben: Es lässt sich nicht ausgeben. Noch heute, 600 Jahre später, leben in Prato, Datinis Heimatstadt, Arme vom Zinseszins seines unheimlichen Genies.

Das viele Geld aber machte den, der es verdiente, nicht glücklich, im Gegenteil: Je mehr es hereinströmte, desto größer wurde die Angst. Und auch die Ansprüche, die Datini an die Welt stellte, vermochte sein sagenhafter Reichtum nicht zu befriedigen. Davon zeugt noch seine letzte Stunde, wie sie von Freunden und Angehörigen ebenso pietätvoll wie ratlos protokolliert wurde. Er müsse sich doch sehr wundern, so der Sterbende, dass ausgerechnet er jetzt dem Tod anheim falle. Zu diesem Zeitpunkt war Datini 75 Jahre alt, also ein Methusalem; er hatte sieben große Pestepidemien überlebt und war auch sonst von Katastrophen in seinem persönlichen Umfeld geradezu wundersam verschont geblieben. Seine Frau und sein bester Freund lebten, und in sechzig Jahren waren ihm fast alle Geschäfte wohlgeraten. Gefängnisstrafen, die ihm wegen seiner chronischen Steuerhinterziehung drohten, hatten sich abwenden lassen, und zwar gegen Zahlung von Bruchteilen der geschuldeten Summen. Und dennoch stand am Ende dieses Lebens kein Rückblick in Dankbarkeit für so viel Erfolg, sondern das genaue Gegenteil: Das soll alles gewesen sein? Dieser letzte oder vorletzte Satz drückte ein ganzes Leben und sein Gefühl aus: dass die Welt ihm mehr schuldete, als sie ihm gab, und Trauer darüber, dass es des Geldverdienens jetzt ein Ende hatte. Obwohl oder gerade weil das Geld Angst machte.

Für Datini nämlich war sein Kontostand kein Anzeichen für die Gnade Gottes oder gar für seinen Heilsstand, ganz im Gegenteil. Je mehr Geld er besaß, desto stärker wurde die Angst vor den Neidern, den Dieben, den Betrügern, dem Fiskus: vor einer Welt von Feinden, die ihm das sauer Erworbene wieder abluchsen wollte. Dagegen half nur, sich noch rückhaltloser auf das Geldverdienen zu verlegen und zu sparen, wo immer es anging. War das ein Leben? Ein Hundeleben, wie Datini es selbst ausdrückte: kein einziger Tag, der nicht von Sorge und Melancholie eingetrübt war. Und warum? Weil die Menschen böse sind. Hier sprach kein Philosoph und kein Staatstheoretiker, sondern ein Praktiker, der ein halbes Jahrhundert lang mit den Menschen und dem ihnen teuersten Gut auf Erden, dem Geld, zu tun gehabt hatte. Im Alter von 62 Jahren schrieb der ergraute Kaufmann an einen jüngeren Angestellten: Du bist noch jung, aber hast du erst einmal mein Alter erreicht und mit so vielen Menschen Geschäfte gemacht wie ich, dann wirst du erkennen, dass der Mensch ein überaus gefährliches Wesen ist, wenn man sich mit ihm einlässt. Aus diesem Brief spricht keine balsamische Altersweisheit, sondern bittere Frucht vom Baum der Erkenntnis. Der Mensch ist ein schlummerndes Ungeheuer. Der Reiche ist daher einsam. Er muss sich in seinen Geiz einmauern, um sein Kostbarstes, sein Geld, zu bewahren und möglichst zu mehren. Die Bösartigkeit des Menschen, ihre Gier nach fremdem Gut, verdammt ihn zur Einsamkeit. Denn sonst steht er wieder dort, wo er anfing: vor dem Nichts.

Der Aufstieg eines Tycoons

Geboren wurde Francesco di Marco Datini um 1335 in Prato als Sohn eines Schankwirts, den die Quellen arm nennen. Diese Bezeichnung war und ist relativ; arm war Marco Datini im späteren Vergleich mit seinem Sohn. Diesem hinterliess er bei seinem Tod im Pestjahr 1348, dem auch seine Frau zum Opfer fiel, immerhin ein wenig Grundbesitz. Der Waisenknabe verbrachte noch zwei Jahre bei einer liebevollen Ziehmutter, der er bis zu ihrem Tod dreieinhalb Jahrzehnte später innig verbunden blieb. Mit fünfzehn aber hatte er von diesem beschaulichen Dasein in der abgeschiedenen Idylle von Prato, der Florentiner Untertanenstadt, genug. Er hätte auf Dauer in diesem bescheidenen Wirkungskreis verbleiben können. Doch dafür war dieser junge Mann nicht geschaffen. Er wollte mehr von der Welt: mehr sehen und mehr haben. Und so verkaufte er sein Erbe und reiste mit dem bescheidenen Startkapital von 50 Gulden dorthin, wo es sich aller Voraussicht nach vermehren ließ: nach Avignon.

Dort nämlich residierte seit vier Jahrzehnten der Papst und mit ihm die Kurie, das heißt das ebenso kaufkräftige wie luxusgewohnte Kardinalskollegium. Jeder Kirchenfürst hatte einen eigenen Hofstaat, dazu kamen Botschafter aus aller Herren Länder mit ihrem prunkvollen Gefolge. So platzte Avignon, die Boom-Stadt, bald aus allen Nähten. Petrarca, der Moralist und italienische Nationalist, schilderte das dortige Treiben als sittlichen Sumpf, in dem das Papsttum zu versinken drohte, wenn es nicht schleunigst nach Rom zurückkehrte. Doch das war so schnell nicht zu erwarten, sehr zur Beruhigung der Großhändler, die die Reichen und Vornehmen mit Luxusgütern und gegen horrende Zinsen mit dem stets knappen Bargeld versahen. Dazu war das Leben in Rom, der Ruinenstadt, zu unsicher und der Einfluss der französischen Kardinäle zu stark. Diese Einschätzung teilte auch Datini und ließ sich geschäftlich in Avignon nieder. Danach sondierte er sorgfältig Bedarf und Nachfrage: Womit konnte man jetzt und in näherer Zukunft mit dem höchsten Profit und dem geringsten Risiko Handel treiben? Die Diagnose des Fünfzehnjährigen zeugt von Weitblick, ja von Weisheit. Was wird es immer geben? Krieg! Denn die Menschen sind unfriedfertig. Ob von Natur oder, wie die Theologen behaupten, durch die Erbsünde, war Datini gleichgültig. Für ihn zählte allein, dass man mit Waffen Geschäfte machen konnte.

Krieg braute sich zwischen England und Frankreich zusammen, Krieg herrschte nahezu permanent auch zwischen den vielen Einzelstaaten Italiens, ganz zu schweigen von den Söldnerkompanien, die durch Europa zogen und vom Krieg lebten. Und für Krieg sorgte nicht zuletzt das Papsttum, das sich selbstverständlich in die Händel der Welt einmischte, ja diese selber provozierte. Wer in den Krieg investierte, stand also immer auf der sicheren Seite, am sichersten dann, wenn er beide Seiten bediente.

Und so quollen die Magazine des jungen Kaufmanns bald von Speeren, Rüstungen, Piken und Sturmhauben über. Und das frühreife Kommerz-Genie entdeckte rasch, dass doppelt verdient, wer sich die Rohstoffe sichert. Bald war Datini gewinnbringend im Eisen- und Kupferhandel engagiert. Und was brauchte der Mensch sonst noch, wonach bestand gleichfalls immer Nachfrage? Datini musste nur von sich auf die anderen schließen: Ewig war die Angst. Angst aber hatten die meisten Menschen vor dem Tod und damit vor dem Jenseits. Datini zog daraus den Schluss: Andachtsbilder gehen immer! Und so orderte er fromme Malereien, Altäre und Schreine sowie allerlei Zubehör wie Devotionalien und Kerzen. Dabei kam es nicht auf Schönheit, sondern auf Frömmigkeit an; die Werke mussten nicht von berühmten Meistern stammen, sondern das Herz rühren.

Denselben Prinzipien folgend, erweiterte der junge Kaufmann sein Angebot um Salz und Wein. Beim Rebensaft bot es sich an, selbst in den Ausschank zu investieren; wenn man das Getränk billig aufkaufte und selber feilbot, verdiente man doppelt. Nach einigen Jahren enthielt Datinis Warenlager so ziemlich alles, was die Menschen zum Leben und zum Töten benötigten. Dazu gehörte nicht zuletzt das Geld. Hier hoben die Kleriker allerdings mahnend den Zeigefinger. Zinsen zu nehmen war eine schwere Sünde. Um sie zu vermeiden, musste man die Kreditvergabe als eine erlaubte Bankoperation ausgeben. Zu diesem Zweck eröffnete Datini seine eigene Wechselstube.

Auf diese Weise ließ sich gutes Geld verdienen, doch zu den ganz Großen gehörte der Mann aus Prato damit noch nicht. Den Waren- und Kreditmarkt beherrschte, wer Geschäfte mit dem Papsttum machte, und das waren andere. Auf mittlerem Niveau aber hatte sich die Firma Datini einträgliche Nischenplätze erobert. Diese Unauffälligkeit hatte auch ihre Vorteile. Denn die Global player der Zeit büßten unweigerlich die Entscheidungsautonomie ein, die Datini lebenslang mit Klauen und Zähnen verteidigte. Die ganz Großen konnten sich der Politik und ihren Verwicklungen nicht entziehen. Sie mussten gekrönten Häuptern Kredite für Kriege und andere unkalkulierbare Unternehmungen einräumen. Und wenn es schief ging, waren sie die Ersten, an denen sich die wütenden Verlierer schadlos hielten. Für den legitimen Sohn und Erben, den er nicht hatte, hätte Datini ganz zuoberst die Devise ins Stammbuch geschrieben, der er lebenslang eisern verpflichtet blieb: Lass dich nicht mit den Mächtigen dieser Welt auf Geschäfte ein, denn sie sind nicht kreditwürdig! Überdies neigen sie bei Misserfolgen zur Rachsucht. Mit letzter Konsequenz konnte der misstrauische Kaufmann selbst diese Maxime nicht immer befolgen; doch blieb das höchste Amt, das er jemals bekleidete, das des (alle zwei Monate rotierenden) Stadtoberhaupts von Prato.

So vorteilhaft diese Zurückhaltung sich in seinen Geschäftsbilanzen niederschlug, so hatte sie doch auch ihre Nachteile. Ja, sie barg gravierende Risiken in sich. Abstand von der Politik hieß ja auch Distanz zu den Netzwerken der einflussreichen Persönlichkeiten, die die Staatsgeschäfte bestimmten. Wer aber außerhalb dieser Kreise stand, musste stets damit rechnen, von Steuern erdrückt zu werden. Die führenden Männer im Staat schützten ihre Anhänger vor dem Fiskus; zahlen sollten die anderen. Dass es Datini trotz fehlender sozialer Anbindungen gelang, sein Vermögen vor diesem Zugriff zu bewahren, ist das eigentliche Wunder seines Lebens. Schon zwei Generationen später wäre es nicht mehr möglich gewesen. Das Exempel des großen Bankier-Staatsmanns Cosimo de' Medici zeigt auf, dass geschäftlicher Erfolg in das soziale Kapital einer bedingungslos ergebenen Gefolgschaft und damit in politische Macht umgemünzt werden musste: zur Sicherung des Gewonnenen gegen die Neider und Konkurrenten – und um die

Regeln zu diktieren, nach denen Reichtum und Einfluss verteilt wurden.

Doch so rigoros Francesco Datini, der aufstrebende Kaufmann zu Avignon, die Entscheidungshoheit über seine Firma verteidigte, ganz ohne Geschäftspartner konnte auch er nicht auskommen. Umso wichtiger war es, auch hier alles im Blick und damit im Griff zu behalten. Datinis Kompagnons brachten stets nur einen Bruchteil seines eigenen Kapitals ins Unternehmen ein. Zudem waren sie, wenn irgend möglich, mit ihm verwandt oder verschwägert, immer aber Landsleute, das heißt, sie stammten aus der Toskana. Dahinter stand die Devise, dass man die Schlechtigkeit der Menschen nur zurückdrängen konnte, wenn man sie bei ihrer Loyalität packte. Kein Band aber hielt so fest wie das des gemeinsamen Ursprungs, sei es der Familie oder des Ortes. Doch eine absolute Garantie für Zuverlässigkeit war auch das nicht, gesundes Misstrauen daher stets angebracht. Und so unterwarf Datini seine Teilhaber und Angestellten einer ständigen Aufsicht. Ungleich blieb das Verhältnis jedoch nicht nur, was Geld und Macht anging. So viel unbedingte Treue er seinem Personal abforderte, auf seine Loyalität konnten sich Mitarbeiter keineswegs verlassen. Gewiss, er ließ sie ärztlich versorgen, wenn sie krank waren – ein arbeitsunfähiger oder gar toter Angestellter war schließlich verlorenes Kapital. Doch kannte er keine Skrupel, sie um ihr verdientes Salär zu betrügen, wenn die Gelegenheit sich bot. Die Witwe eines besonders treuen Partners musste die Justiz bemühen, um zu erstreiten, was ihr zustand. Offensichtlich wollte das Gericht Datini, dem Unersättlichen, einen Denkzettel erteilen, denn es sprach der Klägerin eine eindeutig überhöhte Schadensersatzsumme zu.

Um die Mitte der 1370er Jahre mehrten sich die Zeichen, dass die große Zeit Avignons schließlich doch zu Ende ging; das Papsttum zog es zurück an den Tiber. So leitete Datini mit kluger Voraussicht die Übersiedlung sowie den Transfer von Vermögenswerten und Geschäftsbeziehungen ein. Und auch ihn zog es zurück, und zwar nach Prato, wo er viel bestaunt als der große Sohn der Stadt einzog, der im Goldenen Westen sein Glück gemacht hatte. Doch die Niederlassung in einer Provinzstadt von 12 000 Einwohnern konnte nur eine Übergangslösung sein. Wie es sich in Prato, der Stadt der

Mode, für einen reichen Mann bis heute gehört, investierte Datini in Textilherstellung und -handel. Wie immer operierte er dabei mit größter Vorsicht; Augenmaß hieß für ihn, nie alles auf eine Karte zu setzen. Dasselbe Prinzip galt für seine Großhandelsunternehmungen: Datinis Schiffe waren versichert, damals ein Novum. Das Textilgewerbe aber, so standesgemäß und prestigeträchtig es in Prato auch sein mochte, bot einem Mann wie ihm nur bescheidene Befriedigung. 8,9 Prozent Rendite, das war ihm zu wenig.

So verlegte der Unersättliche seine Geschäftsadresse in die pulsierende Handelsmetropole Florenz. Erst hier wurde seine Firma zu einer geschäftlichen Weltmacht, und zwar so schnell, dass sich viele fragten, ob es mit rechten Dingen zuging. Datini war rasch in allen wichtigen Zünften vertreten und betrieb Handel globaler und lukrativer als je zuvor: vom Schwarzen Meer über den Balkan auf die Iberische Halbinsel, von Nordafrika über die Balearen nach Brügge und London. Zu seinem Angebot zählten weiterhin Waffen und fromme Kunstwerke, doch kamen jetzt Gewürze, Weizen, Blei, Färbstoffe und Sklaven hinzu. Der zweite Anfang des bald Sechzigjährigen gehorchte denselben Gesetzen des Erfolges wie in Avignon: Vorsicht, gepaart mit Skrupellosigkeit, eine seltene Kombination. Besonders hohe Gewinne warfen Sklaven beiderlei Geschlechts ab. Datini bezog sie überwiegend aus Nordafrika. Und er taxierte, ja katalogisierte sie nach körperlichen Vorzügen und Arbeitskraft. Wehe denjenigen, die «beschädigt», das heißt schwanger oder anderweitig im Verkaufswert gemindert waren. Sein Geschäftsinteresse gebot, dass seine Ware heil ankam und sich profitabel absetzen ließ; mehr kümmerte ihn nicht

In der Zwischenzeit hatte sich Datinis privates Leben durch seine Heirat grundlegend verändert. Lapo Mazzei, Datinis Notar, lebenslanger Freund und Mahner zur Mäßigung, hatte es ihm seit Langem geraten, und zwar umso dringlicher, je älter der große Kaufmann wurde: Heirate endlich, zeuge Kinder, damit du loslassen kannst und sie weitermachen können! Mazzei wusste, wovon er predigte. Er hatte vierzehn Nachkommen in die Welt gesetzt, von denen immerhin fünf ein höheres Alter erreichten. Sie waren der Mittelpunkt seiner kleinen und ziemlich bedürfnislosen Welt. Ihn gelüstete nicht nach den Reichtümern des Freundes, dessen weltumspannende Unternehmungen er mit einer Mischung aus Staunen, Bewunderung und Grauen verfolgte. Datini vertraute Mazzei, weil dieser frei von jeglicher Habgier war. Seine stille Würde erlaubte es dem Notar, kleinere Artigkeiten wie in Datinis Gärten selbst gezogenes Gemüse anzunehmen – und stilvoll zu sticheln, wenn die angekündigte Lieferung ausblieb. Dann konnte es vorkommen, dass statt des Handkäses, der versprochen wurde, plötzlich Wagenladungen voll Mozzarella in Mazzeis Keller rollten – der Freund, so das milde Fazit des derart Überschütteten, fand auch im Schenken das Maß nicht. Das Lob der Mitte und der ruhigen Zufriedenheit aber fiel bei Datini auf steinigen Boden. Er hatte andere Prioritäten.

Szenen einer Ehe

Diesen folgte er auch bei der Eheschließung. Die 25 Jahre jüngere Gattin, die sich der alternde Großkaufmann auswählte, war in zweifacher Hinsicht eine Investition. Zum einen sollte sie ihm Erben verschaffen, die seinen Namen trugen und seine Firma weiterführten. Zum anderen war sie eine Arbeitskraft, deren Betriebskosten möglichst niedrig gehalten werden sollten. Datini, der Mann, der niemandem vertraute, brauchte eine Person, die seine Auffassung von Zuverlässigkeit, Effizienz und Sparsamkeit teilte. Margherita, seine Gattin, war somit zur Mutter einer lebensfähigen Kinderschar und zu seiner Stellvertreterin im Hause bestimmt. So weit, so konventionell.

Die Investition erwies sich jedoch nur als ein Teilerfolg. Gewiss, Margherita verdiente sich nach und nach das Privileg, die Tür zu den inneren Gemächern öffnen zu dürfen – und damit das Maximum an Vertrauen, das Datini zu vergeben hatte. Kinder aber brachte sie nicht zur Welt. Und daraus entsprang ein Drama. Der große Kaufmann war es gewohnt, seinen Willen durchzusetzen. Und er hatte Beweise, dass diese Kinderlosigkeit nicht an ihm liegen konnte. Einer von diesen Belegen lebte vor aller Augen in Prato: seine Tochter Ginevra, mit einer Sklavin gezeugt und insofern, was ihren Wert auf dem Heiratsmarkt betraf, eher niedrig quotiert. Im jahrelang tobenden Ehekrieg der Datinis zu Prato ging es immer um beides: um die fehlenden Nachkommen und um maximale Gewinne beziehungsweise die größten möglichen Einsparungen.

Auch das lässt sich als üblich verbuchen. In einer Hinsicht aber forderte Datini, der Ehemann, mehr als seinesgleichen. Sein ehernes Gesetz verlangte, dass Arbeitskraft nicht brach lag und erst recht nicht vergeudet wurde. Die Ressourcen optimal auszunutzen, hieß somit, dass Margherita Datini lesen und schreiben lernte. Eine Hausstellvertreterin, die keine Buchführung beherrschte, war eine Fehlinvestition. Und von Buchführung verstand Datini mehr als jeder andere Mensch seiner Zeit. Sie war doppelt, transparent und von durchschlagender Effizienz; in seiner Firma ging nichts verloren. Alle Briefe, die er jemals erhielt, und seien sie noch so privat, tragen den Vermerk, ob sie beantwortet worden waren oder nicht. Mit einer lesenden und schreibenden Margherita ließ sich also qualifiziertes und dementsprechend teures Personal einsparen, vorausgesetzt, die frisch Alphabetisierte verwendete ihre neu erworbenen Fähigkeiten im Interesse der Firma.

Bildung aber schuf zugleich Ansprüche und Ärgernisse, wie der Hausherr lernen musste. Denn Margherita Datini verfasste jetzt auch Briefe an Lapo Mazzei, den Freund des Hauses, in aller Ehrbarkeit, versteht sich. Doch was waren das für Episteln! Geschwätzig und überflüssig, befand der Hausherr, schlimmer noch: Verschwendung von Zeit und Ressourcen! Doch musste er zu seinem Erstaunen – und manchmal zu seiner widerwilligen Bewunderung – erleben, dass ihm seine junge Frau Paroli bot. Auch sie hatte einen eisernen Willen und war gesonnen, sich gegen den großen Kaufmann zu behaupten. Nach Jahren des Zusammenlebens hatte sich ihr Zorn so heftig entflammt, dass sie mit Trennung drohte: Sie wolle lieber ins Kloster gehen als weiterhin wie eine Magd in einem Wirtshaus zu leben! Das war eine Drohung, die ihr Mann ernst nehmen musste. Wurde sie wahr gemacht, wie viel Ausbildung und wie viel Know-how waren dann vergeudet! Eine solche Arbeitskraft fand Datini zu diesen Konditionen nimmermehr.

Und so arrangierte man sich. Die Lösung bestand darin, getrennt zu leben und gemeinsam zu wirtschaften. Als absehbar war, dass der Erbe ausblieb, war das der einzig mögliche Modus vivendi, der die Selbstzerfleischung des Paars verhindern konnte: Margherita im inzwischen errichteten stattlichen Stadthaus zu Prato, Francesco in seinem Kontor zu Florenz. Die räumliche Separierung war für den rastlosen Kaufmann geschäftliche Notwendigkeit und unaufhörliche Seelenqual zugleich. Jetzt nämlich hatte er keine unmittelbare Kontrolle mehr darüber, wie mit seinem kostbaren Besitz umgegangen wurde. Verschwendung aber lauerte überall. Trauben drohten zu faulen, Most konnte jederzeit übergären, und Eier waren bekanntlich zerbrechlich. Schreckensvorstellungen samt und sonders! Doch völlig aussichtslos war die Lage nicht. Wozu hatte er Margherita lesen lernen lassen? Sie sollte die Anweisungen des abwesenden Hausherrn gefälligst in geschriebener Form entgegennehmen und befolgen. Und so wanderten nahezu täglich Briefe von Florenz nach Prato. In dieser Richtung lauteten sie: Hast Du auch ..., Willst Du wohl ..., Vergiss nicht ..., Achte darauf ..., Trage Vorsorge, dass ...! Die Antworten von Prato nach Florenz: Selbstverständlich habe ich ..., Alles längst bedacht ..., Bestens gewährleistet ..., Vertrau doch endlich ...!

Das tägliche Ringen um Aufsicht und Gehorsam ging am Ende unentschieden aus. Datini übte seine Kontrolle aus. Er durfte sich in der Gewissheit schlafen legen, dass seine Magazine verschlossen, seine Weizenbestände gut durchlüftet und seine Weine gewartet wurden. Aber Margherita behielt ihre Freiräume und ihre Würde. Zum einen machte sie sich ihrem Mann als Hüterin seines Hauses immer unentbehrlicher. Zum anderen versäumte sie es nicht, ihm regelmäßig die Grenzen ihrer Abhängigkeit und damit ihre Eigenständigkeit aufzuzeigen. Sie war schließlich eine «geborene von»; ihre Familie beanspruchte, mit welchen Rechtstiteln auch immer, eine gewisse Vornehmheit – und Adel, so Margherita, brachte eine natürliche Nähe zu Eleganz und gehobener Lebensart mit sich. Auf diesem Feld schlug sie den Sohn des Schankwirts um Längen – und traf ihn an seiner schwächsten Stelle. Denn ein Mann von seinem Reichtum konnte, Gott sei's geklagt, nicht so leben, wie er wollte, sondern musste auf die Erwartungen der anderen Rücksicht nehmen. Er hatte seinen Rang nach außen vorzuweisen, er war – schrecklich, es nur auszusprechen – gezwungen, andere an seinem Vermögen teilhaben zu lassen: durch Gastmähler und Almosen, Kleidung und schöne Dinge.

Datinis bevorzugter Lebensstil sah anders aus. Bevor er sich zähneknirschend dazu bequemte, ein Haus zu führen, wie es seinem Status entsprach, lebte er aus eigenem Antrieb schlechter, als man einen Sklaven halten würde. Zwei Tage und zwei Nächte lang schreibe ich jetzt ununterbrochen Briefe, bei einem einzigen Laib Brot – solche Zeugnisse waren keine eitle Selbstdarstellung eines erfolgreichen Geschäftsmannes, sondern kündeten nüchtern von Datinis Existenzbedingungen. Am Ende stand die Bilanz, zeit seines Lebens nie mehr als vier Stunden pro Nacht geschlafen zu haben. Und zu seinem ursprünglichen Lebensstil gehörte auch, dass er die wenigen schlechten Geschäftsnachrichten, die er erhielt, schleunigst ausrufen ließ; dann nämlich mussten seine Angestellten stadtauf, stadtab verkünden, dass Messer Francesco jetzt wirklich am Rande des Abgrunds stehe. Davon erhoffte sich ihr Chef allen Ernstes, dass man seinen Steuerbetrug künftig für lautere Wahrheit hielt. Und natürlich reagierte er auf solche unvermeidlichen Rückschläge, so unbedeutend sie auch sein mochten, mit umso heftigerer Arbeitswut.

Doch warum? Wer oder was hielt ihn in diesem Gefängnis? Zum einen das stets präsente Wissen vom Wert der Dinge und zum anderen der daraus entspringende Geiz, nichts, aber auch gar nichts abgeben zu wollen. Datini ging nicht nur die Fähigkeit zum Genuss völlig ab. Mehr noch: Er bestrafte sich systematisch und unbarmherzig, wenn er etwas getan zu haben glaubte, das ihm einen Hauch von Freude eingetragen haben könnte. So war er felsenfest davon überzeugt, sein «Wohlleben» büßen zu müssen, als er sich ein paar Jahre lang um den Bau seines Hauses gekümmert hatte – in seiner «Freizeit», neben mindestens achtzehn Stunden Kontorarbeit täglich. Zu diesem Zeitpunkt war er 65 Jahre alt und Ser Lapo, der treue Freund, bedrängte ihn mehr denn je, kürzer zu treten.

Dieses «Du sollst nicht genießen!» könnte bei jedem fromm gedeutet werden, nicht jedoch bei Datini. In seinem Fall erzeugte Genuss Angst. Sie trat wie immer in Gestalt der Furcht auf, dass Prassen Armut zur Folge hat. Doch warum diese Selbstbestrafung? Datini, die lebende Rechenmaschine, wusste ganz genau, dass ein paar Gulden mehr für die Annehmlichkeiten des Lebens sein Vermögen nicht schmälerten; dieses betrug bei seinem Tod allein in

Bargeld den siebzigfachen Wert seines Hauses. Stand hinter der Furcht vor den Neidern und vor der Missgunst des Schicksals die Angst, so viel Erfolg nicht verdient zu haben? Quälte sich Datini systematisch, um seinen Aufstieg für sich selbst erträglich zu machen? Die Fragen bleiben offen – man kann einen Menschen des 14. Jahrhunderts nicht zwecks Seelenzergliederung auf die Couch legen.

Dafür hat Datini selbst sein Innerstes oft genug nach außen gekehrt. Wenn in die obsessiv geordnete Welt des Haushalts von Prato auch nur die kleinste Unordnung einbrach – oft so geringfügig, dass nur der Hausherr sie überhaupt als solche wahrzunehmen vermochte –, dann taten sich unversehens in der Routine des Alltags die Pforten der Hölle auf. Zum Beispiel im Fall des unauffindbaren Kopfkissenbezugs. Francesco schwor Stein und Bein, er müsse sich in Prato befinden, während Margherita dagegen hielt, er sei nach Florenz mitgenommen worden. In beiden Häusern wurde das Unterste nach oben gekehrt, aber das offenbar längst zerschlissene Stoffstück blieb verschwunden. Der Gemütszustand des reichen Mannes wurde dadurch zutiefst gestört. Der Abgang dieses Gegenstands hatte sich nicht ordnungsgemäß vollzogen, die Welt war aus dem Gleichgewicht geraten. Und er musste sein Inventar korrigieren. Denn selbstverständlich führte Datini über alles, auch die kleinsten Textilien, Buch.

In regelrechte Raserei versetzte ihn der leiseste Verdacht, dass selbst erzeugte Produkte vergeudet worden sein könnten; schließlich waren sie bares Geld wert. So ließ er sich aus dem Garten hinter dem Stadthaus in Prato Bohnen, Zwiebeln, Lauch, Salat und Gewürze nach Florenz schicken. Und er kaufte nicht bei den – wie er fand – unverschämt teuren Bäckern der Metropole, sondern ließ sein eigenes Brot backen und von Prato nach Florenz schicken. Natürlich produzierte Margherita auch raffiniertere Lebensmittel selbst; ihre Schweins- und Kalbsülzen verstaute sie eigenhändig in Steingutschüsseln – nicht auszudenken, wenn eine von ihnen unterwegs zerbrach! Wahre Dramen entspannen sich beim Essig, dessen Zubereitung dem Hausherrn besonders am Herzen lag und ihm deshalb schlaflose Nächte bereitete. Stand doch zu befürchten, dass Margherita ihn nicht rechtzeitig vom Wasser trennte, so dass er fade werden könnte. Überhaupt, das Wasser! Margherita hatte es bei starkem Regen von der Straße in den Keller laufen lassen, so dass dieser mühsam – und kostenintensiv – getrocknet werden musste. Hätte sie doch nur Sand vom Nachbarhaus vor die Türritzen legen lassen – wie er es immer zu tun pflegte, wenn er zu Hause weilte.

So ging es anderthalb Jahrzehnte lang, bis der alte Kaufmann seinen Wohnsitz für immer nach Prato zurückverlegte. Dort aber war er zu seiner Erbitterung nicht mehr Herr über seinen Alltag. Als einer der ganz Großen des internationalen Kommerzes war Datini zu einem Mindestmaß an Repräsentation gezwungen; hielt er diese Minimalregeln nicht ein, so mussten seine Geschäfte Schaden nehmen. Seine Frau, sein Freund sagten es ihm, und er wusste es selbst. Dieser Zwang verwandelte zuerst seine Tafel. Datinis Synonym für Luxus hieß Rebhühner, gegebenenfalls auch Perlhühner! Sie schmeckten ihm, und er gönnte sie sich – natürlich nicht ohne schlechtes Gewissen ob dieser unerhörten Schlemmerei. Und selbstverständlich wurden die Köstlichkeiten Europas und Asiens aufgetragen, wenn sich vornehme Herren wie Louis d'Anjou aus einer Linie des französischen Königshauses bei ihm einquartierten. Die Ausgaben für gutes Essen, so lästig sie auch waren, scheint der Geizige etwas weniger als anderen Aufwand missbilligt zu haben. Wenigstens hatte er etwas davon!

Wenngleich nicht nur Gutes. Waren die Hemmungen, Völlerei zu betreiben, einmal gefallen, so schlemmten Francesco und Margherita nämlich ohne Rücksicht auf die Folgen. Wenn sich diese in Form von Magen- und Darmbeschwerden einstellten, so durfte Margherita, wie Mazzei indigniert vermerkte, allerdings nur die billigsten Ärzte konsultieren – auch das war eine Strafe dafür, dem Drang nach Genuss nachgegeben zu haben! Als Ginevra, die Tochter Datinis und der Sklavin, mit einem Florentiner aus besserer Familie verheiratet wurde, heuerte ihr Vater – Gipfel der Großzügigkeit – sogar einen Spitzenkoch an! Für diesen Tag nur das Feinste, so lautete offenbar die Devise. Der Kardinal allerdings, den Datini für die Eheschließung zu gewinnen versuchte, ließ sich entschuldigen; Geld und Tafelfreuden wogen die fehlende Vornehmheit der Geburt denn doch nicht auf. Aus der Prachtentfaltung anlässlich ihres Hochzeitsfests zu schließen, dass Ginevra zuvor wie eine Prinzessin gelebt hatte, wäre allerdings verfehlt. Ihr Vater war ein glühender Befürworter von Erziehungsmethoden, wie sie die strengsten Bußprediger anrieten. Dazu gehörte, dass Kinder auf dem nackten Boden schlafen und sich so früh wie möglich nützlich machen sollten.

Natürlich konnte sich ein Mann vom Rang Datinis der Pflicht, Almosen zu geben, nicht völlig entziehen. Mildtätigkeit aber war für ihn ein lästiger Zwang, den er auf seine Art zu unterlaufen versuchte. Das Zauberwort hieß auch hier Kontrolle. Mochte der Bettelmönch, der wegen einer milden Gabe für die Armen an die Tür klopfte, auch im Rufe eines heiligmäßigen Lebenswandels stehen, bevor der Großkaufmann seinen – bescheidenen – Obolus gab, wurden Nachforschungen angestellt, ob man auch keinem Betrüger aufsaß. Zudem hatte Datini die Zuständigkeit für das Spendenwesen einem Angestellten übertragen, der nicht aufzumucken wagte; so waren niedrige Betriebskosten in diesem Sektor gewährleistet.

Trotzdem sah der Hausherr überall nur Zumutungen. Die Welt wollte ihn permanent zu unverantwortlicher Verschwendung animieren, Vorsicht war also angebracht. Das Haus – 1000 schöne Gulden wert – war bereits ein Zugeständnis, das zu weit reichte. Dafür, dass der Bauherr seinen Bau genossen hat, wie er sich selbst vorwarf, spricht nichts. Viel mehr scheint das Gebäude der Kosten wegen, die es verursachte, den Hass seines Besitzers auf sich gezogen zu haben. Zumindest richtete sich Datinis Aversion gegen diejenigen, die die Ausgaben in seinen Augen verursachten. Sündenböcke wurden auf diese Weise die Handwerker, denen die Ausstattung des neuen Anwesens übertragen wurde. Das Fazit des Malers, der ein halbes Jahr lang versuchte, die Wände zu dekorieren und schließlich halb resigniert, halb verstört aufgab, lautete: Wenn der Bauherr nur von verträglicherer Wesensart gewesen wäre, hätte er alle Anstrengungen unternommen, um das Werk zu Ende zu führen. Doch sei ihm bald klar geworden, dass es aufgrund von dessen sonderbarem Betragen zum Bruch kommen musste. Das seltsame Verhalten bestand zum einen aus plötzlichen Wutausbrüchen; zum anderen schrieb Datini Arbeitszeiten bis nach Mitternacht vor. Darüber hinaus mussten sich die Arbeiter die Litanei anhören, welch schweres Unrecht – Datinis Synonym für Kosten – ihm zugefügt werde. Es lief immer auf dasselbe hinaus: Die Welt hatte sich verschworen, ihm perfiderweise das bescheidene Vermögen abzuluchsen, das er durch seine rastlose Tätigkeit gewonnen hatte.

Dem musste ein Riegel vorgeschoben werden. Und zwar am besten dadurch, dass überhaupt keine Rechnungen mehr bezahlt wurden. Datinis Stammhandwerker, der Steinmetz Goro, erhielt volle vierundzwanzig Jahre lang keinen roten Heller. Als er nach so langer Zeit doch noch wagte, mit aller gebotenen Unterwürfigkeit seine Rechnung vorzulegen, war der Bauherr nicht nur erstaunt, sondern zutiefst entrüstet. Er habe Goro immer für einen anständigen Menschen gehalten – wie man sich doch täuschen konnte! Der Betrag von 280 Gulden, den der geizige Großkaufmann am Ende zähneknirschend begleichen musste, wurde postwendend mit einer einzigen Lieferung Gewürze aus dem Orient doppelt und dreifach wieder eingebracht; und dennoch verursachte die Ausgabe dem reichen Mann regelrechte Phantomschmerzen.

Goro war kein Einzelfall. Bei den übrigen Ausstattungsarbeiten leistete Datini noch viel rabiatere Gegenwehr gegen die «Kostenexplosion». Zum einen kaufte er die Materialien für die Arbeiten der Maler selbst ein; Farben, vor allem Gold und Blau, waren teuer, Datini hatte nicht umsonst in Avignon mit Devotionalien gehandelt. Die Erstellungskosten ließen sich so beträchtlich reduzieren. Andererseits lag er mit der Zunft der Ärzte, Apotheker und Maler im Streit – hatten diese doch die Stirn, von ihm den vollen Mitgliedsbeitrag zu verlangen, weil er mit ihren Produkten (auch Kleinvieh macht Mist!) Handel betrieb! So stand die Ausschmückung des Hauses von Anfang an unter einem Unstern. Schlimm genug, dass die Reputation des Hausherrn die Anwerbung eines renommierten Meisters unumgänglich machte. Doch für wen hielt sich dieser Agnolo Gaddi eigentlich, etwa für Giotto? Weiß Gott, selbst dieser wäre billiger gewesen! Auch in diesem Fall verweigerte Datini jegliche Entlohnung. Dass diese Pinselschwinger bei freier Kost und Logis in seinem Haus überhaupt auf Bezahlung bestanden, erregte Datinis Zorn: Wie undankbar war doch die Welt!

Doch im Gegensatz zu Goro ließ sich Gaddi diese Behandlung nicht bieten und zog vors Zunftgericht. Für dergleichen Streitfälle gab es schließlich Paragraphen und Prozeduren. Wutschnaubend musste Datini unabhängige Experten ins Haus lassen, die die dort verrichteten Arbeiten für erlesen und stolze 60 Gulden wert befanden. Was für eine Zumutung! Und so musste der arme Lapo Mazzei, dem die ganze Affäre unendlich peinlich war, intervenieren, die Gemüter beruhigen – und, natürlich, den Preis herunterhandeln. Aber mehr als gut 8 Prozent Skonto konnte auch er nicht herausschlagen. So hatte der empörte Datini am Ende 55 Gulden herauszurücken. Mazzeis resignierter Schlusskommentar: Wenn man die mit diesem leidigen Streit verbundene Mühe auf seine Seele verwendet hätte, man wäre des Paradieses gewiss.

Der Deal mit dem Himmel

Mit solchen Ermahnungen brachte er Datini schließlich auf die letzte große Idee. Wie konnte er sich noch im Tod die Nutznießung seines Besitzes sichern, das heißt über seine Lebenszeit hinaus Herr über seine Güter bleiben? Die Lösung einer Stiftung zeichnete sich ab. Die damit verbundenen Vorteile lagen auf der Hand. So nämlich diente das viele Geld endlich einmal dazu, die Angst zu besiegen, die es in einem langen Leben immer nur verstärkt hatte. Denn offenbar konnte man sich damit, wie jede andere Ware auch, die Seligkeit erkaufen, die es auf Erden nicht im Angebot gab. Wie alles hatte auch sie ihren Preis, und zwar einen erheblichen. Doch hier war der große Kaufmann in seinem Element. Sein gewaltiges Vermögen sollte doch wohl diese eine Gegenleistung wert sein.

Diesen Besitz – von Legaten an Angehörige und Freunde abgesehen – ungeteilt seiner Stiftung zugunsten der Armen von Prato zu überantworten, wurde so zu einer letzten lohnenden Investition. Begraben werden wollte Datini in S. Francesco, der Kirche, die er wegen seiner vielen Schenkungen offenbar als sein spirituelles Eigentum betrachtete. Dass er den Marmor für seine Grabplatte selbst kaufte, um die Kosten zu senken, verstand sich von selbst. Und auch sonst sorgte er auf seine Art vor. Die 1000 Gulden, die er seiner Tochter Ginevra in Form von Immobilien vermachte, muten auf den ersten Blick geradezu generös an. Vorgesehen aber war nur eine befristete Nutznießung dieses Kapitals. Nach ihrem Tod sollten die Besitztümer an die Stiftung zurückfallen. Für Margherita, immerhin ein Vierteljahrhundert lang seine angetraute Gattin, stellte er nur ein Zehntel dieser Summe nebst einigen kleineren Immobilien zur Verfügung. Zweck dieses mehr als kärglichen Legats: Seine Witwe sollte in den Stand gesetzt werden, für sein Seelenheil zu beten. Selbst das Vermögen der anderen vermochte der geniale Geschäftsmann in seinem Letzten Willen zu nutzen. Auf seinen Druck hin brachten Gesellschafter und Angestellte der Firma auch ihre Besitztümer post mortem in seine Stiftung ein. So war am Ende alles gebündelt und in seiner Hand. Versöhnt ist Francesco di Marco Datini am 11. August 1410 dann doch nicht gestorben. Was für eine Ungerechtigkeit war doch der Tod!

Ein Mann wie er, der zeitlebens mit Ratschlägen nicht geizte, musste sich kritische Beurteilungen zu Lebzeiten und danach gefallen lassen. Schon für Mazzei, den treuen Freund, stachen zwei unvereinbare Seiten dieser Persönlichkeit hervor: die Souveränität, mit welcher der Kaufmann Warenströme durch die Welt zirkulieren ließ, Chancen und Risiken kühl kalkulierend, durch und durch rational agierend – und das Zetern des Haustyrannen, der sich über Nichtigkeiten echauffierte. Ein Mann, der sechzig Geschäftsjahre lang in einer heillosen Zeit voller Kriege und Zerstörungen alles richtig machte – und dieser ewig grollende Querulant: Wie passte das zusammen? Das Bindeglied war der Geiz. Er hinderte Datini daran, die konstruktiven Dimensionen des Geldes auszuloten. Gewiss, ein Cosimo de Medici, der sein Geld zielgerichtet in soziales und politisches Kapital ummünzte und dadurch die Mehrheit der Florentiner Oberschicht an sich kettete, ist eine problematische Vergleichsfigur. Die Medici gehörten seit mehreren Generationen zum Kreis der politisch einflussreichen Familien von Florenz; einen Schankwirtsohn aus Prato hätte diese Oligarchie wohl kaum als ersten Mann ihrer Stadt akzeptiert. Und dennoch hätte sich Datini mit seinem immensen Vermögen zumindest einen hohen immateriellen Wert kaufen können: Schutz vor Misshelligkeiten steuerlicher und sonstiger Art durch ein solides Netzwerk nützlicher Freundschaften. In Ermangelung einer solchen Absicherung aber war er bei allem Reichtum schwach, anfälliger als so mancher kleine Ladenbesitzer, der die Protektion der Mächtigen genoss. Diese beruhte auf dem ehernen Grundsatz jeder Klientel: *Do ut des*, ich gebe, damit du gibst. Datini aber war nicht bereit, abzugeben. Selbst sein Testament lässt nicht los, so großzügig es mit seiner Stiftung auch war.

Dementsprechend war die Dankbarkeit Pratos groß, doch nicht ungeteilt. Bei der Abstimmung im Stadtrat darüber, ob man dem Abgeschiedenen ein öffentliches Begräbnis gewähren sollte, gab es Gegenstimmen: Er habe besser von Prato gelebt als Prato von ihm, so ihr Tenor. Doch das war eine Minderheit. Am Ende gestalteten sich die Feierlichkeiten eindrucksvoll – und teuer. Allein 790 Gulden wurde für Trauerkleidung ausgegeben, und zwar auf Kosten der Kommune. Der Tote hätte sich die Hände gerieben. Die Stirn gerunzelt haben dürfte er hingegen über die 2789 Gulden, die für die Fresken an der Außenseite seines Hauses aufgebracht wurden. Offenbar fühlten sich die Prateser aufgerufen, den nicht geheuren Verstorbenen im Bild zu verewigen – wollten sie ihn post mortem exorzisieren? Die Bildfolgen zeigen Datini als guten Christen und frommen Stifter. Sein Gesicht aber erscheint wie aus Granit gemeißelt.

Aber nicht nur durch die nie versiegende Stiftung lebt Datini bis heute fort. Auch eine historische Forschungseinrichtung, das Istituto internazionale di storia economica Francesco Datini, in Prato bewahrt seinen Namen. Dass es seine wissenschaftlichen Gäste aus aller Welt großzügig einquartiert, bewirtet und honoriert, ist nicht Geist vom Geist des Erblassers. Dass es sich aber der Erforschung der Wirtschaftsgeschichte widmet und daher untersucht, mit welchen Methoden geniale Kaufleute wie er, Francesco di Marco Datini, Profit erwirtschafteten, hätte seine Billigung finden können.

3 Der König

Ludwig XII. von Frankreich und der Verlust Mailands

Der arme Prinz

Zweierlei wünschte sich König Ludwig XII. von Frankreich mehr als alles andere auf der Welt: einen Sohn als Nachfolger und den Besitz der Stadt Mailand. Bei seinem Tod am Neujahrsabend 1515 hatte er zwei Töchter aus drei Ehen. Und Mailand gehörte den Schweizern. Schuld daran war der Geiz.

Geiz fällt einen König nicht im fortgeschrittenen Lebensalter an, geizig wird auch ein König früh. Und gerade zu einem König will Geiz nicht passen. Die großen Herren der Renaissance sind zur Großzügigkeit verpflichtet. Am schnöden Mammon klebt der Wucherer, die Krämerseele. Der Adlige aber lebt für höhere Werte: Er vergießt, wenn es die Not gebietet, sein Blut, ja er opfert sein Leben für das Vaterland – und wird, weil er Kostbareres zu geben hat, von Steuern befreit. Geld ist ihm ein untergeordnetes, ja ein verächtliches Mittel zum Zweck, an dem sich Pfeffersäcke ergötzen mögen. Das alles gilt in noch viel höherem Maße für einen König. Gerade er aber hat die ihm abverlangte Großzügigkeit mit Augenmerk, ja Wachsamkeit walten zu lassen. Auf der einen Seite muss er – so fordern es die humanistischen Gelehrten – Tugend und Talent belohnen, also mit vollen Händen Geld für Kunst und Wissenschaft ausgeben. Doch darf er auf der anderen Seite nicht zu tief in die Taschen seiner Untertanen greifen, sprich an der Abgabenschraube drehen; solche Übergriffe würden ihn zum Tyrannen abstempeln, zum Verächter allen menschlichen und göttlichen Rechts.

Die richtige königliche Kassenführung war somit eine Gratwanderung und stets von Abstürzen bedroht.

Der spätere Ludwig XII. wurde nicht als Kronprinz, sondern als Louis d'Orléans aus einer Seitenlinie des Königshauses und damit als Thronanwärter zweiten Grades geboren. Als er 1462 das Licht der Welt erblickte, regierte seit einem Jahr Ludwig XI., den die Zeitgenossen «die große Spinne» nannten. Wie dieses achtbeinige Insekt zog er seine Fäden, in Frankreich und in Europa. Und wehe denjenigen, die sich darin verfingen. Im Januar 1477 lag sein gefährlichster Gegenspieler, Karl der Kühne von Burgund, steif gefroren auf dem Schlachtfeld von Nancy, besiegt und getötet von den Schweizern, die die große Spinne für ihre eigenen Interessen in den Kampf geschickt und als Söldner dauerhaft an sich gebunden hatte, und zwar mit Geld und ehrenvollen Worten. Gegner des Königs, die nicht das Glück hatten, im Kampf zu fallen, wurden jahrelang in enge Käfige gesperrt, bis sie körperlich und seelisch gebrochen waren. So setzte dieser Herrscher seinen Willen durch. Unter den stets wachsamen Augen eines solchen Familienoberhaupts zu leben, war ein hartes Schicksal; diese Erfahrung machte Louis d'Orléans, der zur Thronfolge berechtigt war, wenn Ludwig XI. ohne männlichen Erben starb. Lange Zeit sah es danach aus, bis 1470 doch noch eine kleine Spinne geboren wurde. Dieser Prinz war zwar lebensfähig, doch nicht gerade von königlicher Gestalt. Ein viel zu großer Kopf saß auf einem spindeldürren Leib. Auch über seine Intelligenz gingen die Meinungen auseinander. In diesem Punkt war man sich bei seiner kleinwüchsigen und körperlich stark behinderten Schwester Jeanne hingegen einig. Ihren Scharfsinn, ihre Herzensgüte und Bescheidenheit lobten alle in den höchsten Tönen; die Kirche sprach sie 1950 sogar heilig.

In seiner Jugend war Louis d'Orléans also ein Thronkandidat auf Widerruf. Um ihn stets daran zu erinnern, dass er nur zweite Wahl war, beschränkte die große Spinne seine jährliche Apanage auf 6000 Pfund. Für einen Prinzen von Geblüt war das ein Hungerlohn. Damit konnte dieser keine großen Sprünge machen, und das sollte er auch nicht. Ja, gemessen an den Rechten und Pflichten seines Standes musste sich der potentielle Thronfolger für arm halten. Doch hatte die grosse Spinne noch mehr Gemeinheiten für den ungeliebten Thronfolgekandidaten parat. So wurden Louis und die Königstochter Jeanne, kaum waren sie auf der Welt, auch schon zu künftigen Brautleuten bestimmt. Diese Heirat blieb auch dann beschlossene Sache, als absehbar wurde, dass Jeanne nach menschlichem Ermessen schwerlich Kinder zur Welt bringen würde. Louis d'Orléans war, so betrachtet, ein Thronfolger ohne dynastische Zukunft. Wie das Schicksal mir, so ich dir: das war die Logik der großen Spinne. Die Drohung, mit der er den Bräutigam zum Traualtar zwang, zeugte gleichfalls von seinem tiefsten Wesen: Bist du nicht (heirats-)willig, so brauch ich Gewalt – und du endest, in einem Sack verschnürt, auf dem Grunde des Flusses. Später sollte Louis behaupten, die Worte «und nehme dich zu meinem Weibe» während der Zeremonie nicht ausgesprochen zu haben. Zeugen bestätigten allerdings das Gegenteil. Ja, die Braut schwor sogar, dass die Ehe vollzogen worden sei, was ihr Gatte wiederum mit den feierlichsten Eiden bestritt.

Mit dieser Apanage und dieser Frau musste sich der junge Prinz, der Macht so nahe und zugleich so fern, doppelt betrogen fühlen. Der Geizige ist zutiefst davon überzeugt, dass die Welt ihm mehr schuldet, als sie ihm zuzugestehen bereit ist; die Ökonomie des Gebens und Nehmens ist für ihn in den Grundfesten gestört. Für Louis d'Orléans war das Maß der Ungerechtigkeiten voll, als nicht er, sondern der Sohn der großen Spinne nach deren Tod am 30. August 1483 im zarten Alter von dreizehn Jahren als Karl VIII. den französischen Thron bestieg. Böse Zungen nannten ihn statt *roi très chrétien*, allerchristlichsten König, *roi très crétin*, die königliche Missgeburt. Doch dieser Spott war so ohnmächtig wie der leer ausgegangene Thronkandidat. Nicht einmal die Rolle des Schattenkönigs zu spielen war ihm vergönnt. Im Gegenteil: Sein Einfluss im Vormundschaftsrat war gering. So schien es Louis d'Orléans an der Zeit, seinem lahmenden Glück auf die Sprünge zu helfen. Für Prinzen wie ihn, die sich zurückgesetzt fühlten, gab es approbierte Methoden, ihrer Frustration Luft zu verschaffen. Sie rebellierten, und zwar mit Stil und in den vorgeschriebenen Formen, nicht gegen den König, sondern gegen dessen perfide, eigennützige Ratgeber. Gegen sie galt es, die gute alte Ordnung wiederherzustellen.

Ein solcher Aufstand im Namen verletzter Rechte und geschädigter Ehre ließ sich unschwer ins Werk setzen. Wie immer schlossen sich ihm andere Unzufriedene an. Louis' wichtigster Alliierter war der Herzog der Bretagne. Auch er hatte keinen männlichen Erben, sondern nur eine Tochter namens Anne und daher ein dynastisches Problem. Wer diese heiratete, würde nach seinem Tod das von Frankreich weitgehend unabhängige Herzogtum erben. Und dieser Glückliche war niemand anders als Karl VIII. Die große Spinne hatte diese profitable Ehe mit ihren üblichen Methoden erzwungen. So verbündeten sich jetzt zwei Opfer der königlichen Heiratspolitik: ein Gatte und ein Schwiegervater wider Willen. Der Krieg, den Louis, der Zukurzgekommene, anzettelte, aber schlug fehl. Die Folgen waren für den aufrührerischen Prinzen härter als erwartet. Die demütige Unterwerfung unter den jungen König bewahrte ihn nicht vor strenger Haft.

Wieder auf freiem Fuß, zog der gescheiterte Rebell den einzig richtigen Schluss: Loyalität. Von jetzt an war Louis d'Orléans der stetige Begleiter und bald auch der enge Vertraute Karls VIII., dessen Familienglück er aus nächster Nähe betrachten konnte, vermutlich mit sehr gemischten Gefühlen. Denn aus Karls Ehe mit Anne de Bretagne war ein Sohn hervorgegangen, der sich zwischen ihn und die Thronfolge schob. Dafür bot sich jetzt die Gelegenheit, Ruhm im Feld zu erwerben, und zwar in eigener Sache. Karl VIII. nämlich zog im Herbst 1494 nach Italien, um Neapel zu erobern, das Erbe seiner Vorfahren, der Anjou, die es an das Haus Aragon verloren hatten. Anfangs ging alles wie von selbst – zu leicht, wie skeptische Ratgeber warnten. Charles marschierte nahezu kampflos in die Stadt am Vesuv ein und feierte seinen Triumph ausgiebig. Währenddessen kämpfte Louis d'Orléans an einer anderen italienischen Front. Seine Großmutter Valentina Visconti hatte dem Haus Orléans Anrechte auf das Herzogtum Mailand in die Ehe eingebracht, falls die Hauptlinie ihrer Familie im Mannesstamm ausstarb. Das war zwar 1447 der Fall, doch ging die Herrschaft über Mailand, eine der reichsten Städte der Christenheit, an den Söldnerführer Francesco Sforza über, dessen Großvater noch Kühe gehütet haben soll. Für Louis d'Orléans waren die Sforza folglich dreiste Usurpatoren, die das besaßen, was ihm gehörte. Es war also höchste Zeit, dieses ungerechte Schicksal mit Waffengewalt zu korrigieren. Und so fiel Louis, während der König nach Neapel zog, in der Lombardei ein. Sein Vormarsch kam allerdings schnell zum Stillstand, ja es fehlte nicht viel, und der Angreifer wäre in die Hände seines verhassten Feindes gefallen. In Novara belagert, konnte er sich mit knapper Not in seine Stadt Asti flüchten. Dort traf er den König, den eine italienische Liga aus Neapel vertrieben hatte. Gemeinsam durften sie am Fuß der Alpen über die Unberechenbarkeit des Glücks philosophieren und Revanchepläne schmieden.

Was Louis d'Orléans betraf, so schien sich die launische Fortuna plötzlich eines Besseren besonnen zu haben. Die nächsten Drehungen des Glücksrades hoben ihn weit empor. Zuerst starb der kleine Prinz, Annes und Karls Sohn, an den Masern. Doch damit nicht genug. Am 7. April 1498 stieß Karl VIII. beim Spaziergang in den Schlossgräben von Amboise, wo er einem Ballspiel seiner Höflinge zugesehen hatte, mit dem Kopf gegen einen Holzbalken; wenige Stunden später war er tot. Mit einem Schlag war der vom Schicksal so lange so schnöde Übergangene am Ziel. Aus Louis d'Orléans wurde doch noch Ludwig XII.

Der reiche König

Zum Königreich wollte er jetzt auch die Witwe des Königs. Dazu zwang ihn allein schon die Staatsräson. Doch Anne hatte nicht nur ein wichtiges Territorium, sondern, schön und klug wie sie war, mancherlei sonstige Reize zu bieten. Der neue König wusste wohl, warum er ihr seit Langem zugetan war. Anne hatte nicht zuletzt eine Fähigkeit, die ihm völlig abging – sie wusste Geld zur richtigen Zeit am richtigen Platz mit der gebotenen Großzügigkeit auszugeben. Und das musste ein König können, wollte er nicht von den Theologen des Geizes, immerhin eines der sieben Hauptlaster, geziehen werden. Zudem waren die Humanisten, die das kulturelle Leben in Frankreich immer stärker dominierten, der Meinung, dass nur ein ihnen gegenüber freigebiger König ein guter, das heißt legitimer König war. Allein die von Gott eingesetzten Herrscher verfügten über die göttliche Gabe, wahre Begabung zu erkennen und zu belohnen, und zwar generös. Ein Monarch, der nicht den humanistischen Idealen der *liberalitas* und der *magnificentia*, der großzügigen Kulturförderung und der großartigen Selbstdarstellung, nacheiferte, sondern an allen Ecken und Enden sparte, hatte ein Imageproblem.

Doch Ludwigs Heirat mit Anne de Bretagne stand einstweilen die Kirche im Weg. Damit er frei wurde, musste die Ehe mit Jeanne für ungültig erklärt werden; ungültig aber war sie nur dann, wenn sie nie vollzogen worden war. Ein heikler und verzwickter Fall; nur gut, dass dafür der Papst zuständig war. Der regierende Pontifex maximus Alexander VI. aus der spanischen Familie Borgia hatte jedenfalls das nötige Expertenwissen. Als Kardinal war er jahrzehntelang für die Eheangelegenheiten des europäischen Hochadels zuständig gewesen; allerdings hatte er es dabei auch zur unerreichten Meisterschaft gebracht, sich sein Entgegenkommen vergüten zu lassen. Das zeigte sich rasch. Für diesen ganz besonderen Fall nämlich schwebte dem Papst eine spezielle Gegenleistung vor: Sein Sohn Cesare sollte eine Braut aus vornehmster Familie, ein Herzogtum und Truppen zur Eroberung der Romagna erhalten. Für einen einzigen Federstrich, der eine Ehe annullierte, war das nicht eben wenig, aber Alexander kannte Ludwigs Notlage und nutzte sie weidlich aus. Doch Ludwig war diesem Gegner durchaus gewachsen. Auch er kannte dessen Achillesferse: Die Borgia hatten es eilig. Und so zog er die Verhandlungen in die Länge. Trotzdem schien der Papst am Ende mehr gewonnen zu haben. Er bekam alles, was er wollte, und Ludwig XII. nur die eine Dispens. Doch in Wirklichkeit ging die Partie mit all ihren Winkelzügen und Täuschungsmanövern unentschieden aus. Denn der König gab, was ihm nicht unbestritten gehörte: Cesares junge Gattin stammte aus der Familie Albret, die über das Kleinkönigreich Navarra in den Pyrenäen herrschte; sein Herzogtum Valentinois war seit Langem Zankapfel zwischen dem Papst und dem König von Frankreich. Und für Cesares Hilfstruppen sollten andere zahlen. Ludwig aber hatte Anne. Und mit ihr die Kontrolle über die Bretagne und ihre Einkünfte; diese beliefen sich auf stolze 400 000 Pfund jährlich. Mit diesem Geld konnte man einen glänzenden Hof halten. Die vornehmsten Adligen des Königreichs an den Hof zu rufen, um sie dort mit prunkvollen Ritterturnieren und Theateraufführungen zu unterhalten und gleichzeitig der Kontrolle des Königs zu unterstellen, hatte sich in Italien seit Jahrzehnten als politisches Instrument bewährt. Überdies ließ sich ein solcher Hof zur Propagandabühne ausbauen: durch große Künstler, die in ihren unsterblichen Werken den Ruhm ihres Herrn verewigten, und durch Feste, bei denen der König und seine Familie wie höhere Wesen aus einer anderen Welt erschienen und ihre Untertanen sowie auswärtige Gesandte gleichermaßen beeindruckten.

Im übrigen Europa begannen die Fürsten diesem verlockenden Vorbild nachzueifern. Doch das alles war mit Ludwig XII. nicht zu machen. Auch wenn die kluge Anne manche Geiz-Exzesse zu verhindern wusste: Was sollte man von einem Monarchen halten, der nichts Eiligeres zu tun hatte, als zu sparen, und zwar vor allem dort, wo es die Höflinge und die Botschafter am meisten schmerzte? Das Dîner an der königlichen Tafel nämlich wurde auf den Nachmittag vorverlegt, wenn noch niemand Appetit hatte. Ludwig war das nur recht, dann wurde weniger verzehrt. Zu dieser erfreulichen Senkung der Betriebskosten trug die Speisenfolge das Ihre bei. Sie bestand aus gedünstetem Rindfleisch, dem königlichen Leibgericht, mit wechselnden Sättigungsbeilagen. Dann noch ein wenig Dudelsackmusik oder ein amüsanter Einakter, und es war Schlafenszeit. Natürlich war der geizige König um eine Begründung für diese kurzen Abende nicht verlegen. Die traute Zweisamkeit lockte ins Himmelbett, schließlich galt es, Thronfolger zu zeugen. Doch auch die Fürsorge für sein Volk wurde bemüht. Um die Armen nicht durch neue Steuern zu bedrücken, sei ihm kein Verzicht zu herb.

Bei den kleinen Leuten kam diese Botschaft gut an. Nicht minder beliebt machte sich der König dadurch, dass jetzt auch die Reichen und Vornehmen die Weinsteuer bezahlen mussten. Für Ludwig war das eine Maßnahme von bestechender Logik: Wer im Gegensatz zu ihm selbst schlemmte, sollte ihn reich machen. Für jeden Becher, den der ausgelassene Zecher trinkt, der Dukaten in der königlichen Kasse klingt. Und dann gab es noch eine dritte offizielle Erklärung für die Knauserigkeit bei Hofe: Mailand über alles! Die königliche Kriegskasse sollte gefüllt werden. Der hohe Adel aber schüttelte indigniert das Haupt, ja das böse Wort vom *roi roturier*, vom Krä-

Die vornehm gewandete Verkörperung des Geizes hat keinen Blick für die Nöte des Nächsten. Die Augen sind verbunden, das hochmütige Antlitz ist zur Seite gewandt. Umso inniger hält sie den zum Bersten gefüllten Geldsack an sich gepresst. Doch das Ende naht. Schon züngeln die Flammen der Hölle am teuren Gewand, und das Auge eines Teufelswesens starrt begehrlich auf die Beute. – Ausschnitt aus Hans Burgkmairs (1473–1531) Darstellung der Sieben Todsünden, um 1510.

merkönig, machte die Runde. Bestätigt sah sich der Adel in dieser Meinung dadurch, dass das Personal der königlichen Stallungen in zwölf Jahren um nahezu die Hälfte reduziert wurde. Begründung: Reisen zu Schiff sind billiger. Und bei der Jagd, dem königlichen Freizeitvergnügen schlechthin, sah es nicht anders aus; am Ende blieben unter Ludwig XII. gerade einmal sechs Jäger und fünfzig Jagdhunde übrig, jeder wohlhabende Landedelmann leistete sich mehr. Zu Unrecht, befand der König. Der wirtschaftliche Niedergang so vieler großer Familien hatte seine Ursache in der Verschwendung für Jagd und Pferde! Die großen Herren sollten haushalten lernen wie ihr König, anstatt über dessen Geiz und die schlechten Zeiten zu klagen.

Die Chefs der führenden Familien sahen das anders. In ihren Rechnungsbüchern waren die Kosten aufgelistet, die für die Kriege des Königs anfielen. Und in ihren Grabkapellen lagen deren Opfer. Aus ihrer Sicht war das Gleichgewicht des Gebens und Nehmens zwischen Aristokratie und König durch dessen Geiz gestört. Das wusste auch Ludwig XII. Seine Kalkulation war die des Geizigen: Der Adel brauchte ihn mindestens ebenso sehr wie er ihn. Und da dem so war, würde er ihm die Gefolgschaft nicht aufkündigen. Diese Rechnung ging auf. Eines aber hatte der geizige König übersehen. Die großen Familien brauchten die Monarchie wie der Fisch das Wasser. Doch je länger das Regiment des Geizes bei Hofe anhielt, desto sehnsüchtiger hielten sie nach dem Thronfolger Ausschau. Das aber würde so, wie die Verhältnisse lagen, nicht der Sohn des Geizigen sein. Und so, wie sich François d'Angoulême, der wahrscheinlichste Kandidat für die Nachfolge, entwickelte, würde der nächste Hof alles einlösen, was der gegenwärtige verweigerte. Bis es so weit war, setzte man alle Hoffnungen auf Georges d'Amboise. Dieser engste Ratgeber des Königs verfügte über die seltene Fähigkeit, seinem Herrn die eine oder andere Geldsumme zu entlocken. Allerdings verfolgte er dabei seine eigenen Ziele. Durch Ludwigs Fürsprache wurde er Kardinal. Doch das genügte ihm nicht. Er wollte Papst werden, koste es, was es wolle.

Erst einmal aber hieß es für ihn und den hohen Adel, abzuwarten und zuzusehen, wie der König auf fremde Kosten seine Schatulle füllte. Wozu, so fragte er sich, brauchte ein klug wirtschaftender Hausvater wie er so viele teuer besoldete Aufseher über seine Einkünfte? Folglich verlor die königliche Rechnungskammer zwei Fünftel ihres Personals. Der ganz große Coup aber traf die vornehmsten Adligen. Im Laufe seiner Regierung kürzte Ludwig XII. die Gehälter für seine Höflinge und Günstlinge um sage und schreibe fünf Sechstel. Natürlich ließ sich diese Kostenstreichung werbewirksam unters Volk bringen; noch fast dreihundert Jahre später, kurz vor der Französischen Revolution, riet man Ludwig XVI., sein Hofbudget endlich so energisch wie sein Vorgänger, der gute Hausvaterkönig, zu kürzen.

Unter dessen Herrschaft aber revoltierte der Adel noch nicht. Er murrte oder lachte, je nach Gemütslage. Und um sich amüsieren zu können, gab er Pamphlete und Stücke in Auftrag, die vom Geiz des Königs handelten. Heiterkeitserfolge heimste eine Komödie ein, in der der König siech danieder liegt und die Ärzte nicht ein noch aus wissen. Kein Rezept schlägt an, bis ein Quacksalber dem illustren Patienten einen Becher flüssiges Gold verabreichen will. Das ist das richtige Heilmittel. Urplötzlich ist der Kranke genesen – und das Gold wandert nicht in seine Kehle, sondern, zu Münzen geprägt, in seine Truhe.

Doch den König focht dieser Spott nicht an. Mochten sie nur lachen, er hatte sein Geld und lachte daher als Letzter! Und noch eine gewinnbringende Maßnahme ließ sich als Volksfürsorge ausgeben. Die hohen Finanzbeamten mussten rigoros wie nie zuvor Rechenschaft ablegen und oft genug hohe Beträge, die sie für sich abgezweigt hatten, zurückzahlen. *Rendre gorge*, Geld erbrechen, nannte das Volk diese Schauprozesse und war es zufrieden. Die bezahlten Verteidiger des Königs nannten ihn daher Ludwig den Sparsamen, der zielbewusst Ressourcen sammelte, um diese dann umso konzentrierter für gute Zwecke, zur Unterstützung der Armen und zur Vergrößerung des Königreichs, zu nutzen – im Gegensatz zum Geizigen, für den die gehorteten Schätze Selbstzweck waren. Wer Recht hatte, musste sich im Kampf um Mailand erweisen.

Im Kampf um die lombardische Metropole war das französische Militäraufgebot allen Gegnern weit überlegen; das galt auch für die finanziellen Reserven. Der König konnte auf das traditionelle Adelsaufgebot von *ban* und *arrière-ban* zurückgreifen; Bewaffnete zu stellen und selbst hoch zu Ross mit seinem König ins Feld zu ziehen, war seit jeher die vornehmste Pflicht des Vasallen. Allerdings war die Professionalisierung des Militärwesens im 15. Jahrhundert rapide vorangeschritten; die einzelnen Waffengattungen hatten ihre eigenen Kampfformen und Taktiken ausgebildet. Krieg war ein Beruf geworden, und diesen gestiegenen Anforderungen vermochten nur noch die wohlhabenden Aristokraten nachzukommen. Sie führten wie gehabt die prestigeträchtigen Kavallerieattacken an. Für die immer schwereren und tödlicheren Geschütze aber brauchte man Spezialisten. Auch die Fußsoldaten, die immer schnellere und kompliziertere Manöver zu vollziehen hatten, mussten entsprechend ausgebildet werden. Vor allem die Infanterie mussten die europäischen Könige zu Beginn des 16. Jahrhunderts im Ausland anwerben. Als beste Söldner galten die Schweizer Reisläufer, die schon die große Spinne mit Erfolg auf ihre Seite gezogen hatte. Ihren Sold betrachteten sie als Ausdruck der Ehre, die ihnen ihr Auftraggeber entgegenbrachte. Gegen ihre Ehre aber war es, im Kampf zurückzuweichen oder gar zu fliehen. Ja, gegen die Ehre war es sogar, eine Schlacht auszuschlagen – und war die Situation noch so ungünstig. Wohl dem, der diese Söldner auf seiner Seite hatte. Das galt jedoch nur, solange er ihnen Sold zahlte.

Geld dafür hatte Ludwig XII. genug. Den Ständen des Königreichs wurde eine Sonderabgabe abgerungen, Kaufämter mussten ein zweites Mal erworben werden; auf diese Weise füllte sich die Kriegskasse mit dem Geld der wohlhabenden Untertanen. So durfte der König im April 1499 dem venezianischen Botschafter stolz verkünden, dass er finanzielle Reserven für zwei volle Kriegsjahre angehäuft habe. Doch so lange dauerte der erste Kampf um Mailand gar nicht. Beim Vormarsch der 27 000 Mann zählenden französischen Armee brach die Sforza-Herrschaft, innerlich durch den Verlust von Loyalität längst ausgehöhlt, rasch zusammen. So sah der König schon im September 1499 einen seiner zwei Herzenswünsche erfüllt. Und wer weiß, vielleicht würden es bald beide sein. Anne de Bretagne war schwanger, man durfte also auf den Thronfolger hoffen. Kurz darauf aber stand Ludwig XII. mit zwei leeren Händen da. Mailand gehörte wieder Ludovico Sforza. Und die Königin gebar eine Tochter.

Für den Verlust der lombardischen Metropole war der König in hohem Maße selbst verantwortlich. Sein Staathalter Trivulzio, der selbst aus dem Mailänder Adel stammte, war fast so unpopulär wie die französische Finanzpolitik. Anstatt, wie das Volk gehofft hatte, die Steuern zu senken, trieb der Fiskus das Geld so brutal wie nie zuvor ein, getreu dem königlichen Grundsatz, dass die Eroberten den Krieg der Eroberer bezahlen sollten. Bei aller Unbeliebtheit der neuen Herrschaft wäre das noch angegangen. Bedrohlich wurde die Lage erst, als Ludwig die Soldzahlungen für seine 5000 Schweizer Reisläufer einstellte – warum sollte er jetzt, da Mailand gewonnen war, noch so viel Geld ausgeben? So kam es, wie es kommen musste. Die Söldner ohne Sold reagierten empört und ließen sich flugs von der Gegenseite anwerben. Einem König, der ihnen die Ehre abschnitt, waren sie nichts mehr schuldig, am allerwenigsten Treue. Schon im Februar 1500 war der Traum von Mailand erst einmal ausgeträumt. Der König tobte vor Wut und schwor, die untreue Stadt vom Erdboden zu vertilgen. Doch das war der Erregung des Augenblicks geschuldet. Ein zerstörtes Mailand war ja nichts mehr wert.

Trotz aller Irritationen zwischen dem König und der Eidgenossenschaft ließen sich kurz darauf doppelt so viele Schweizer Söldner wie zuvor rekrutieren; die königlichen Kassen waren ja gefüllt, man musste das viele Geld nur ausgeben. Und so bewegten sich schon im April 30000 Mann auf Mailand zu. Erneut drehte sich jetzt das Rad der Fortuna. Auch Ludovico Sforza hatte seine Schweizer. Doch konnte er sie aufgrund seiner chronischen Geldknappheit beim besten Willen nicht bezahlen. Unbesoldet, wie sie waren, sahen die Reisläufer nicht ein, warum sie gegen ihre Mit-Eidgenossen auf der anderen Seite kämpfen sollten. Ludovico Sforza blieb so nur die Flucht in abenteuerlicher Verkleidung. Doch auch diese misslang. Einer seiner Schweizer verriet ihn an Ludwig XII., seinen Todfeind. In dessen Verlies schmachtete der gestürzte Herzog acht Jahre lang bis zu seinem Tod.

Für Ludwig aber sah es verheißungsvoll aus – selbst der Besitz Neapels winkte jetzt auf Dauer. Im November 1500 schloss er mit König Ferdinand von Aragón, dem Meisterdiplomaten der Zeit, einen Vertrag, dem der Papst seinen Segen gab. Dieser Pakt sah die Teilung des süditalienischen Königreichs vor: die Hauptstadt Neapel nebst angrenzenden Provinzen für Frankreich, die übrigen Gebiete für Spanien. Das schien ein klares Plus für Ludwig zu sein. Doch er hatte die Rechnung ohne den Großen Kapitän gemacht. Der spanische Feldherr Gonzalo Fernandez de Córdoba drängte in den nachfolgenden drei Jahren die überlegenen französischen Truppen zurück und besiegte sie am letzten Tag des Jahres 1503 am Garigliano entscheidend. Neapel war verloren, und zwar für immer. Schon vor der endgültigen Niederlage häuften sich die Klagen der französischen Kommandeure darüber, dass die Mittel zur Finanzierung des Krieges ungenügend seien.

Überhaupt war 1503 kein gutes Jahr. Georges d'Amboise wurde nicht zum Papst gewählt, weder nach dem Tod Alexanders VI. noch nach dem frühen Hinscheiden Pius' III. Das unüberwindliche Hindernis hieß Mailand. Denn der einflussreiche Kardinal Ascanio Maria Sforza dachte nicht daran, seine Anhängerschaft für den Intimus eines Königs zu mobilisieren, der seinen Bruder gefangen hielt. Doch durfte sich Ludwig, so schien es, trösten. Der neue Papst Julius II. hatte sich während des Borgiapontifikats überwiegend im französischen Exil aufgehalten und galt daher als frankophil. Gut unterrichtete Kreise warnten allerdings, von diesem agilen Greis seien große, unvorhersehbare Dinge zu erwarten.

Doch dergleichen Befürchtungen schienen aus der Luft gegriffen. Julius II. war voll und ganz damit beschäftigt, die von Alexander VI. hinterlassene Finanzmisere zu beheben und abgefallene Randgebiete des Kirchenstaats zurückzuerobern, und zwar an der Spitze der eigenen Truppen. Ludwigs ruhige, von intensiven Sparmaßnahmen gekennzeichnete Jahre endeten 1507, als sich in Italien neue Verwicklungen anbahnten. Das der französischen Machtzone einverleibte, de facto jedoch weitgehend unabhängige Genua, seit Jahrhunderten die turbulenteste Stadt Europas, bildete das erste Epizentrum. Nach schweren Kämpfen setzte sich in der ligurischen Metropole eine Adelspartei durch, die die französische Oberhoheit für beendet erklärte. Die Ehre des Königs war damit herausgefordert. Und so durfte Ludwig XII. nach erfolgreichen Operationen seinen ersten und einzigen militärischen Triumph an der Spitze seiner Armee feiern. In prächtiger Rittermontur nahm er Besitz von der stolzen Hafenstadt, die demütig um Gnade und Verschonung flehen musste. Bei den anschließenden Siegesfeiern wurde an nichts gespart. Doch versäumten es die italienischen Chronisten nicht, darauf hinzuweisen, dass es das Geld der Besiegten war, das da mit vollen Händen ausgegeben wurde. Jetzt geriet auch die Republik Venedig ins Visier ihrer vielen Feinde. Den Papst hatte sie durch Eroberungen in der Romagna, die spanischen Könige durch die Besetzung von Städten in Apulien, den römischen König Maximilian von Habsburg durch Grenzverletzungen im Norden gegen sich aufgebracht. Nur Ludwig XII., mit Venedig traditionell verbündet, hatte eigentlich keine Gründe für einen Krieg.

Doch solche ließen sich finden. Den arroganten Pfeffersäcken an der Lagune eine Lektion zu erteilen und ihr Territorium zum eigenen Vorteil zu verkleinern, reichte schließlich als Begründung völlig aus. Und so fügte das Heer der Liga von Cambrai, an der sich sogar Ferdinand von Aragón beteiligte, unter französischer Führung den stolzen Venezianern schon im ersten Gefecht bei Agnadello eine vernichtende Niederlage zu. Ludwig XII. stand im Zenit seiner Macht. Und wieder war Königin Anne schwanger. Und wieder ließ die Wende nicht auf sich warten. Für Julius II. hatte die Liga ihren Zweck erfüllt, nachdem sie die Venezianer Rom gegenüber gefügig gemacht hatte. An einer völligen Niederwerfung der Serenissima hatte der Papst keinerlei Interesse. Für Ludwig XII. war sein Ausscheren jedoch Verrat. Überdies hatte sich zwischen ihm und dem Papst reichlich Zündstoff angesammelt. Seit der Pragmatischen Sanktion von Bourges aus dem Jahr 1438 war der französische König de facto Herr seiner Kirche, er vergab die lukrativsten Posten und Pfründen – ein für Julius II. unhaltbarer Zustand. Dass ein so widerspenstiger Monarch auch noch Mailand beherrschte, machte das Maß voll.

Ein Konflikt von kolossalen Dimensionen bahnte sich an. Kein Wunder, dass beiden Seiten alle Mittel recht waren. Warum – so Ludwigs strategische Überlegungen – sollte er nicht das Papsttum mit seinen eigenen, sprich: geistlichen Waffen schlagen? Der herrische Papst hatte sich auch unter den Kardinälen Feinde gemacht. Da bot es sich an, mit einem Konzil zu drohen, welches den kriegerischen Pontifex maximus, sollte dieser nicht einlenken, absetzen würde. In dieser Situation sahen sich beide Seiten nach Verbündeten um. Und nach Feinden des Feindes. So versuchte Julius, den Dauerkonflikt zwischen England und Frankreich zu seinem Vorteil zu nutzen. Dazu war die Gelegenheit günstig. Mit Heinrich VIII. hatte auf der Insel ein junger und unternehmungslustiger König den Thron bestiegen. Zudem stand im Westen Ferdinand von Aragón, der Listenreiche, bereit, um gegen Frankreich vorzugehen. Auf dem politisch-militärischen Reißbrett war Ludwig XII. damit eingekreist. Doch das waren Planspiele. Gekämpft werden musste auf italienischem Boden, soviel stand fest. Und den Unterschied zwischen Theorie und Praxis machten wieder einmal die Schweizer aus. Wer sie auf seine Seite zog, hatte die Trümpfe in der Hand, zumindest in den ersten Partien.

Das wussten die Eidgenossen selbst am besten. Hatten sie doch in den letzten zweihundert Jahren besiegt, was sich ihren Langspießen entgegenstellte. Ihre bevorzugten Gegner waren die Habsburger, zuletzt Maximilian selbst, der im Schwaben- beziehungsweise Schweizerkrieg von 1499/1500 den Kürzeren gezogen hatte. Wer immer jetzt, in den Jahren 1509 und 1510, mit ihnen verhandelte, traf auf Sieger, die ihren Preis kannten. Dass die alten Tarife nicht mehr galten, war somit absehbar. Fingerspitzengefühl war also gefordert, das potentielle Zünglein an der Waage wollte umworben werden. Und diese neigte sich erst einmal Frankreich zu. Gewiss, die Irritationen über fehlende Soldzahlungen und Streitigkeiten um Gebiete auf dem Territorium des heutigen Kantons Tessin waren nicht ausgeräumt, doch für einen erneuten Soldvertrag mit dem allerchristlichsten König sprach die Tradition, das stärkste Argument in einer so konservativen Zeit.

Die Vorzeichen, unter denen die Verhandlungen begannen, waren also alles andere als ungünstig. Doch zeigte sich rasch, dass der König die neue Stellung der Eidgenossen nicht zu honorieren bereit war. Hatten sich seine eigenen Fußsoldaten in der Schlacht von Agnadello nicht mindestens genauso bewährt? Warum also teures Geld für fremde Söldner zahlen, wenn man auch so siegen konnte? Es war ohnehin an der Zeit, den arroganten Barbaren aus den Bergen einen Dämpfer zu erteilen. Julius II., der schon 1506 eine eidgenössische Leibwache angeworben hatte, beobachtete das Scheitern der Verhandlungen mit stillem Entzücken. Und er gab den Eidgenossen unverzüglich, was ihnen von Frankreich verweigert wurde: gute Worte, viel Ehre und reichlich Geld. Der erzürnte Ludwig XII. aber machte jetzt mit der Drohung Ernst, ein Konzil einzuberufen. Als Tagungsort war die Stadt Pisa, die zum florentinischen Herrschaftsgebiet gehörte, vorgesehen; so würden andere die Kosten für die aufwendige Kirchenversammlung übernehmen.

Doch damit hatte der König seine Karten überreizt. Zudem starb mit Georges d'Amboise zu diesem kritischen Zeitpunkt der einzige Ratgeber, der außer Anne de Bretagne den impulsiven Monarchen zu lenken und seinen Geiz zumindest zu mildern gewusst hatte. Julius II. aber brachte im Herbst 1511 ein Bündnis mit Spanien, England und Venedig gegen den Ketzer-König zusammen, der es wagte, dem Stellvertreter Christi auf Erden den Gehorsam aufzukündigen. Das Konzil erwies sich dementsprechend als Fehlschlag; gerade einmal vier Kardinäle und sechzehn Bischöfe waren dem Ruf zur Absetzung des Papstes gefolgt. Zudem waren die Pisaner alles andere als erfreut über diese kompromittierenden Gäste, die ihnen schwere Kirchenstrafen einbrachten. Gewalttätigkeiten auf offener Straße waren die Folge, so dass die abtrünnigen «Kirchenväter» nach Mailand umsiedeln mussten.

Dort aber sah es wie in Genua kaum besser aus. Ludwigs Gewohnheit, die Kriege um Italien aus italienischen Taschen zu finanzieren, hatte beide Städte an den Rand des Bankrotts und der Rebellion getrieben. Dabei hatte der König mehr Geld als genug. Allein eine zu diesem Zweck einberufene Versammlung des französischen Klerus hatte den stolzen Betrag von 300 000 Pfund bewilligt und, noch erstaunlicher, ein Fünftel dieser Summe sofort hinterlegt. Die französische Seite war also liquide wie keine andere Kriegspartei. Das wussten auch die Schweizer. Sie waren nach dem Scheitern der Verhandlungen mit Frankreich kurzerhand auf eigene Faust gegen Mailand gezogen und nur des eisigen Winterwetters wegen kurz vor den Stadtmauern umgekehrt. Unter günstigeren klimatischen Bedingungen – so die Auswertung des legendären «Kaltwinterfeldzugs» von 1511 – sollte sich die lombardische Metropole ohne weiteres einnehmen lassen.

Auf die Unterstützung der Schweizer war auch der Papst angewiesen. Im Mai 1511 hatte Bologna die päpstliche Herrschaft abgeschüttelt. Und im Herbst desselben Jahres aber wurde der 68jährige Pontifex maximus krank, und zwar auf den Tod, wie es schien. Unter diesen Umständen bot es sich für die Eidgenossen an, die politische Lage und die Marktchancen ihrer Söldner ungeachtet aller Spannungen und Kränkungen nochmals vorurteilslos zu sondieren. So erhielt Ludwig XII. Ende 1511 unerwartet eine zweite Chance, die Soldverhandlungen zu einem für beide Seiten befriedigenden Abschluss zu bringen. Doch auch diese zweite Gelegenheit nutzte er nicht. Am Ende lagen die Preisvorstellungen um exakt

10 000 Pfund auseinander – 40 000 Pfund pro Jahr wurden gefordert, doch nur 30 000 geboten. Und keine Macht der Welt vermochte Ludwig dazu zu bewegen, über seinen Schatten zu springen. Anne de Bretagne war nach vielen Fehlgeburten wieder schwanger und abwesend, Georges d'Amboise ruhte im Grabe zu Rouen. Die Schweizer aber fühlten sich düpiert, ja ihrer Ehre beraubt. Dass ihre treuen Dienste einer so geringen Summe wegen verschmäht wurden, werteten sie als ein Zeichen der Geringschätzung, ja der Verachtung. Die Welt des Hofes, zu der ihnen die große Spinne die Tür geöffnet hatte, zeigte ihnen die kalte Schulter. Und der König schüttete auch noch Salz in diese Wunde: Die überheblich gewordenen Hinterwäldler gehörten in die Schranken verwiesen, so seine offizielle Begründung.

Doch das war ein Vorwand. Staatsräson und Geiz bekämpften sich in der Brust des Königs. Und in dieser Auseinandersetzung zog die kühle politische Vernunft den Kürzeren. So machiavellistisch der Monarch handelte, wenn es nicht um sein liebes Geld ging, jetzt befahl die Stimme des Geizes: Bis hierhin und nicht weiter! Dass die Menetekel an allen Wänden standen, dass Einsicht in letzter Minute doch noch die Rettung bringen konnte – am Geiz prallte alles ab. An Ostern 1512 siegte das französische Heer noch in der blutigen Schlacht von Ravenna über seine Feinde. Danach aber nahm das Unglück seinen Lauf. Mailand ging verloren und geriet unter die Herrschaft der Schweizer, die einen Schattenherzog aus der Familie Sforza einsetzten. Im Juni 1513 schlugen sie eine französische Armee, die Mailand zurückerobern wollte, vernichtend bei Novara – diese Stadt brachte Ludwig definitiv kein Glück. Danach rückten die Eidgenossen sogar gegen Burgund vor und belagerten Dijon. Die Eroberung konnte der König nur dadurch abwenden, dass er in letzter Minute ebenso demütigende wie kostspielige Friedensbedingungen akzeptierte. Dazu gehörten der Verzicht auf Mailand und Asti sowie Zahlungen von 700 000 Pfund – das Siebzigfache der fatalen «Einsparung»! Natürlich hielt sich der vor Wut tobende Monarch zur Einhaltung dieses Knebelvertrags keineswegs verpflichtet. Allerdings hatten die Eidgenossen gegen den Wortbruch Vorsorge getroffen und Geiseln genommen. Und so musste der geizige König zähneknirschend eine erste Rate von 75 000 Pfund überweisen.

Unterdessen war auch Julius II. nicht untätig geblieben. Um Ludwigs häretische Kirchenversammlung schachmatt zu setzen, hatte er ein Konzil in den Lateran einberufen, und zwar mit Erfolg. Obwohl es ganz überwiegend politischen Zwecken diente, leistete der europäische Klerus diesem Ruf Folge. Der Papst hatte die Tradition und die Legitimation des Amtes auf seiner Seite. An der kirchenpolitischen wie der militärischen Front gleichermaßen erfolgreich, ließ sich der kriegerischste aller Päpste als Befreier Italiens von den Barbaren, das heißt den Franzosen, feiern. Dann sank er erschöpft ins Grab. Von Giovanni de' Medici, der im März 1513 als neuer Papst aus dem Konklave hervorging und den Namen Leo X. annahm, erhoffte sich Ludwig XII. eine Versöhnung mit dem Papsttum zu annehmbaren Bedingungen. Doch trotz der frankophilen Traditionen seiner Familie blieb der Medici-Papst in der Sache hart. Der französische König musste im Oktober 1513 eine Erklärung akzeptieren, in der die Versammlung von Pisa für illegal und das Laterankonzil zum einzig legitimen Organ der Kirche erklärt wurde. Dieses aber hatte in seiner vierten Sitzung die Pragmatische Sanktion von Bourges als Beleidigung Gottes und Schaden für die Kirche aufgehoben. Als logische Konsequenz verlangte Leo X. jetzt, die kirchlichen Führungspositionen Frankreichs in eigener Regie zu besetzen. Wäre er damit durchgekommen, dann wäre die Macht des Königs empfindlich geschwächt worden. Wie sollte er künftig seine Anhänger versorgen, wenn ihm die reichen Ressourcen der Kirche nicht mehr zur Verfügung standen?

Schlag folgte auf Schlag. Im September 1513 kam Ludwigs Verbündeter, der König von Schottland, bei einem Feldzug gegen Heinrich VIII. ums Leben. Der englische Vormarsch in Nordfrankreich wurde so unausweichlich. Doch den härtesten Schlag hatte sich das neidische Glück noch aufgespart. Im Januar 1514 starb Anne de Bretagne, von Fehlgeburten geschwächt, und mit ihr der letzte gute Geist im Rat des Königs. Von der englischen Bedrohung konnte Ludwig sich schließlich freikaufen, und zwar für das Hundertfache der ominösen 10 000 Pfund. Dazu musste er zwei gute Städte seines Königreichs, Thérouanne und Tournai, opfern.

Als das Schlimmste abgewendet war, erwies sich die Gesundheit des Monarchen als ruiniert, so dass er auch sein zweites großes Ziel verfehlte. Zwar heiratete er noch in höchster Eile eine kerngesunde englische Prinzessin – für diese auch politisch kostspielige Eheschließung war im übrigen nichts zu teuer –, doch für einen Neuanfang war es zu spät. Der inzwischen 52-jährige König reiste seiner neuen Gattin wie ein heißblütiger Jüngling entgegen, doch ob er das Beilager wirklich vollzog, daran zweifelten hinter vorgehaltener Hand seine eigenen Kammerdiener und Höflinge, und zwar mit Fug und Recht. Denn der Bräutigam war durch die Gicht geschwächt und bettlägerig. So saß Mary, die neue Königin, neben seinem Schmerzenslager und hielt ihm mitleidig die Hand. Sie hatte es kommen sehen und von ihrem königlichen Bruder Heinrich VIII., der damals noch ganz am Anfang seiner Karriere als Blaubart stand, ausbedungen, im Falle einer Verwitwung ihren zweiten Ehemann selbst auswählen zu dürfen, und zwar nach ihren eigenen Kriterien. So ging am Neujahrsabend 1515 das Königreich an eine andere Linie des Hauses Capet über: an den zwanzigjährigen, kraftstrotzenden und galanten Franz I. aus dem Hause Angoulême.

Ludwig XII., dessen verzweifelte letzte Fortpflanzungsversuche Franz zuerst mit Sorge und dann, als die Nachrichten aus dem königlichen Schlafgemach beruhigend klangen, mit gelassenem Amüsement verfolgte, starb mit leeren Händen. Doch geht die Erinnerung an die Großen dieser Welt eigenwillige Wege. Denn der geizige König, der zu viel Rendite aus zu wenig Investitionen ziehen wollte, hatte ein Kapital angehäuft, das nach seinem Tod kräftig weiter wachsen und für seine Nachfolger eine schwere Hypothek werden sollte. Je kostspieliger sich die Unternehmungen seines Nachfolgers gestalteten, desto üppiger nämlich gedieh der Mythos seines Vorgängers: der Mythos vom guten, sparsamen König, vom fürsorglichen Vater seines Volkes. Dieses Image hatte Ludwig bereits zu Lebzeiten intensiv gepflegt. Zu diesem Zweck erklärte er seine Weigerung, Geld auszugeben, mit dem Bestreben, seinen geliebten Untertanen so wenig Abgaben wie möglich abverlangen zu müssen. Dass das vor allem in den letzten drei Jahren seiner Herrschaft nicht stimmte, als die Steuern explosionsartig anstiegen, haben die Franzosen großzügigerweise schnell vergessen. Sie brauchten das Gegenbild der guten alten Zeit gegen die Zumutungen der Gegenwart und gegen die Angst vor einer noch schlimmeren Zukunft.

Kaum ein Mythos ermangelt eines wahren Kerns. Ludwig XII. hatte genau das Glück, das der Geizige braucht, um als sparsamer Hausvater in die Geschichte einzugehen. In seine Regierungszeit fielen milde Winter, warme Sommer, fruchtbare Felder, niedrige Getreidepreise und reichlich Brot. Zufall, würde man heute sagen. Doch bis heute reklamieren Politiker beim Wähler Verdienste, wenn die Konjunktur wieder einmal anzieht, meist sogar mit Erfolg. Für die Menschen des 16. Jahrhunderts war der Fall klar. Nichts war Zufall, Gott segnete oder strafte die Herrschaft der Mächtigen, ganz wie sie es verdienten. So aber lebte die verklärende Erinnerung an Ludwig XII. als dauernde Mahnung an seine Nachfolger fort. Sie sollten so sparsam wie möglich von den Erträgen ihres Eigenbesitzes leben und die Steuern senken, anstatt sie zu erhöhen. Vermutlich hätte der Verewigte an diesem Fortleben seines Geizes seine Freude gehabt.

Der neue König Franz I. aber gewann nicht nur die Herzen des Hofes durch seine schier unerschöpfliche Freigebigkeit, auch die Misshelligkeiten mit dem Papsttum ließen sich beilegen. War der alte König von Frankreich der Erzfeind, ja der Handlanger Satans gewesen, so wurde der neue rasch zum geliebten Sohn der Kirche. Leo X. brauchte ihn als Kandidat für die Nachfolge Maximilians im Reich. Und so wurde wie von Zauberhand schon 1516 das Konkordat von Bologna geschlossen, das Franz I. und seinen Nachfolgern den Zugriff auf die Reichtümer der französischen Kirche sicherte. Doch damit nicht genug. Auch Mailand, die begehrte Stadt, eroberte Franz im September 1515 durch seinen Sieg über die Schweizer bei Marignano zurück. Im Unterschied zu seinem Vorgänger aber konnte er auch im Triumph abgeben. So durften die Eidgenossen ihre Gebiete südlich des Gotthard – Bellinzona, Lugano und Locarno – behalten. Der 1516 geschlossene Friede band sie zugleich für Jahrhunderte an die französische Krone. Denn der neue König gab ihnen Ehre. Und Geld.

4 Der Hexenjäger

Dietrich Flade, der Sündenbock

Eine Karriere in schwerer Zeit

Geschichte als Wissenschaft kennt keine Gefühle, sondern nur die Beschreibung und Analyse von Fakten. Wenn sie Wege in den Untergang nachzeichnet, hat sie sich jeglicher Anwandlung von Mitleid zu enthalten, um nicht den Geist der Gegenwart mit dem der Vergangenheit zu vermengen und deren Bild dadurch zu verzeichnen. Erst wenn diese Arbeit getan ist, schlägt die Stunde der Emotionen. Möge der Leser in diesem Sinne sein eigenes Urteil fällen: über den Mann, der als Richter Menschen aufgrund von Beschuldigungen in den Tod schickte, die unsere Gegenwart als Ausgeburten des Wahns betrachtet. Und zugleich über den Mann, der diesem Wahn schließlich selbst zum Opfer fiel – einem Wahn, dessen bezwingender Überzeugungskraft sich damals kaum jemand entziehen konnte. An den Rand des Abgrunds gerissen wurde er von Kräften, die über dem Menschen sind: von den Wechselfällen des Klimas wie der Ökonomie und den Ängsten, die daraus entspringen. Zu Fall aber brachte ihn im alles entscheidenden Moment der Vorwurf des Geizes.

Im vorletzten Jahrzehnt des 16. Jahrhunderts wurde – so schien es den Mächtigen und dem Volk, den Intellektuellen und den Analphabeten – der Teufel von der Kette gelassen. Satans Krallenhand griff nach dem heiligsten aller Güter, dem Korn. Getreide wurde so knapp, dass das Brot entweder ganz zur Neige ging oder unerschwinglich teuer wurde. Das Ergebnis war dasselbe: Hunger. Dazu kam die Angst. Alles schien sich gegen die Armen, damals rund drei

Viertel der Bevölkerung, verschworen zu haben. Wann hatte man jemals so lange und so eisige Winter und so verregnete Sommer erlebt, so viel Unkraut, Gewürm, Mehltau, Mutterkorn, Mäuse und Hamster gesehen? Der Ernteertrag fiel dadurch immer geringer aus. Glücklich durfte sich schätzen, wer das Dreifache seiner Aussaat in die Scheuern einbrachte, so wenig das gemessen an der guten alten Zeit auch war. Dem einen faulte das Korn auf dem Halm, dem anderen zerschlug es der Hagel. Und das Vieh starb wie nie zuvor, dahingerafft von Krankheiten, die sich schneller und weiter ausbreiteten als seit Menschengedenken.

Auch die Löhne schien der Teufel zu drücken. Textilproduzenten, Handwerksmeister und Gutsbesitzer zahlten ihren Arbeitskräften immer weniger. Wenn einer mit seinem Salär nicht zufrieden war, sollte er nur gehen – ein hungriges Dutzend wartete längst auf seinen Arbeitsplatz. So schmolz die Kaufkraft der meisten Menschen binnen kurzem um mindestens die Hälfte zusammen. Doch auch in den Herzen der Mächtigen – so predigten mutige Geistliche – tobte der Teufel. Immer weniger vermochten sie Frieden zu halten, immer heftiger stachelte sie die Gier zu erobern an. In Frankreich und in den Niederlanden wütete der Krieg am verheerendsten, und zwar im Namen der Religion. Jede Konfession bezichtigte die andere, mit dem Teufel im Bunde zu stehen. Und nicht zuletzt ritt der Teufel die wenigen Superreichen, die von dieser Konjunktur profitierten. Wann hatte man je so prunkvolle Feste, Paläste, Karossen und Gewandungen gesehen? Großkaufleute und adelige Großgrundbesitzer zeigten durch ihren immer protzigeren Luxus immer provozierender, dass sie es sich wohlergehen ließen, während die anderen darbten und starben.

Was die Welt aus dem Gleichgewicht gebracht hatte, darüber diskutierten die Gelehrten. Auch unter ihnen war die Zeit der Schuldzuweisungen angebrochen. So bezichtigte der wortmächtige französische Staatstheoretiker Jean Bodin die Spanier. Ihre unersättliche Eroberungsgier, gepaart mit arroganter Faulheit, sei der Grund allen Übels. Denn die Spanier, unwillig ihr Brot mit ehrlicher Arbeit zu verdienen, lenkten einen immer mächtigeren Strom aus Silber und Gold nach Europa. Damit kauften sie sich dann zusammen, was sie zu ihrem parasitenhaften Leben benötigten. So

In Pieter Brueghels (um 1530–1569) satirischem Blatt tobt sich das Laster der Habgier in dem Milieu aus, in dem es die Kirche seit jeher verortet: Zwei Kaufleute reißen sich im Hintergrund links um ein Stück Stoff, während andere Wucherer ihre Schätze horten, zählen oder verstecken. – Kupferstich, Einblattdruck um 1550, Germanisches Nationalmuseum Nürnberg.

musste in ganz Europa alles teurer werden, denn die Basis der Preise, das Edelmetall, war entwertet. In anderen Pamphleten wurden andere Schuldige denunziert; als Sündenböcke boten sich vor allem Großhändler, Hamsterer, Wucherer und Hexen an. Zu deren systematischer Verfolgung verfasste Bodin sogar ein Handbuch.

Gegen solche massenwirksamen Erklärungen hatten differenzierte Argumente keine Chance. Der königliche Rat Maléstroit widerlegte Bodins Edelmetall-These mit den Mitteln der Statistik und der Logik. Wenn wirklich die spanischen Importe von Gold und Silber schuld wären, dann müssten sich alle Waren gleichermaßen verteuern. Stattdessen stiegen aber nur die stark und vor allem unelastisch nachgefragten Güter im Preis, das heißt die Produkte, zu denen es keine Alternative gab: Brot und Wein an erster Stelle. Dieser Sachverhalt aber verwies auf eine ganz andere Kausalkette:

Es gab immer mehr Menschen, aber kaum noch ungerodeten guten Boden und daher immer mehr leere Mägen. Dass die stetig zunehmende Nachfrage höhere Preise zur Folge hatte, war unvermeidlich und nicht das Werk finsterer Mächte. Statt der Spanier und der Hexen waren die anonymen Mächte der Konjunktur am Werke. Doch diese Deutung akzeptierten wenige. Die große Mehrheit wollte, dass das Böse ein Gesicht hatte; wenn man den Feind kannte, konnte man gegen ihn vorgehen. Denn die Krise beutelte nicht nur die Armen, sondern auch die Mittelschicht. Wenn sich Brot, für das die kleinen Leute schon in besseren Jahren mehr als die Hälfte ihres Budgets ausgaben, verteuerte, dann stockte die gesamte Wirtschaft. Wenn das Gespenst des Hungers umging, kaufte fast niemand mehr Kleider oder Schuhe, geschweige denn Hausrat oder Mobiliar. Wer aber reich war, Zinsen für Kredite unnachsichtig eintrieb, viele Feinde und wenig Freunde hatte wie Dr. Dietrich Flade in Trier, der musste sich vorsehen. Mit der Anklage des Geizes konnte man Menschen wie ihn vernichten.

Seit drei Generationen standen die Flades in den Diensten des Erzbischofs von Trier. Dieser war einer der sieben Kurfürsten und als solcher einer der vornehmsten unter den Hunderten weitgehend eigenständigen Herrschern im Reich. In seiner Eigenschaft als Kurfürst wählte der Erzbischof von Trier zusammen mit seinen Kollegen den römischen König, der sich seit 1508 «erwählter römischer Kaiser» nannte (und sich nur noch ein Mal, im Jahr 1530, vom Papst zum Kaiser krönen ließ). Mit dieser hohen Würde aber hielt das Trierer Herrschaftsgebiet nicht Schritt. Es war zum einen stark zersplittert, durchsetzt von fremden Grund-, Gerichts- und sonstigen Herrschaftsrechten: ein Patchwork von eher bescheidener Ausdehnung im riesenhaften Flickenteppich des Reiches. Zum anderen war die Macht im Erzbistum Trier vielfältig aufgeteilt und entsprechend umstritten. Das Domkapitel, das den Erzbischof wählte, machte mancherlei eigene Rechte und Einkünfte geltend. Und auch die Stadt Trier war keineswegs gesonnen, sich mit der Rolle als Verfügungsmasse ihres gnädigen Herrn zu bescheiden. Energische Fürsten an der Spitze dieses Territoriums mussten daher auf Abhilfe sinnen. Das aber war leichter gedacht als getan. Denn wie alle geistlichen Fürsten krankten auch die Erzbischöfe von Trier an einer unheilbaren Schwäche: Sie konnten ihre Herrschaft nicht vererben und daher nicht dynastisch verfestigen, jedenfalls nicht wie die weltlichen Fürsten vom Vater auf den Sohn. Die Nachfolge vom Onkel auf den Neffen, welche das geistliche Recht zuließ, aber war schwer zu bewerkstelligen. Halbwegs gesichert war sie nur, wenn das Domkapitel dieser Sukzession wohlwollend gegenüberstand. Das war der Fall, wenn es vorwiegend mit Anhängern besetzt war, welche dem regierenden Fürsten für seine Förderung Gegenleistungen schuldeten. Die Alternative bestand darin, das Domkapitel so unter Druck zu setzen, dass es nicht umhin konnte, einen genehmen Nachfolger zu wählen.

Vom Blickwinkel eines erzbischöflichen Amtsträgers wie Dietrich Flade aus betrachtet aber hing alles davon ab, sich durch andauernde Beweise der Treue und Anhänglichkeit das Wohlwollen des Landesherrn zu erhalten. Zugleich musste man darauf bedacht sein, sich bei aller Loyalität auch flexibel zu zeigen. War man als glühender Parteigänger des alten Erzbischofs abgestempelt, so lief man Gefahr, unter seinem Nachfolger als unzuverlässig zu gelten. Doch solche Sorgen waren den Inhabern von Führungspositionen vorbehalten. Die Kleinen schützte ihre Bedeutungslosigkeit.

Aus dem Schatten dieser beruhigenden Mittelmäßigkeit war die Familie Flade langsam, aber unaufhaltsam emporgestiegen. Hubert, Dietrichs Großvater, verwaltete am Ende seiner Laufbahn erzbischöfliche Dörfer und wurde für seine treuen Dienste mit einer auskömmlichen Jahresrente bedacht; sie bestand, wie könnte es an der Mosel anders sein, aus Wein. Sein Sohn Johann bewegte sich, dem Gesetz des sozialen Aufstiegs folgend, aufs Zentrum zu und amtierte 41 Jahre lang als Stadtschreiber von Trier. Die Erträge aus diesem Amt reichten aus, um seinem 1534 geborenen Sohn Dietrich die Voraussetzungen zum Karrieresprung zu verschaffen. Diesen konnte man auf zweierlei Art vollziehen: durch den Eintritt in die geistliche Ämterlaufbahn oder durch das Studium der Rechte. Vater und Sohn Flade entschieden sich für die zweite Option. Der seine Kompetenzen allmählich erweiternde Staat der Frühen Neuzeit brauchte dringend akademisch geschultes Personal. Im Verwaltungs- und Justizdienst der wichtigeren Reichsfürsten konnten besonders qualifizierte Amtsträger sogar den Adelstitel gewinnen. Anreize waren also reichlich vorhanden. Und Dietrich Flade nutzte seine Chancen. Zum Doktor der Jurisprudenz promoviert, trat er schon 1559, mit nur 25 Jahren, als Rat in das engere Umfeld des Trierer Kurfürsten sein. Und bald darauf hatte er auch noch das Glück des Tüchtigen. 1567 nämlich trat mit dem Domdechanten Jakob von Eltz ein Kleriker die Nachfolge des verstorbenen Erzbischofs an, der Flades Verdienste zu würdigen wusste. Gemeinsam hatten beide wenige Jahre zuvor die Partei bekämpft, welche die Stadt Trier der Reformation zuzuführen versucht hatte. Dabei hatte sich Flade als unerschrockener Kämpfer für den angestammten Glauben profiliert; so hatte er den Kurfürsten über die bedrohlichen Umtriebe in seiner Stadt informiert und höchstpersönlich das Predigtverbot gegen den reformierten Geistlichen Kaspar Olevian ausgesprochen. Das war der Stoff, aus dem Karrieren gemacht wurden – und Feindschaften. Denn natürlich hatten die Bestrebungen, die Stadt zur neuen Lehre übertreten zu lassen, wie überall im Reich eine eminent politische Dimension. Einflussreiche Familien der Trierer Oberschicht sympathisierten mit dieser religiösen Neuorientierung, weil sie das erzbischöfliche Joch abschütteln und ihre Stadt reichsfrei, das heißt nur dem Kaiser unterworfen und ansonsten innerhalb des Reichs souverän machen wollten.

Dietrich Flade stand auch dann noch auf der Seite seines Fürsten, als Trier diese Bemühungen in der Folgezeit mit gewaltsamen Mitteln fortsetzte, die 1568 zu Krieg und Belagerung führten. Auf die militärische Niederlage der Stadt folgte ein kaum weniger vehement ausgetragener Rechtsstreit. Dieser Prozess, in dem der städtische Anspruch auf Reichsunmittelbarkeit verhandelt wurde, dauerte die ganzen 1570er Jahre hindurch an. In dieser Zeit bekleidete Flade das Amt des Trierer Schultheißen und war damit Präsident eines Obertribunals, das in langwierige Kompetenz-Streitigkeiten mit den städtischen Justizhöfen verwickelt wurde. Dieses Amt benutzte er dazu, um im Dienste des Kurfürsten dessen Gegner gezielt zu provozieren. Zum Beispiel wurden angesehene Persönlichkeiten der Trierer «Stadtpartei» wegen Ehebruchs inhaftiert; auch wenn man sie kurz darauf wieder freilassen musste – der Ruf blieb ruiniert. So machte man sich tödliche Feinde.

Flades Interventionen hatten zur Folge, dass die strittigen Zuständigkeiten langfristig zugunsten der herrscherlichen Zentrale geregelt wurden. In diesem Zusammenhang bezeichnete das Jahr 1580 einen Schlusspunkt – und für Trier das Ende aller Aspirationen. Kaiser Rudolf II. hatte in letzter Instanz das Urteil gesprochen, und zwar gegen die Reichsfreiheit der Stadt. Schlimmer noch: der lange Rechtsstreit hatte die kommunalen Finanzen restlos aufgezehrt; von diesen Schlägen sollte sich die Stadtgemeinde nicht mehr erholen. Dr. Dietrich Flade, der unermüdliche Vorkämpfer für die Vorrechte seines Herren, aber erntete reichen Lohn für seine langjährigen treuen Dienste. Spätestens seit 1577 lehrte er als Professor an der Trierer Universität. Und mit der Neuverteilung der Macht drei Jahre darauf schlug seine ganz große Stunde. Jetzt stand er an der Spitze einer neuen Gerichtsorganisation, die der Stadt nur noch nachgeordnete Streitigkeiten überließ, dem Tribunal des Kurfürsten aber die großen, Aufsehen erregenden Fälle vorbehielt.

Dazu zählten die Hexenprozesse, die von nun an im Trierer Herrschaftsgebiet wie in weiten Teilen Europas um sich zu greifen begannen. Hexen wegen Schadenszauber anzuklagen, war ein probates Mittel, das ansonsten Unbegreifliche plausibel zu machen: warum neugeborene Kinder, die doch nicht gesündigt haben konnten, plötzlich starben; warum dem einen Bauern das Vieh verendete, während die Kühe seines Nachbarn umso prächtiger gediehen. Brachte man die Hexen als Ursache ins Spiel, so fügte sich auf einmal alles wie von selbst zusammen. Dann bestätigte sich der Verdacht, den die kleinen Leute ohnehin hegten: dass hinter Hunger und Elend eine kolossale Verschwörung des Bösen stand. Sie rechtfertigte auch die extremsten Maßnahmen als legitime Notwehr, ja als Verteidigung der Schöpfung gegen den Teufel. So dachte auch die Mehrheit der Theologen und der Juristen. Hexerei wurde auf diese Weise zum Ausnahmeverbrechen, das die ordentliche Prozessführung und damit auch die reguläre Beweisaufnahme außer Kraft setzte. Wer in den Strudel eines solchen Verfahrens geriet, hatte keine Chance. Hexen und Hexenmeister, die Gehilfen des Teufels, zu vernichten, wurde höchste Christenpflicht, Mitleid machte nur verdächtig. Wer im Glauben fest blieb, konnte Satan widerstehen. Hexerei war freiwilliger Abfall von Gott und den Menschen zugleich.

Von den Gottes- und Rechtsgelehrten wurde der «Tatbestand» Hexerei minutiös definiert und formalisiert. Dazu gehörten: der blutig unterzeichnete Pakt mit dem Teufel, geschlechtliche Beziehungen mit ihm, der orgiastisch gefeierte Sabbat und die Macht, durch schwarze Magie Schaden zuzufügen und auf dem Besen zu reiten. Alle diese «Fakten» haben eifrige Staatsdiener tausendfach ermittelt und protokolliert. Zu ihnen zählte auch Dr. Dietrich Flade. Später, als sich das Geschick gegen ihn gewendet hatte, sollte er behaupten, in Hexereifällen durchgehend zur Milde tendiert zu haben. Doch das stimmt so nicht. Mindestens achtmal hat er selbst Hexen hinrichten lassen, und zwar ohne unziemliche Parteilichkeit, nüchtern, gründlich, pflichtgetreu, wie es die Art seiner Amtsführung war.

Schultheiß, Vertreter des kurfürstlichen Statthalters in Trier, Gerichtspräsident und Professor: Flade hatte es beizeiten zu Würden gebracht. Er war angesehen, erfolgreich, doch auch bei vielen Familien der Oberschicht verhasst. Damit aber, so schien es, konnte er leben, denn auf die Förderung des Kurfürsten war Verlass. Er hatte weiteren Grund zum Optimismus, als nach dem Tode des Erzbischofs Jakob von Eltz 1581 der kurfürstliche Statthalter Johann von Schönenberg zum neuen Kurfürsten gewählt wurde: ein Kollege, ja ein Amtsgenosse bei schwierigen Geschäften in schwerer Zeit. Wie selbstverständlich bestätigte der neue Landesherr denn auch den bewährten Amtsträger in allen seinen Positionen. Ja, es kamen sogar neue, noch prestigeträchtigere Aufgaben dazu. Flade wurde Dekan der juristischen Fakultät und 1586 sogar Rektor der Universität Trier. Über ihm stand jetzt nur noch der Kurfürst selbst. Und an seiner Seite standen Persönlichkeiten von Rang und Einfluss. Seine Frau war in erster Ehe mit einem angesehenen Arzt verheiratet gewesen. Seine Schwester hatte in die Familie Homphaeus eingeheiratet und trug dadurch den Namen eines anerkannten Gelehrten und renommierten Dieners von Kirche und Staat. Und schließlich war sein Neffe Mitglied des Reichskammergerichts, des höchsten Justizorgans des Reiches.

1586 kam die Pest nach Trier. Eingeschleppt hatten sie Söldner, die in den nahen Niederlanden Krieg führten. Kämpfende Truppen ließen überdies verödete Felder zurück. Zudem wollte der Winter 1586/87 kein Ende nehmen; die Mühlbäche waren so lange gefroren, dass es kein Mehl und damit auch kein Brot mehr gab. Und im Frühjahr fraßen Myriaden von Raupen das Gemüse auf. Der Teufel schien umzugehen im Lande. Ja, er plante sogar einen Anschlag von seltener Ruchlosigkeit. Enthüllt wurde er durch die Geständnisse des Matthias. Dieser fünfzehnjährige Knabe räumte ein, mehrfach dem Hexensabbat beigewohnt zu haben, doch nur als Beobachter, nicht als Mittäter. Nur mitgespeist habe er und bei dieser Gelegenheit ein Katzenhirn verzehrt, wonach sein eigenes Denkorgan Schaden genommen habe. Nach auffälligem Verhalten gefangen gesetzt, sei er in seiner Zelle von Hexen und dem Teufel selbst so heftig geplagt worden, dass man die Jesuiten um Rat und Hilfe bat. Nachdem die Patres die Räumlichkeiten gründlich exorziert hatten, nahmen die Heimsuchungen ein Ende und gründliche Untersuchungen ihren Anfang. Während seiner Einvernehmungen – so das Zeugnis des Verhörten – war der Teufel in seiner Nähe und drohte mit fürchterlicher Rache, sollte er ihn verraten.

Doch das hinderte Matthias nicht am Reden – das Besagen sprich Denunzieren der Teufelsbündler hatte begonnen. Ein großmächtiger, prächtig gekleideter Herr habe sich gerühmt, dem Kurfürsten, seinem Herren, einen vergifteten Trank eingeflößt zu haben; ein weiterer vornehmer Amtsträger sei nur durch das Lamm Gottes um seinen Hals gerettet worden. Wer dieser Ruchlose gewesen sei? Er habe ihn kürzlich in der Stadt gesehen: Dr. Dietrich Flade. Punkte und Zeitpunkt der Aussage waren sorgfältig aufeinander abgestimmt. Just in diesen Tagen nämlich war der Kurfürst schwer erkrankt, ja er schwebte geradezu zwischen Leben und Tod. Was lag näher als zu unterstellen, dass Hexen und Hexenmeister versuchten, ihren geschworenen Feind und Verfolger aus dem Weg zu räumen? Hat der Landesherr selbst diese Version verbreitet oder aber, wieder genesen, den von anderen in Umlauf gesetzten Beschuldigungen geglaubt? Wie dem auch sei, die Indizien sprechen dafür, dass Flade zum Sündenbock auserkoren war. Dazu war er zweifach prädestiniert: als Hexenjäger und als reicher Mann. Ein Prozess gegen einen Richter, der selbst Hexen auf den Scheiterhaufen geschickt hatte, würde zeigen, dass es im Kampf gegen die Verschwörung des Bösen auch für einflussreiche Persönlichkeiten kein Pardon gab. Nicht minder volkstümlich war das Vorgehen gegen Flade, den Geizigen ohne Gnade und Nächstenliebe in Zeiten der Not. Systematisch wurde jetzt ein Image aufgebaut.

Hexenjäger mussten stets damit rechnen, von ihren Opfern beschuldigt zu werden. Doch gerade weil diese Rache nahe lag, wurden diese Besagungen selten ernst genommen. Dass man im Falle Flades nicht zur Tagesordnung überging, hatte andere, tiefer reichende Gründe. Nachforschungen führen in die unterirdischen Verzweigungen des Trierer Finanzlebens hinab. Dort entdeckt man einen Dietrich Flade, von dem bisher noch nicht die Rede war: den Geldverleiher. Oder gar den Wucherer? Im katholischen Europa war unverhülltes Zinsnehmen seit Langem verboten und wurde daher durch legale Finanzoperationen verschleiert. Für seine verschleierten Darlehen erhob Flade laut Vertrag 5 Prozent, einen sehr moderaten Satz, den sogar die Reformatoren Luther und Calvin für erlaubt hielten. Doch hatte es damit wirklich sein Bewenden? Fakt ist, dass der Sohn des Stadtschreibers ab der Mitte der 1580er Jahre ein imposantes Vermögen sein Eigen nannte. Er besaß laut Zensus viermal mehr als der reichste Mann von Trier dreieinhalb Jahrzehnte später, nach heutigen Umrechnungen einen stattlichen Millionenbetrag, höher als die Jahreseinkünfte des Trierer Kurstaats. Erzbischöfliche Amtsträger und Trierer Professoren verdienten solche Summen nicht. Wo kam das viele Geld her? Eine Antwort ist bis heute nicht gefunden. Flades Feinde aber glaubten sie zu kennen: Wucher und Geiz in der verwerflichsten Kombination. Schon mit solchen Gerüchten war ihnen bestens gedient. Und auch die Schuldner witterten Morgenluft. Wanderte Flade auf den Scheiterhaufen, so würden mit ihm auch seine Schuldbücher verbrannt – eine Hoffnung, die sich als trügerisch erweisen sollte.

Doch darauf spekulierten viele. In Anbetracht einer Gesamtkreditsumme von stolzen 38 217 Goldgulden war das kein Wunder. Flades Hauptschuldner war der Kurfürst selbst, der mit 9000 Gulden bei seinem Rat in der Kreide stand, gefolgt von der Stadt Trier mit 4000 Gulden, eine angesichts der desperaten Finanzsituation unerträgliche Belastung. Des Weiteren waren in diesem Schuldbuch, einem regelrechten *Who's who* des Kurstaats, vornehme Abteien und illustre Herren von Adel reichlich vertreten, und zwar nicht selten mit gewichtigen Beträgen. Doch auch an Winzer und Handwerker aus dem Trierer Umland hatte er Geld verliehen; nicht weniger als 74 solcher «Verschreibungen», oft in einer Stückelung unter 100 Gulden, sind verzeichnet. Unbestreitbar vollzog sich Flades Aufstieg im Zeichen der Not. Fast alle Schuldscheine waren jüngsten Datums, stammten also aus den krisenhaften 1580er Jahren. Flade, der Pate von Trier, der sich mit seinem Geiz an der Armut seiner Mitbürger bereicherte: so dürften ihn viele in Stadt und Land gesehen haben. Und so sah ihn auch der Kurfürst, seines altgedienten Schultheißen inzwischen sehr ungnädiger Herr. Als er verlauten ließ, dass Flade seine Aufgaben als Richter, von Geiz und Habgier getrieben, sträflich vernachlässigt habe, dürften viele beifällig genickt haben. Offenbar unterstellte der Landesherr seinem Amtsträger, dass dieser bestechlich gewesen sei, Recht für Geld gebeugt oder gar Unschuldige des Geldes wegen verurteilt habe. Das alles traute man Flade jetzt zu.

Der Beschuldigte selbst bestätigte sein fatales Image durch einen verhängnisvollen Schritt. Von neuen Anklagen immer heftiger bedrängt, entschloss sich der Verängstigte Anfang Oktober 1588 endlich zur Flucht. In Begleitung Johanns von Eltz, seines Zeichens Komtur des Deutschen Ritterordens in Trier, gelang ihm der unbemerkte Auszug aus der Stadt. Er hatte bereits lothringisches Gebiet erreicht, als die Gruppe von einem reitenden Boten angehalten wurde. Er wies von Eltz warnend darauf hin, dass er im Begriff sei, einen der Hexerei Beschuldigten dem Zugriff der Justiz zu entziehen. Dieser Sachverhalt dürfte dem Komtur beim heimlichen Aufbruch aus Trier bekannt gewesen sein, die Umstände sprechen für gezielte Fluchthilfe. Dass das Unternehmen jetzt dennoch ein klägliches Ende fand, lag an Flades Gepäck. Dazu gehörte nämlich ein Tragekorb voller Goldstücke.

Spätestens jetzt stand die öffentliche Meinung unumstößlich fest. Wer in höchster Gefahr seine Augen nicht aufs ewige Heil, sondern auf seinen beweglichen Besitz richtete, der musste von wahrhaft teuflischem Geiz besessen sein! Johann von Eltz jedenfalls ließ Flade fallen. Er gab Order, nach Trier zurückzufahren, und befahl seinem kompromittierenden Begleiter, vorm Stadttor auszusteigen. Von dort schleppte der 54-Jährige, nur vom Torwächter und dessen Frau assistiert, seinen Goldschatz wieder nach Hause zurück: eine Szene, die sich den Trierern unauslöschlich einprägte. So war es nur konsequent, dass man dem reichen Mann bald vorwerfen sollte, nicht nur der Fleischeslust (ein Standardpunkt solcher Anklagen), sondern auch des Geizes wegen dem Teufel verfallen zu sein. Darauf entgegnete Flade ebenso souverän wie zutreffend, dass ihm der Teufel in dieser Hinsicht nichts zu bieten habe, was er nicht schon besäße. Doch mit soviel Rationalität überzeugte er niemanden. Der Angeklagte selbst lieferte ja die Beweise: Wäre er nicht von teuflischem Geiz besessen, hätte er dann den ominösen Korb wie seinen Augapfel gehütet?

Verfluchtes Gold! Die Mitnahme des Schatzes entkräftete im Verlauf des späteren Prozesses die Strategien der Verteidigung. Wiederum zu seinem Unheil behauptete Flade nämlich jetzt, er habe gar nicht fliehen, sondern eine Geschäftsreise unternehmen wollen. Dass seine Geschäfte darin bestanden, Geld zu verleihen, wussten nicht nur seine Schuldner. Doch um Außenstände einzutreiben, führte man kein Vermögen mit sich. Stattdessen reimte sich jetzt alles zusammen. Das viele Geld, das in Sicherheit gebracht werden sollte, war schmutzig, den Armen durch Wucherzinsen und künstlich herbeigeführte Getreideknappheit abgepresst! Letzte Zweifel schwanden, als die Untersuchungsorgane die Häuser des Angeklagten inspizierten. In seinen diversen Immobilien entdeckte man Magazine voller Korn und Wein. Die Getreidemesser der Stadt Trier, mit der Inventarisierung beauftragt, registrierten mehr als 77 Malter Weizen; das entspricht 1600 Litern oder gut 300 Zentnern. Mit dem Bedarf eines Haushalts ließ sich eine solche Menge nicht erklären. Für den Wein galt dasselbe; an ihm, so erzählte man sich, hing Flades Seele so sehr, dass er seiner Tochter noch in der Haft gebot, ein Auge darauf zu haben.

Ein Täterprofil, an das die Öffentlichkeit rückhaltlos, ja leidenschaftlich glaubte, hatte feste Umrisse gewonnen. Gezeichnet hatten es der Kurfürst und die Jesuiten, unter tätiger Mithilfe Flades selbst. Für den Landesherrn bot das Bild des vom Teufel verführten Wucherers und Erzgeizhalses optimale Handlungschancen. Denn so konnte er öffentlich seine Unschuld unter Beweis stellen: Wenn Teuerung, Not und Hunger von einer Verschwörung der Hexen und Hexenmeister herbeigeführt wurden, war der Landesherr freigesprochen. Günstiger noch: Er konnte seine väterliche Fürsorge umso nachdrücklicher unter Beweis stellen, je unnachsichtiger er diesem dämonischen Gelichter das Handwerk legte, und koste es seinen ehemaligen Rat auch das Leben. Und es war nur logisch und zum Vorteil der Untertanen, dass ein so tatkräftiger Herrscher seine Kompetenzen auf Kosten seiner Machtkonkurrenten erweiterte. Überdies ließen sich so die Schulden der Rechenkammer sowie ausgewählter Anhänger tilgen und die zerrütteten Beziehungen des Landesherrn zur Trierer Oberschicht verbessern. Alle Kalkulationen führten zum selben Ergebnis: Flade opfern hieß, politische und ökonomische Zugewinne einzustreichen. Wer wollte da noch zögern? Hier war ein Fall guter, christlicher Staatsräson gegeben, wer falsches Mitleid mit einem Wucherer, Geizhals und Hexenmeister zeigte, machte sich mitschuldig.

So ungefähr dürfte man im kurfürstlichen Beraterstab argumentiert haben. Bei allem Machiavellismus hatte niemand ein schlechtes Gewissen. Die Zeugen hatten Flade auf dem Hexentanzplatz schließlich erkannt; wer wollte sich so unwiderleglichen Beweisen widersetzen? Wenn die Verfolgung des Bösen dem Guten diente, so war dies eben Gottes Wille. Durch solche Argumente gestärkt, wurde der Verfolgungswille des Kurfürsten jetzt übermächtig. Er diktierte den nachgeordneten Instanzen den Gang der Ereignisse aufgrund von Kompetenzen, die Flade selbst zu mehren mitgeholfen hatte. Staatsräson vernichtete einen ihrer effizienten Diener, um sich durch dessen Untergang weiter zu stärken – auch das gehört zum Wachstum europäischer Staatsgewalt.

Gegen Flade schien sich jetzt alles verschworen zu haben, seine Welt brach mit unheimlicher Schnelligkeit zusammen. Seine Frau, seine Söhne, seine Brüder – sie alle starben mit dem Beginn der Anklagen 1587 fast gleichzeitig. Mochte er noch so sehr zu seiner Verteidigung anführen, dass ihn ob dieser plötzlichen Todesfälle Trübsinn angewandelt habe – einmal in Gang gekommen, walzte die tödliche Justizmaschinerie diese subtile Psychologie mitleidlos nieder. Ja, selbst dieses Argument ließ sich gegen den Angeklagten wenden. Melancholie bedeutete Gottferne und bot dem Teufel daher beste Erfolgschancen. Hexereiprozesse waren zirkelhaft angelegt, aus ihren vorgezeichneten Bahnen brach niemand aus.

Noch bedrohlicher war, dass sich ab dem Sommer 1587 die Besagungen verurteilter Hexen und Hexer zu häufen begannen. Ihre Denunziationen wogen in den Augen der Behörden umso schwerer, als die Todgeweihten selbst auf dem Richtplatz nicht davon abließen, Flades Namen als den eines Mittäters zu nennen. Für die Hexenjäger, die sich jetzt an seine Fersen hefteten, und den Kurfürsten, der im Hintergrund die Fäden zog, waren diese Aussagen wichtiges Beweismaterial. Ausreichend aber war es noch nicht, dafür blieb die Rolle des Angeklagten zu unbestimmt. Man hatte ihn mehrfach auf dem Hexentanzplatz gesehen, schön und gut, doch was genau hatte er dort zu suchen gehabt? Das Böse brauchte nicht nur ein Gesicht, sondern auch einleuchtende Motive. Aussagen, die diese lieferten, ließen denn auch nicht lange auf sich warten. Den Trierern fiel es wie Schuppen von den Augen.

Vernehmung der Margarete Merten aus Euren: Flade sei am Gründonnerstag in einem goldenen Wagen auf der Heide vorgefahren, wo sich der teufelsbündlerische Kreis gemeinhin traf. Dort habe er Schnecken erschaffen, welche die Ernte vernichten sollten. Auch habe er von einem Pfannkuchen gekostet, den sie, Margarete, vor längerer Zeit aus dem Herzen eines seit vier Wochen im Grabe ruhenden Kindes gebacken habe. Und auch am Donnerstag nach Ostern habe sich Flade wieder als Schneckenproduzent betätigt; Erdklötze habe er geformt, die sich dann in einem Fass in die schleimigen Schädlinge verwandelt hätten. Für die Richter und die Öffentlichkeit war klar: Flade, der teuflische Geizhals, vernichtete die Ernte, um sein frevlerisch gehortetes Getreide zu Wucherpreisen verkaufen zu können. Wer immer der Zeugin diese ganz spezielle Anschuldigung eingeflüstert hatte, er traf den Nerv der Zeit. Der diabolische Kornwucherer, der sich am Elend der Darbenden mästete, war das am weitesten verbreitete Feindbild im damaligen Europa. An seine Machenschaften und deren perfide Drahtzieher glaubten die kleinen Leute aus tiefstem Herzen. Dass das Korn und der Wein in Flades Magazinen nie und nimmer dazu ausreichten, eine Hungersnot zu provozieren, fiel demgegenüber nicht ins Gewicht.

Natürlich blieb Flade diesen Anklagen gegenüber nicht tatenlos. Schon nach den ersten Besagungen hielt er es für angebracht, vor einer Kommission hoher Amtsträger seine Unschuld darzulegen. Gegen Margarete Mertens Schneckenmacherei-Bezichtigungen aber kamen seine ruhigen und besonnenen Ausführungen nicht an. Und schon sein nächster Schritt war ein Fehler. Das Angebot, seiner Anklägerin gegenüberzutreten, schlug er aus und schickte stattdessen drei Vertraute zu diesem makabren Treffen. Das von ihm mit der Wahrnehmung seiner Interessen beauftragte Honoratiorentrio aber richtete wenig aus – wie sollte es auch? Margarete Merten beharrte so hartnäckig auf ihrer Aussage, dass Flades Freunde aus ihrem Munde den Teufel selbst zu hören meinten.

Für die Verfolger aber war es die Stimme der lauteren Wahrheit. Jetzt endlich glaubten sie genügend Beweise in der Hand zu haben, um das formelle Verfahren gegen den reichen Mann von Trier zu eröffnen. Und der Kurfürst scheint das nun anhebende Katz-und-Maus-Spiel genossen zu haben. Warum sollte er sonst einen Richter mit der Untersuchung beauftragen, der aus dem engsten Umfeld des Angeklagten stammte: Christoph Fath, den Mann von Flades Nichte, einen Protegé der Familie? Sicher nicht, um dem verhassten Wucherer und Geizhals eine letzte Chance einzuräumen. Faths unterwürfiges Ersuchen, ihn von dieser peinvollen Aufgabe zu entbinden, wurde prompt zurückgewiesen. Und so tat er als Jurist, was er für seine Pflicht hielt. Die erste Aufgabe der Untersuchungskommission bestand darin, sämtliche Hexereifälle auf eine mögliche Mittäterschaft Flades hin zu überprüfen. Und wer suchte, der fand. Schnell waren zwanzig Besagungen beisammen. Sie stammten von kleinen Leuten aus der ländlichen Umgebung. In der Stadt Trier selbst wurde bis zum Schluss keine einzige Anzeige gegen ihn erstattet. Andererseits kam ihm auch niemand aus diesen Kreisen zu Hilfe. Dem standen nicht nur offene Rechnungen – im wörtlichen wie übertragenen Sinn – entgegen, sondern auch der Geiz. Flade hatte sich ausserhalb seines engsten korporativen Umfelds schlecht vernetzt; er hatte sein Geld in Kreditbriefe, nicht in soziales Kapital investiert. So ging er das Risiko aller Geizigen ein: am Ende zwar reich, aber auch weitgehend isoliert dazustehen.

Flades ehemalige Amtsgenossen, die er in seiner Not um Unterstützung anging, taten immerhin, was sie konnten. Der Beschuldigte erbat und erhielt Leumundszeugnisse vom Rat und vom Hochgericht: Er sei gut katholisch und wacker im Kampf gegen die Ketzer; zudem stamme er aus einer über jeden Zweifel erhabenen Familie. In Anbetracht des verbreiteten Glaubens an die Erblichkeit von Hexerei war das ein Zeugnis von einigem Gewicht. Dass er ein Feind der Hexen sei, habe er überdies durch seine Tätigkeit als Richter bewiesen. Der Kurfürst aber war nicht beeindruckt. Er hatte weitere Trümpfe in der Hand. Die Verfolger ließen neue, offenbar präzise instruierte Zeuginnen aufmarschieren, die immer Schrecklicheres zu berichten hatten. Immer phantasievoller wurden Flades verruchte Machenschaften jetzt ausgeschmückt: Er habe Myriaden von Schnecken aus schwarzem Schleim erschaffen und unter Anrufung des Teufels in die Getreidesaat geworfen. Natürlich habe er auch den Wein und die Reben verderben wollen. Mit dem Zerstörungswillen habe auch der Hochmut des Ruchlosen zugenommen. Immer prunkvoller gewandet, mit goldener Kette angetan stolzierte der Hartherzige jetzt in den Erzählungen der Todgeweihten über den Hexentanzplatz. Neue Motive kamen nicht mehr hinzu, waren auch nicht vonnöten, das Bild war fertig.

Flades Nerven hielten diesem Terror nicht mehr stand. Weitere Fluchtversuche, die auf die missglückte «Geschäftsreise» mit dem Korb voll Gold folgten, schlugen fehl. Von einem grölenden Mob in den Hausarrest zurückgetrieben, wurde der reiche, geizige Mann endgültig als öffentlicher Feind gebrandmarkt. Doch noch hegte er Hoffnungen. In einer Bittschrift an den Kurfürsten bat er um Schutz vor der Volkswut, und sei es in einem Kloster. Doch dieser Ausweg war ihm längst verschlossen. Sein Herr und Meister führte das grausame Spiel virtuos zu Ende. Und wieder spielte er sein Trumpfas, die Karte Geiz, aus. Flade habe ihm, so der Kurfürst wider besseres Wissen, sein ganzes Vermögen überantwortet. Das aber sei ein schlagender Beweis für seine Schuld – ein notorischer Geizhals wie Flade trenne sich doch nicht ohne Not von seinem Geld!

Folglich erließ der Landesherr im März 1589 den formellen Haftbefehl. Und der Prozess ging in die nächste, entscheidende Runde. Flade, der Hexenrichter, wusste, was ihn jetzt erwartete: Zermürbung. Immer wieder wurden ihm dieselben Zeugenaussagen vorgehalten, immer dringlicher und suggestiver dieselben Fragen gestellt: ob er nicht endlich sein Gewissen entlasten und die volle Wahrheit sagen wolle. Und natürlich wurde jedes noch so winzige Faktum auf einmal für bedeutungsschwer befunden. Warum er sich denn in ein Kloster habe zurückziehen wollen, wenn er unschuldig sei? Ja, die Anklage selbst wurde ihm zum Vorwurf gemacht: Dass ein angesehener Bürger wie er überhaupt in Verdacht geraten sei, spreche gegen ihn. Flade verteidigte sich dagegen mit den Waffen des gesunden Menschenverstandes, differenziert, ja souverän. Die zirkelhafte Prozedur der Hexenverfolgung aber duldete kein Leugnen. Und der Kurfürst wollte seinen Sündenbock. Schon in einem Brief an die theologische Fakultät hatte er unmissverständlich durchscheinen lassen, welches Ende der Fall nehmen musste: Gegen Hexenmeister sei ohne Rücksicht der Person vorzugehen.

Obwohl die Weichen somit gestellt waren, war das Gericht immer noch nicht gefügig genug. Seine Bitte, vom Fall eines ehemaligen Kollegen entbunden zu werden, schlug der Kurfürst ab, und zwar mit der sarkastischen Begründung, es müsse im Dienste der guten Sache eben in den sauren Apfel gebissen werden. Je länger der Angeklagte jetzt noch leugnete, desto unnachsichtiger wurde er gefoltert. Er war seit Beginn des Verfahrens krank und gebrechlich, und die Tortur setzte ihm furchtbar zu. Besser also, er brachte alles hinter sich. Und so gestand der Angeklagte, das heißt er phantasierte zusammen, was das Gericht vermutlich hören wollte. Doch seine ersten Auslassungen waren noch viel zu differenziert: dass der Teufel seinen Willen sowie seine Gestalt angenommen und ihn auf dem Sabbat «vertreten» habe. Das klang, als ob ihn Satan betrogen habe, also nach einer Entschuldigung. Und so folgten neue Folterungen und neue «Geständnisse». Vor allem die Verlockungen des Bösen wurden jetzt ausgeschmückt. Geld, so Flade, habe ihm der Teufel nicht geboten, denn davon habe er bekanntlich genug. Sünden des Fleisches wurden dagegen reichlich eingeräumt. Den Plan, die Ernte zu vernichten und damit eine Hungersnot herbeizuführen, stellte der Angeklagte jedoch weiterhin hartnäckig in Abrede.

Die Richter vertagten sich und zogen eine Zwischenbilanz. Und natürlich rapportierten sie untertänigst an ihren Herrn, und zwar mit der unausgesprochenen Frage: Reicht es endlich? Es reichte noch nicht. Am 12. September 1589 überbrachte der Statthalter die Forderung des Landesherrn, der Angeklagte solle endlich alles gestehen. Jetzt brachen die Schleusen. Flade wollte das Ende. Glaubenszweifel, Unkeuschheit, ja selbst eine unbegrenzte Wissbegierde, welche alleine der Teufel befriedigen könne – all das wurde jetzt eingeräumt. Und wenn sich durch die Verschwörung gegen die Früchte des Feldes der Ablauf des grausamen Spiels beschleunigen ließ, dann musste man sie eben erfinden, und zwar möglichst plausibel. Er selbst habe auf dem Hexensabbat den Plan ersonnen, Getreide und Wein aufzuzehren, die Armen aber hätten es verhindert – so klang es endlich stimmig. Und natürlich wurde auch die Schneckenmacherei jetzt «zugegeben». Am besten, man wiederholte einfach die Aussagen der verurteilten Hexen, bis hin zu deren wörtlichen Formulierungen. Doch Flade, den der Verlust aller Hoffnungen immer souveräner machte, ließ es sich nicht nehmen, der absurden Erzählung eine eigene, sarkastische Note hinzuzufügen: Er habe Erdklumpen in die Luft geworfen, herunter gekommen seien lebende Schnecken. Selbst die Verkostung des Kinderherzkuchens wurde in diesem Zusammenhang bestätigt. Bestritten wurde allein die Schändung der Hostie, daran änderte auch die Folter nichts.

Unter der Folter «besagte» auch er, und zwar reichlich. Das Attentat gegen den Kurfürsten habe niemand anders als der Domdechant selbst geplant. Und auch vor weiteren hohen und höchsten Persönlichkeiten machten seine Denunziationen nicht Halt. Natürlich rettete ihn das alles nicht mehr. Am 18. September 1589 wurde Dr. Dietrich Flade zum Tode verurteilt, erwürgt und verbrannt.

Hendrik Pot (um 1580–1657) hat den Geiz als ältere Frau gemalt. Mit knochigen Fingern umklammert sie ein kostbares Gefäß, liebevoll ruht der Blick auf den goldenen Gerätschaften und dem Geschmeide vor ihr. – «Alte Frau mit einem Gildenschatz (Der Geiz)», 1622, Rheinisches Landesmuseum Bonn.

Doch er hatte Vorsorge getroffen, und zwar für sein stattliches Vermögen. In seinem Testament wurde viel Geld für Seelenmessen, noch mehr für fromme Werke angewiesen. Beschenkt wurden sogar seine Peiniger. Der Kurfürst erhielt vier neue Gobelins, der Gerichtspräsident eine ansehnliche Geldsumme. Liebe deine Verfolger?

Eher: Schütze deinen Besitz über den Tod hinaus! Zu diesem Zweck wurde eine ansehnliche Anzahl Trierer Honoratioren mit Geldschenkungen bedacht und der kurfürstliche Statthalter als Testamentsvollstrecker eingesetzt. Als solcher hatte er dem Kurfürsten minutiös Rechenschaft über die getreue Durchführung aller Klauseln abzulegen. Der Löwenanteil aber blieb in der Familie, vorausgesetzt, der Kurfürst stimmte zu. Diesem aber blieb kaum etwas anderes übrig. Immerhin waren Flades Verwandte angesehene Leute. Immerhin hatte seine Familie lange Zeit gute Dienste geleistet. Und immerhin war das Testament mit frommen Stiftungen gespickt. Wenn es der Kurfürst umstürzte, setzte er sich demselben Verdacht aus, der Flade vernichtet hat: Geiz.

Und so erhielt der Landesherr, über die Gobelins hinaus, nur die 4000 Gulden, die der Verurteilte einst der Stadt Trier als Darlehen gewährt hatte. Dieser Kredit wurde in eine Stiftung umgewandelt. Noch heute werden aus diesem Fonds Jahr für Jahr den Kirchen Triers einige Hundert Euro überwiesen.

5 Auf der Bühne

Molières Harpagon und die gute Gesellschaft

Ein aktuelles Stück

Diesen Mord hätte jeder begehen können. Erstens war es einfach, zweitens hatte man längst damit gerechnet. Und drittens fanden alle, dass die Opfer selber schuld waren. Wer so lebte wie der *lieutenant criminel* Tardieu, seines Zeichens einer der obersten Kriminal- und Justizbeamten von Paris, und seine Gattin hatte es sich selbst zuzuschreiben; darin waren sich vornehme Kreise und kleine Leute einig. Mit dem Goldschmied Cardillac, der die Käufer seiner kostbaren Kreationen tötete, um seine Schöpfungen zurückzuerhalten, konnte man Mitleid haben; hier war weniger Habgier als übersteigerter Künstlerstolz am Werk.

Bei den Tardieus aber war es Geiz in seiner schmutzigsten Gestalt. Obwohl Madame 300 000 Ecus, ein Riesenvermögen, mit in die Ehe eingebracht hatte und Monsieur mindestens ebenso viel besaß, lebten beide wie Bettler. Er war dafür berüchtigt, sich bei seinen Amtsgeschäften zum Essen einladen zu lassen. Gelang ihm das nicht, speiste das Paar trockenes Brot mit einem Ei, genauer: einem Ei für beide. Die Pferde, die ihre klapperige Kalesche durch die Straßen von Paris ziehen sollten, kollabierten regelmäßig in Folge chronischer Unterernährung. Statt der dreißig Domestiken, welche der Minimalanstand für eine so hochgestellte Amtsperson erfordert hätte, beschäftigten die Tardieus ein einziges altes, abgezehrtes Hausfaktotum. Das hatte zur Folge, dass Monsieur selbst die Tür öffnete, wenn es klingelte, anstatt sich die Visitenkarten,

Auf diesem Kupferstich der Sieben Todsünden wütet der Zorn ganz oben auf dem Podest des Bösen. Doch die Habgier folgt nur eine Stufe darunter. Wie die Unterschrift erläutert, ist hier der Geiz in seiner hässlichen Gestalt gemeint: Trotz der Geldbörse an ihrer Seite ist die Gestalt zerlumpt und verkommen. Der Geizige gönnt sich selbst das Nötigste nicht. – Unbekannter Künstler, erste Hälfte des 17. Jahrhunderts, Rheinisches Landesmuseum Bonn.

wie es sich gehörte, von einem Diener bringen zu lassen – ein Faktum, das ihm in der Mordnacht des 24. August 1665 zum Verhängnis geworden sein könnte. Dass beide Eheleute die älteste, abgewetzteste und ungewaschenste Kleidung trugen, komplettierte das abstoßende Tableau. Diejenigen, die ihr blutiges Ende kommentierten, sparten denn auch nicht mit erbaulichen Schlussfolgerungen: dass alles verlor, wer nichts abgab; und dass der Geizige mit seiner beständigen Furcht, durch übermäßigen Aufwand auf seinen Reichtum aufmerksam zu machen, die mörderischen Diebe erst recht anzog.

Dass Molières drei Jahre nach dem Raubmord aufgeführte Komödie *Der Geizige* (*L'Avare*) von Leben und Sterben der Tardieus angeregt wurde, darf als gesichert gelten. Dafür spricht das Mitleid mit den klapperdürren Hausgäulen, das Maître Jacques, im Hause Harpagons, des Geizigen, bezeichnenderweise Koch und Kutscher in einer Person, zum Ausdruck bringt, und die Art und Weise, wie an Harpagons Tafel gespeist wird. Und auch an wohlfeilen Lebensweisheiten herrscht in den zahllosen Interpretationen, die dieses Stück in den 340 Jahren seit seiner Uraufführung hervorbrachte, kein Mangel. Sieg des Lebens über die Lebensfeindlichkeit, der Jugend über das Alter, des Maßes über die Maßlosigkeit, der Konvention über den Regelbrecher, der Gesellschaft über das verschrobene Individuum, des Adels über den Bürger – so nur eine kleine Auswahl. Der wortmächtigste Vertreter der Gegenpartei, die sich mit dem Ausgang des Stücks unversöhnt zeigte, war Jean-Jacques Rousseau (1712–1778), der notorische Verächter der Adelsgesellschaft und der Zivilisation seiner Zeit. In seinen Augen war das Stück abgrundtief böse, weil es im Grunde edle Gefühle, die Fürsorge des Vaters für seine Kinder, vernünftige Sparsamkeit und eine von der Natur geforderte patriarchalische Ordnung lächerlich machte. Die Frage, ob ein so vehementer Kritiker des Geizigen selber geizig war, lag schon für Rousseaus viele Feinde nahe.

Wie dem auch sei, sein Einspruch zeigt, dass es in diesen fünf Akten und 31 Szenen um mehr geht als um die verdiente, ja erheiternde Bestrafung eines offensichtlichen Lasters. Auf den ersten Blick überwiegen allerdings Konvention, Tradition und die Elemente der Farce. Die Handlung, die die Tardieu-Motive mit denen eines Plautus-Stücks verschmilzt, lässt sich in wenigen Sätzen zusammenfassen. Der verstockte alte Geizhals Harpagon, der seine Schatzkassette im Garten versteckt, plant aus rein ökonomischen Erwägungen gleich drei Heiraten. Er selbst will sich mit der lieblichen jungen Mariane vermählen, die zwar keine Mitgift mitbringt, doch aufgrund ihrer sagenhaften Sparsamkeit in der Lage sein soll, die ärgerlichen Ausgaben in seinem Alltag drastisch zu reduzieren. Für seine Kinder Cléanthe und Elise hat er eine reiche Witwe beziehungsweise einen reichen Witwer, beide fortgeschrittenen Alters, als Ehepartner vorgesehen. Dass beide andere Pläne haben und sich daher, bei aller ursprünglichen Naivität (im Falle des Sohns) beziehungsweise Fügsamkeit (im Falle der Tochter), gezwungen sehen, Gegenmaßnahmen zu ergreifen, treibt die äußere Handlung effektvoll voran. Zu ebenso amüsanten wie dramatischen Komplikationen führt zum einen, dass Cléanthe ebenfalls ein Auge auf Mariane geworfen hat, Vater und Sohn also Rivalen sind, und zum anderen, dass Elises Auserkorener Valère sich im Haushalt Harpagons als Majordomus verdingt hat. Die Konflikte steigernd und dann wieder entschärfend, kommt das gewitzte Hauspersonal ins Spiel: der teils bauernschlaue, teils tumbe, teils loyale, teils unverschämte Koch-Kutscher Jacques und Cléanthes kluger, in allen Lebenslagen erprobter Diener La Flèche, wörtlich «der Pfeil». Darüber hinaus werden die Dienste der mit allen Wassern gewaschenen Kupplerin Frosine von allen Seiten in Anspruch genommen, doch nie entlohnt. Am Ende kommt es, wie es kommen muss. Als nach mancherlei Intrigen der Geiz zu triumphieren und für die Jungen alles verloren zu sein scheint, löst sich der Knoten in einem überraschenden Finale auf. Don Anselme, der von Harpagon für Elise vorgesehene Ehemann, entpuppt sich nicht nur als neapolitanischer Aristokrat im Exil, sondern auch als Vater Valères und Marianes zugleich; den Verbindungen zwischen Valère und Elise sowie zwischen Cléanthe und Mariane gibt er höchstpersönlich seinen Segen. Harpagon aber hat andere Sorgen: Seine Kassette ist entwendet worden, und zwar von La Flèche, was der Zuschauer, doch nicht der Geizige weiß. Der Doppelheirat stimmt er daher erst zu, als ihm sein Sohn die Rückgabe des gestohlenen Schatzes verspricht. Die Paare haben sich gefunden, der Geizige hat sein Geld zurück. Vorhang.

Natürlich war das schon für aufmerksame Premierenbesucher nicht alles. Mit schillernder Doppeldeutigkeit tritt vor allem die Gestalt des Valère hervor. Er spielt von Anfang an ein Doppelspiel, das der Staatsräson sehr nahekommt. Als Hausintendant Harpagons ist er in dessen Pläne eingeweiht und zu deren Förderung verpflichtet; als Individuum aber muss er seine eigenen Interessen – seine Heirat mit Elise – befördern, die denen des Geizigen entgegenstehen. So ist er zum Verrat an seinem Herrn gezwungen. Der Verräter im Schoß der Familie (zu der auch das Gesinde zählte): das war in Anbetracht der Sorgen, die das reiche Bürgertum und der Adel hinsichtlich der Zuverlässigkeit ihrer Domestiken hegten, ein Motiv, über das man allenfalls gequält lachen konnte. Noch suspekter wird Valère dadurch, dass er beide Sprachen, die des Geizigen und die der übrigen Welt, beherrscht. In seiner Rolle als Majordomus perfektioniert er den mit mancherlei moralischen Weisheiten gewürzten Verschleierungs-Jargon des Geizes, der sich selbst als Inbegriff der Vernunft und Normalität, die Außenwelt aber als Abgrund der Verschwendung ansieht. Dadurch, dass der kluge Valère über diese Grenze hin- und herzuspringen vermag, wird deutlich, in welch unheimlichen Gefilden der Geizige weilt, ohne es zu wissen. Die Abseitigkeit und Krankhaftigkeit des Geizes wird am unbarmherzigsten dadurch demonstriert, dass der davon nicht Befallene in diese dunklen Zonen vorzustoßen und unbeschadet wieder in die lichten Gefilde der seelischen Gesundheit zurückzukehren vermag, während der Geizige auf ewig im Schattenreich seiner Besessenheit gefangen bleibt.

Geiz, nach dem Leben gezeichnet

Doch ist der Geiz für die nicht Geizigen alles andere als folgenlos. Er zwingt sie zur Selbstbehauptung und macht die Opfer zu Tätern. Notgedrungen begehen sie Taten, die von Rechts wegen Verbrechen sind. Der Diebstahl der Kassette hätte vor dem Gericht Tardieus am Galgen geendet. Geiz steckt nicht an, aber er macht diejenigen, die sich gegen ihn zur Wehr setzen, roh. Von Liebesschwüren und Romantik bleibt am Ende des Stücks wenig übrig; vielmehr ist jetzt ein Doppelgeschäft zu einem für alle Seiten befriedigenden Abschluss gebracht worden. Dass zwar die Konvention, nicht aber die moralische Ordnung wiederhergestellt ist, macht der offene, um nicht zu sagen: zynische Schluss des Stücks deutlich. Am Ende nämlich steht – wie kann es anders sein – die Kostenfrage. Harpagon weigert sich, den Polizeikommissar, den er nach dem Diebstahl seiner Kassette gerufen hat, zu entlohnen, wie es sich damals gehörte. Stattdessen will er ihm Maître Jacques in Zahlung geben; dieser müsse aufgrund seiner Betrügereien gehängt werden, soll sich der Büttel doch an ihm schadlos halten. Nun hatte der Kutscher-Koch zwar in der Tat, wie alle anderen auch, gelogen und betrogen, was das Zeug hielt, doch gerade dadurch zur Lösung der Konflikte beigetragen. Umso verständlicher ist seine Empörung:

Wenn ich die Wahrheit sage, werde ich mit Stockschlägen traktiert, wenn ich lüge, soll ich gehängt werden? Aber natürlich kommt es nicht so weit. Großzügig, wie er es als Adliger zu sein hat, übernimmt es Don Anselme, dem Polizisten das Seine zukommen zu lassen. Der Edelmann löst die Konflikte: Das war eine Botschaft des Stücks.

Und noch etwas war offensichtlich. Am Schluss gab es zwei Paare mit einem gemeinsamen Schwiegervater und einen Einsamen. Geiz führt in die Isolation, das zeigte schon Boschs Sterbebild. Aufzuzeigen, dass es für den Geizigen kein trauriges Alleinsein, sondern eine selige Zweisamkeit mit dem Geld ist, blieb Molière vorbehalten. Als am Ende alle nur noch feiern und die anderen an ihrem Glück teilhaben lassen wollen, zieht es Harpagon zu seiner «lieben Kassette». Sie ist sein ein und alles, ja sein Ich. Dementsprechend kennt er keinerlei Scham, sie mit den persönlichsten, ja intimsten Namen anzureden; so nennt er sie «mein Blut» und «mein Herz». Das sind unüberhörbare Anklänge an christliche Mystik. Selig wird der Geizige in der ewigen Anschauung seiner Schätze: ganz allein mit sich selbst, ganz bei sich selbst, ganz er selbst. Und er bleibt immer derselbe. Denn auch das war für tiefer blickende Zuschauer nur zu offensichtlich. Der Geizige wird zwar am Ende ausmanövriert, doch einsichtig, geschweige denn kuriert wird er nicht. Geiz ist nicht heilbar, weil Geiz von der Persönlichkeit des Geizigen nicht abtrennbar ist wie ein kranker Körperteil. Der Geiz durchdringt die Persönlichkeit des Geizigen so vollständig, dass er am Ende nur noch Geiz ist. Deshalb prägt der Geiz auch die Wahrnehmung so total, dass Harpagon seiner Niederlage nicht einmal gewahr wird. Wie sollte er auch? Er hat zwar Mariane nicht bekommen, doch sparen kann er auch allein; um Liebe ging es ihm ohnehin nicht. Beide Kinder sind überdies kostensenkend aus dem Haus, Elise sogar ohne Mitgift. Zudem heiraten beide über ihrem Stand. Dieser Aufstieg eröffnete beglückende Perspektiven: Wenn Anselme schon die Kosten für die polizeilichen Untersuchungen, für die Ausrichtung der Doppelhochzeit nebst Anfertigung eines neuen Rocks für Harpagon übernahm, wer weiß, wie viel er in seiner offenbar unerschöpflichen Großzügigkeit noch bezahlen wird. Diese letzte Überlegung wird im Stück zwar nicht ausgesprochen, doch konnte sie der nachdenkliche Zuschauer an Harpagons Stelle sehr wohl anstellen. Warum sollte sich dieser also nicht als der wahre Sieger fühlen?

Damit ist der eigentliche Handlungsstrang des Stücks freigelegt: die Psychopathologie und Soziopathie des Geizes sowie die dadurch erzeugte Dynamik. Dieses Motiv reichert sich an um die natürliche Feindschaft zwischen Vätern und Kindern, Herren und Dienern. Zum Lachen war das alles nicht – so viel muss man Rousseau zugestehen –, sondern ein Panoptikum der menschlichen Oberflächlichkeit, Schlechtigkeit und Besessenheit. Darüber hinaus lotet Molière die seelische Befindlichkeit des Geizigen in Szenen aus, die bei aller Komik Abgründe aufreißen. Dass Geiz alle Konventionen sprengt, zeigt der erste Auftritt Harpagons. Er beschuldigt La Flèche unlauterer Profite auf seine Kosten sowie der Spionage und des Verrats. Dahinter steht gar kein konkreter Verdacht, sondern das alles beherrschende Lebensgefühl des Geizigen in der Auseinandersetzung mit seiner Umwelt: Misstrauen. Auf La Flèches vom gesunden Menschenverstand diktierte Entgegnung, dass man jemanden wie ihn, der Tag und Nacht auf der Hut ist, wohl kaum bestehlen könne, lässt sich der Geizige zu verräterischen Äußerungen hinreißen: Er könne verschließen, was er wolle, und Wache halten, wie es ihm gefalle. Kaum sind ihm diese Worte entschlüpft, bricht die Angst, die Schwester des Misstrauens, aus: Ahnt La Flèche etwas vom verborgenen Schatz? Um die Angst zu bannen, leugnet Harpagon die Existenz seiner verborgenen Kassette so penetrant, dass seine Bestreitungen einem Geständnis gleichkommen. Die Vermeidungsstrategien, die der Geiz erzwingt, bewirken das Gegenteil. Und er verdammt zur Selbstabsonderung, weil es der Geizige nicht lassen kann, von dem zu sprechen, was ihm allein am Herzen liegt: von seinem versteckten Geld.

Einen weiteren großen Auftritt hat der Geiz in der ersten Szene des zweiten Akts. La Flèche informiert Cléanthe über die Bedingungen, zu denen er das gewünschte Darlehen über 15 000 Ecus aufnehmen könne; das ist die Summe, die er braucht, um Mariane standesgemäß heiraten zu können. Der Kreditvertrag strömt vor Bezeugungen edler Absichten nur so über. Offiziell werden nur 5 Prozent Zinsen verlangt, ein faires Angebot. Doch dazu kommen weitere 20 Prozent – der Zinssatz, zu dem der Gläubiger seinerseits die Summe zu leihen behauptet. Zudem sollen nur drei Viertel des Betrags in bar ausbezahlt werden; den Rest hat der Kreditnehmer in Form von allerlei Gerümpel entgegenzunehmen, doch in gutem Geld zurückzuzahlen. Bei der Aufzählung dieses zu horrenden Preisen umgerechneten Sperrmülls hatte das Publikum endlich etwas zu lachen. Doch diese Heiterkeit fand ein schnelles Ende. Cléanthe entdeckt, dass der Wucherer niemand anders als sein eigener Vater ist. Im nachfolgenden Disput treffen unvereinbare Auffassungen von Ehre, Pflicht und Würde aufeinander. Harpagon bezichtigt seinen Sohn erneut der verantwortungslosen Verschwendung; er vergeude, was Generationen in mühsamem Bürgerfleiß angesammelt hätten.

Dieser Vorwurf traf den Nerv. Vor nichts hatte das altständische Bürgertum mehr Angst als vor dem sozialen Tod infolge Abstieg und Verarmung. Und dieser Tod drohte überall. Die Krankheit zum Tode aber war der Verlust der Sparsamkeit. Mit diesem Argument wurden die Söhne von ehrbaren Kaufleuten, Notaren und Professoren jahrhundertelang dazu angehalten, ihren Stand zu wahren, ja wenn möglich zu mehren. Ad absurdum geführt wird diese Mahnung aus dem Munde des Geizigen dadurch, dass sein Sohn das Familienvermögen gar nicht verschwenden will, sondern den Status des Hauses durch Investitionen in soziales Kapital zu erhöhen bestrebt ist. Harpagon aber denkt nicht an die Familie, sondern nur an sein Geld; dass Prestige und Renommee Geld wert sind, ja sogar mehr zählen können als seine Schätze, leugnet er strikt. So stößt Cléanthes Anklage, dass er durch seinen schmutzigen Geiz und dessen hässlichste Folge, den Wucher, Ansehen und Reputation verspiele, auf taube Ohren. In diesen wenigen Sätzen wird ein Wertekonflikt ausgetragen, den das Publikum nur zu gut kannte und selbst zu bestehen hatte. Wie viel Geld sollte man in zählbare Rendite und wie viel in immaterielle Werte investieren? Gerade das altständische Bürgertum musste hier sorgfältig abwägen. Innerhalb der ständischen Ordnung rangierte es unter dem Adel. Diese Zurückstellung konnte man positiv umwerten, nach dem Motto: Wir haben unsere eigenen, besseren Normen, die sich eines Tages durchsetzen werden. Dazu gehörten: Bildung, Professionalität, Affektkontrolle, Disziplin – und Sparsamkeit. Doch mochten die Väter noch so sehr den Stolz auf ihre überlegene Moral predigen, die Söhne fühlten sich von der entgegengesetzten aristokratischen Lebensform geradezu magisch angezogen. Was war schon die Knauserigkeit der Väter gegen das glänzende Auftreten der jungen Adligen mit ihren Mätressen, Karossen, Festen und Duellen? Diesen Normenkonflikt kannte jede wohlsituierte Bürgerfamilie; überall ging die Angst um, dass die Söhne «wie ein Marquis» leben wollten. Darüber konnte man also beim besten Willen nicht lachen. Gewiss, Harpagons Verhalten war extrem. Aber rechtfertigte die Angst vor der Verarmung nicht die rigorosesten Maßnahmen? Spätestens hier mussten Sympathien mit dem Protagonisten des Stücks aufkommen.

Nach so schwerer wieder leichtere Kost! In der Anfangsszene des dritten Akts geht es um die Bewirtung Anselmes, des Schwiegersohns in spe. Über den aus diesem Anlass zu betreibenden Aufwand geraten Harpagon und Jacques, sein Koch, aneinander. Auch das war eine ungewöhnliche, da umgekehrte Ständelehre: Der Domestik weiß, was sich gehört, der Herr mitnichten. Dessen Anweisungen an sein Dienstpersonal sind von eigener Art und haben zugleich für den Zuschauer einen zeitlosen Widererkennungswert. Hier hatte man ihn vor sich, den Geizigen, wie er leibt und lebt. Wein einschenken nur, wenn ausdrücklich danach verlangt wird, nicht jedoch, wenn sich die Gläser leeren – und natürlich reichlich Wasser auftragen, so lauten seine Anweisungen. Dabei müssen sich die beiden Bediensteten so bewegen, dass die Flecken und Risse in ihrer Livree verdeckt werden. Des Weiteren lautet die Order: Für acht kochen, auch wenn zehn kommen. Statt der vom Koch vorgeschlagenen vier Suppen und fünf Hauptgerichte nebst Zwischenmahlzeiten kürzt Harpagon, von Valère wortreich unterstützt, den Speiseplan wie folgt: fette Bohnen als Vorspeise und eine Maronenpastete danach. Das waren Gerichte, die schnell sättigten, ohne dass man viel davon zu verzehren brauchte: ein Arme-Leute-Essen. Doch auch über diese mit mancherlei komischen Pantomimen unterlegten Szenen will kein rechtes Lachen aufkommen. Valère nämlich bringt die Souper-Planung auf die Formel, dass man essen soll, um zu leben, nicht aber leben, um zu essen. Das war ein vom Kirchenvater Augustinus abgeleiteter Grundsatz, den nicht nur Harpagon, sondern fraglos auch ein großer Teil des Publikums im Parkett zur Lebensmaxime erkoren hatte. Im Munde Harpagons aber waren die geheiligten Prinzipien der Nüchternheit, Mäßigung und Sparsamkeit unversehens als Vorwände des Geizigen demaskiert worden. Unmittelbar darauf wird eine weitere bürgerliche Grundhaltung als Wesenszug des Geizigen angeprangert: die Aufrechnung von Soll und Haben als Lebensprinzip. Der Geizige sieht die anderen immer in seiner Schuld, ja sie müssen sich davon regelrecht freikaufen.

Stattdessen – so seine Wahrnehmung – bestehlen sie ihn. Außer sich vor Entsetzen darüber, dass die Kassette verschwunden und die so lange gehegte Angst Wirklichkeit geworden ist, kehrt der Geizige sein innerstes Wesen nach außen. Mit der Entwendung seines Geldes habe ihn der unbekannte Täter ja zu einem Nichts gemacht. Der verlorene Schatz aber wird in den zärtlichsten Tönen angeredet: meine arme Kassette, mein teurer Freund! Das Geld hat eine Seele, weil der Geizige seine Seele darin deponiert hat. Mit ihm hat er seine einzige Freude und seinen alleinigen Lebenssinn verloren. Durch diesen Verlust ist er bei lebendigem Leibe tot und begraben. Die tiefste und zugleich folgenloseste Wahrheit aber spricht der Rasende aus, als er in seinem verzweifelten Bemühen, den ruchlosen Dieb und Mörder zu fassen, sich selbst am Arm packt: zu Recht, wie der Zuschauer sieht, denn er ist die alleinige Quelle aller seiner Übel; doch diesen Schluss zieht der Delirierende natürlich nicht. Innen- und Außenwelt klaffen heillos auseinander. Und noch ein Paradox tritt hervor: Ausgerechnet in dem Moment, in dem er einen kurzen Augenblick lang sich selbst und damit die Wahrheit erkennt, bezeichnet Harpagon seinen Geist als gestört. Das ist er in der Tat, außer in dieser einen Sekunde. Tot und begraben, wie er sich fühlt, lechzt der Geizige nach Wiederauferstehung. «Gibt es denn niemanden, der mich wiederauferwecken möchte, indem er mir mein Geld zurückgibt und denjenigen nennt, der es genommen hat?» Geiz ist zur Religion geworden, die Auferstehung des Geldes ersetzt die des Fleisches, gekreuzigt werden soll, wer dieser Erlösung im Wege steht. Da aber kein Gott bereit ist, die Wiederauferstehung des Geizigen in die Wege zu leiten, bricht sich der ungestüme Wille zur Selbsthilfe Bahn – Harpagon fahndet nach dem Täter. Das Problem bei seinen Nachforschungen ist nur, dass es jede und jeder gewesen sein könnte. Die ganze übrige Welt ist verdächtig, weil sie anders ist – nochmals eine zutreffende Analyse ohne Konsequenzen. So gipfelt die Tätersuche des Geizigen in der Absicht, alle aufzuhängen – und danach, wenn das Geld trotzdem nicht auftaucht, sich selbst.

Das stecken gebliebene Lachen

Extremer Geiz definiert sich als radikale Abweichung von Konventionen; das zeigt das Stück drastisch genug. So sparsam der wohlhabende Bourgeois in kluger Einschätzung seines Platzes in der Ständegesellschaft auch agieren mag, diese Strategie hat nichts mit Geiz zu tun. Wer sie befolgt, legt Reserven an, um späteren Aufstieg zu gewährleisten, und investiert in höhere Ziele, ohne die alltäglichen zu vernachlässigen. Die Menüplanung des Kutscher-Kochs bezeichnet den sozialen Standort und die daraus resultierenden Verpflichtungen Harpagons ziemlich genau; exakt so viel müsste er investieren, um seinen Stand zu wahren. Doch Harpagon fehlt jegliches Gespür dafür, dass sein Platz in der Gesellschaft davon abhängt, wie die anderen ihn einschätzen. Damit leugnet er das Gesetz der Ständegesellschaft schlechthin, wonach die eigene Vornehmheit in den Köpfen der anderen verankert sein muss. Hier berührt sich sein Wille zur Autarkie mit dem Rousseaus, der sich auf die einsame Petersinsel im Bieler See zurückzog und per Falltür im Keller verschwand, wenn Besucher nahten. Dem Philosophen, der die Welt zum einfachen Leben bekehren wollte, und dem Geizigen ist jegliche Geselligkeit abhanden gekommen.

Als Stück, das von verletztem Anstand und vernachlässigten Standespflichten handelt, trifft Molières Komödie die Bourgeoisie. Geiz ist das Laster beziehungsweise im Extremfall die soziale Krankheit des Bürgers, Generosität die Qualität des Aristokraten, daran kann nicht der geringste Zweifel aufkommen. Als Ständesatire betrachtet, ist *Der Geizige* das Gegenstück der Verhöhnung zum *Bourgeois gentilhomme*, zum bürgerlichen Parvenü, der Edelmann sein möchte. Dass das großbürgerliche Publikum sich, wie bezeugt, nicht amüsiert zeigte, ist voll und ganz verständlich, ebenso wie die Erbitterung Rousseaus. Mit seiner Einschätzung, dass es sich um ein böses Stück handelte, hatte der Genfer Uhrmachersohn aus seiner Sicht durchaus Recht. Es machte nieder, ohne Alternativen aufzuzeigen. War es denn besser als der Geiz, sich vertrauensvoll der Konvention zu überlassen? Schlummerte darin nicht der Keim des Verderbens, das heißt des Ruins durch Verschwendung – waren vier Suppen und fünf Hauptgerichte, darunter Braten, nicht tatsächlich zu viel? Hatte der Geizige, bei aller Exzentrik, nicht im Kern doch Recht? War der Bürger in der aristokratischen Gesellschaft nicht von abschreckender Verschwendung geradezu umzingelt? Wie viele verlorene Söhne, die ihre Familie ruiniert hatten, kamen denn auf einen Geizhals wie Harpagon? Das schiere Zahlenverhältnis hätte dafür gesprochen, ein Stück über die sinnlose Verschleuderung des väterlichen Vermögens zu schreiben, anstatt eine gewiss exzessive, doch im Kern gerechtfertigte, ja notwendige Selbstverteidigung gegen die irregehende Welt der allgemeinen Lächerlichkeit preiszugeben. Und war Harpagon, umgeben von so viel oberflächlicher Lebenstüchtigkeit, ungeachtet mancher Lächerlichkeit nicht der einzig ernstzunehmende Charakter? Die anderen wollen leben wie die anderen – er alleine geht seinen eigenen Weg. Die anderen stecken sich die üblichen Ziele – er allein will mehr. Strebt er nicht in Wirklichkeit nach dem Absoluten? Und ist radikale Sinnsuche in den Augen der angepassten Mehrheit nicht immer Abweichung und Anderssein Krankheit?

Mit diesen von Rousseau angedeuteten Fragen ist die höchste Sinnebene der «Komödie» bezeichnet. Harpagon mag komisch sein, vor allem aber ist er krank. Sein Geiz ist zum Wahn geworden, der alles durchdringt, jegliches Denken und Handeln bestimmt. Geiz erzeugt eine Eindimensionalität, ja eine Monomanie des Daseins, die nichts neben sich duldet. Das scheint der Umwertung des Lasters zur Krankheit, wie sie das 20. Jahrhundert vorgenommen hat, zu entsprechen. Doch dieser Schluss wäre voreilig. Denn der Geizkranke wird auf der Bühne nicht als Opfer, sondern als Täter, nicht Mitleid, sondern Ekel erregend vor Augen geführt. Zudem wird auf jegliche psychologische Erklärung verzichtet – Harpagon ist, wie er ist. Und er bleibt, wie er ist. Sein Charakter entfaltet sich den Situationen gemäß, doch er wandelt sich nicht im Geringsten; dafür verändert er die anderen, und zwar nicht zum Besseren. Therapie hat hier keine Chance. Der Geizige hat seinen Daseinszweck, seine Religion und seine Seligkeit ein für allemal gefunden.

Was die psychologischen Wirkungen des Stücks, einst wie jetzt, betrifft, so sind naturgemäß nur Mutmaßungen möglich. Bei aller Kritik an seinem Stand und den darin schlummernden Gefahren der Abirrung hätte eigentlich auch der Bourgeois des Jahres 1668 erleichtert, wenn nicht selbstgerecht aus dem Theater gehen dürfen. War er nicht vom Makel des Geizes mit einem Freispruch erster Klasse gereinigt worden? Dabei lautete die Beweisführung: Wenn Harpagon geizig war, dann war es der standesbewusste Bourgeois gerade nicht. Seine Soupers waren standesgemäß, seine Pferde brachen nicht vor Schwäche zusammen, sondern trabten gestriegelt durch die Straßen von Paris. Der extreme Geiz auf der Bühne wird so zum probaten Mittel, den kleinen bürgerlichen Geiz im Alltag umso nachhaltiger als vernünftige Sparsamkeit zu legitimieren. So lehrt Molières Stück der Demaskierung zugleich die Kunst der Verstellung. Das ist Geiz-Räson pur, grausam, hinterhältig und daher unendlich vergnüglich. In der Tat, eine böse Komödie!

Und doch ist auch eine andere Katharsis möglich. Zum einen legt das Stück wie kaum ein anderes Zeugnis der Vergangenheit die Vermutung nahe, dass es «den Geizigen» als eine historische Konstante mit zeitbedingten Variablen gibt. Harpagons innere Befindlichkeit wie seine Vermeidungs- und Verdeckungsstrategien sind bis in die Gegenwart im Kern wiedererkennbar – ein Blick in die weitere Nachbarschaft genügt.

6 Der Verschwender

Der Herzog von Richelieu und die Kalkulation der Pracht

Ein Bild von einem Aristokraten

Er stand Modell für den Cherubino in der *Hochzeit des Figaro*. Ähnlichkeiten drängten sich in der Tat auf. Wer es geschafft hatte, unter den Augen des im Alter sittenstreng gewordenen Sonnenkönigs die Frau von dessen Enkel und Thronfolger zu verführen, und zwar im zarten Alter von 14 Jahren, der hatte Anspruch darauf, in einer bissigen Komödie und in einer genialen Oper verewigt zu werden. Er war aber auch der Valmont in Choderlos de Laclos' *Gefährlichen Liebschaften*. Und auch dieses literarische Denkmal hatte er sich redlich verdient. Wer außer ihm hatte es zu Wege gebracht, gleichzeitig der Liebhaber von zwei Prinzessinnen von Geblüt (das heißt aus Linien der königlichen Familie) zu sein und beide monatelang öffentlichkeitswirksam gegeneinander auszuspielen? Und selbst diese *liaisons dangereuses* erwiesen sich später als steigerungsfähig. Zwei schöne junge Aristokratinnen duellierten sich seinetwegen mit Pistolen. Und mit 84 Jahren heiratete er in dritter Ehe eine Frau, die seine Enkelin hätte sein können – um auch sie nach kurzen Flitterwochen zu betrügen. Doch er eroberte nicht nur Körper, er brach auch Herzen. Die ebenso schöne wie kluge Madame de la Popelinière verlor seinetwegen ihre Familie und ihre Ehre, verzehrte sich nach dem Ungetreuen und starb kurz darauf – nach Meinung der Ärzte an einer Geschwulst in der Brust, nach Ansicht des zu Tränen gerührten Publikums an verschmähter Liebe. Was für eine Trophäe für den Geliebten, was für ein Eintrag im sorgsam aktualisierten Verzeichnis seiner Amouren!

Bei aller Liebe der Frauen und zu den Frauen – die Männer mochten ihn, Jean-Armand Du Plessis, Herzog von Fronsac und Richelieu (1696–1788), abgrundtief verachten oder widerwillig bewundern, lieben konnten sie den größten Liebhaber seines Jahrhunderts nicht. Und auch nicht alle Frauen liebten ihn. Die ebenso kluge wie grobe Liselotte von der Pfalz, als Gattin des homosexuellen Bruders Ludwigs XIV. zu einem schattenhaften Dasein als Beobachterin bei Hofe verdammt, stellte von Anfang an die einzig richtige Frage: Was um alles in der Welt war denn dran an diesem «Hintzel mann», diesem «boldergeist», der nicht einmal die durchschnittliche Mannesgröße seiner Zeit erreichte? Gewiss, da waren die leuchtend blauen Augen im ewig lächelnden Engelsgesicht, die Anmut der Bewegungen im Tanz und anderswo, das stets passende Bonmot auf den feucht glänzenden Lippen, dazu das kostbarste golddurchwirkte Gewand, immer in die neuste Parfümwolke gehüllt – doch was zählte das letztendlich in Anbetracht einer geradezu abgrundtiefen Unmoral, einer schier grenzenlosen Eitelkeit und Selbstverliebtheit sowie einer Extrovertiertheit, die alle Vorstellungskraft überstieg? Und so charakterisierte die aufrechte Pfälzerin den Paradehöfling des 18. Jahrhunderts mit einem einzigen empörten Satz für alle Ewigkeit: Er verkünde salonauf, salonab, dass er es ablehne, mit einer Frau zu schlafen – und sei sie noch so schön -, wenn er danach nicht davon reden dürfe.

Eins ist sicher: Aus diesem Grunde musste er auf nichts verzichten. Konnte er ausnahmsweise einmal nicht «darüber» reden, dann «vergaß» er ein Bündel wohl sortierter Liebesbriefe an einem öffentlichen Ort. Ebenso eisern respektierte er das umgekehrte Gesetz. Wenn er von Rechts und der Kirche wegen dazu gedrängt wurde, mit einer Frau – seiner ersten, ungeliebten Ehefrau – zu verkehren, dann tat er es aus Prinzip nicht. Ja, er erfand und propagierte geradezu den Grundsatz, dass nichts lächerlicher und damit eines Adligen unwürdiger sei, als sich in die eigene Frau zu verlieben. Und er ergänzte: Wenn man nicht verliebt war, durfte man auch nicht eifersüchtig sein. So soll Richelieu, als er die verschmähte

Gattin in den Armen seines Stallmeisters entdeckte, auf leisen Sohlen davongeschlichen sein und nur zur Vorsicht gemahnt haben: Vorsicht, dass diese Liaison mit einem Domestiken nicht an die Öffentlichkeit drang. Hier galt also das umgekehrte Gesetz: nicht darüber reden.

Und doch waltet in dieser scheinbar ungeheuren Verschwendung der Amouren eine eigentümliche Ökonomie. So erfand Richelieu die so genannte Liebes-Equipage, einen Prunkwagen mit eingebautem Doppelbett. Immer, wenn dieses kostbare Gefährt mit zugezogenen Vorhängen durch die Straßen von Paris fuhr, wurde die Phantasie der Passanten mächtig angeregt. Allerdings ist aus sicherer Quelle bezeugt, dass die Kalesche ihre prickelnden Touren auch unbemannt, nur mit dem Kutscher auf dem Bock, unternahm. Der Mathematiker, Physiker und Philosoph D'Alembert, den Richelieu hasste und der ihn zugleich studierte und verachtete, hat dessen Liebesleben dementsprechend auf den Punkt gebracht: Um Liebe gehe es dabei nicht im geringsten, nicht einmal vorrangig um Lust oder auch nur Vergnügen, sondern um die Inszenierung von Eroberungen. Was Plaisir zu sein schien, war in Wahrheit selbst auferlegte Pflicht, ja eiserne Disziplin und damit Verschwendung im höchsten Ausmaß: So viel Willenskraft hätte bessere Ziele verdient. Und auch der elegante Menschenkenner Nicolas de Chamfort – mit dem leidenschaftlichen Erkundungsdrang des Philosophen Richelieus Gegenpol – blickte tief in dessen innerstes Wesen. In seinen Bemerkungen zum Privatleben des Herzogs nennt er diesen einen «prunkvollen Geizhals». Was kann er damit gemeint haben – in Bezug auf einen Mann, der fast achtzig Jahre lang, bis zu seinem schmerzlosen Erlöschen im Alter von 92 Jahren, vier Monaten und 26 Tagen, die Regeln des stilvollen Prunks und des eleganten Aufwands stets aufs Neue steigerte und damit zur Norm für seine Standesgenossen und staunenden Nachahmer erhob? Der Mann soll ein Geizhals gewesen sein, der seinen ersten Auftritt im Adelsgerichtshof des Parlaments von Paris ganz und gar in Gold gewandet zelebrierte? Eines immerhin stimmt nachdenklich: Die Journalschreiber von Paris wussten schon am Tag darauf auf Heller und Pfennig genau, wie viel die Elle des kostbaren Stoffes gekostet hatte. Der Herzog selbst musste es ihnen verraten haben.

Und noch etwas anderes gibt zu denken. Einer der wenigen Männer und der einzige Intellektuelle von höchstem Rang, der Richelieu schätzte, war niemand anders als Voltaire. So zumindest steht es in den vielen Briefen, die der Weise von Ferney an den Herzog richtete. Ja, er forderte ihn sogar auf, seine Memoiren zu verfassen; er sei ein Zeitzeuge, der der Nachwelt viel von diesem Jahrhundert zu berichten habe. Das hat Richelieu – um einen zählebigen Mythos auszuräumen – nie getan, das haben andere unter seinem Namen für ihn besorgt. Ob es ein Nachteil war, dass der Herzog nicht selbst zur Feder griff, sei dahingestellt. Nach den Unterschieden der drei Herrscher und Höfe befragt, die er in einem Dreivierteljahrhundert erlebt hatte, antwortete er wie folgt: Unter Ludwig XIV. habe man geschwiegen, unter Ludwig XV. leise gesprochen, während man sich heute, unter Ludwig XVI., laut zu Wort melde. Das mag geistreich finden, wer eine übertragene Bedeutung zugrunde legt; doch spricht nichts dafür, dass Richelieu eine solche im Sinn hatte. Er meint die Etikette und nichts als die Etikette, Form und nichts als Form – was man ihm nach seinem Tode denn auch reichlich vorhalten sollte. Für die bei seinem Tod junge Generation der Sinnsucher auf den Spuren Rousseaus oder Diderots war er eine Perücke ohne Kopf.

Richelieu sah das naturgemäß anders. Für ihn war Form Stil. Zur Rolle des Edelmanns, die er lebenslang spielte, gehörte daher die Form. Sie war viel, doch nicht alles. Das spürten selbst die geschworenen Verächter der aristokratischen Arroganz. Richelieu zuckte nicht mit der Wimper, wenn ihm vor feindlichen Festungen die Kanonenkugeln um die Ohren flogen. Obwohl er von Ludwig XVI. als peinliche Verkörperung der alten, untergegangenen Welt vom Hof verbannt worden war, tat er so, als sei nichts gewesen, und verfolgte als erster Edelmann der königlichen Kammer den jungen Monarchen bei seinem rituellen morgendlichen Aufstehen, hüpfend wie ein alter Hahn, mit dessen Hemd. Das mochte man erheiternd, rührend oder schlicht peinlich finden. Wenn er aber, hoch in den Achtzigern, der fast genauso alten Marschallin von Mirepoix graziös die Hand zum Menuett reichte und mit ihr so formvollendet übers Parkett schwebte wie in seiner Jugend, konnten sich auch die jungen adeligen Spötter des beklommenen Gefühls nicht erwehren, dass nicht nur der Ungeist, sondern auch der Geist einer Epoche tanzte. Die Form barg also doch Substanz. Diese bestand aus der Überzeugung, dass der Aristokrat in allen Lebenslagen ein Vorbild zu sein und souverän aufzutreten hatte. Schade nur, dass soviel Selbstbeherrschung dem kläglichen Zweck, unter intriganten Höflingen zu brillieren, geopfert wurde.

Der Faszination der perfekten Rollenerfüllung konnte sich auch Voltaire, der Sohn des Richelieuschen Hausnotars, bei aller Verachtung für die Dekadenz der morschen Ständegesellschaft und bei allem Engagement für eine auf Leistung beruhende Zivilgesellschaft nicht entziehen. Doch fällt sein Lob des Herzogs bei näherem Hinsehen doppeldeutig aus: Zeitzeuge war Richelieu gewiss, doch für welche Zeit und welche Gesellschaft – und für welche Sitten! So dürfte Voltaires ironisches Impromptu über Richelieu seiner wahren Meinung sehr viel näher gekommen sein: dass die Frauen in seiner Gegenwart ihr Herz beschützen, die Männer aber ihre Nase verstopfen sollten. Fasziniert war er trotzdem, gerade weil dieser Typus des Aristokraten, wie Voltaire sehr genau wusste, dem baldigen Untergang geweiht war. Symbolträchtig starb Richelieu am 8. August 1788, dem Tag, an dem die Generalstände auf den 5. Mai 1789 einberufen wurden. Von diesem Augenblick an rieselte der letzte Sand durch die Uhr des Ancien Regime; am Ende stand die Große Revolution. Ein Mann von Stand und Ehre hatte in dieser Welt nichts mehr verloren. Hätte der Herzog die jakobinische Terreur in den Jahren 1793 und 1794 noch erlebt, sie hätte ihn den Kopf gekostet. Zu diesem Zeitpunkt nämlich war er längst die Hassfigur Nummer eins, der Mann des Jahrhunderts in der abschreckendsten Bedeutung: Er stand für alles, was am Ancien Regime schlecht war: für Tyrannis, Willkür, Adelshochmut, Machtmissbrauch, Korruption, Intrigenwirtschaft, Vergnügungssucht, Veräußerlichung und Unmoral insgesamt in höchster Potenz. Und er stand für ebenso einmalige Verschwendung.

Mit anderen Worten: Er wurde nach seinem Tode gebraucht wie zu Lebzeiten nie. Kluge Männer wie Chamfort und Choderlos de Laclos rezensierten die unter seiner Feder erschienenen Memoiren und hielten sie für wahr, weil sie ihren angeblichen Verfasser hassen wollten. Im Herzog von Richelieu fand auch der aufgeklärte Bürger

– unerschütterlich ehrenfest in seiner Moral der Sparsamkeit und der Monogamie –, was er sehnlichst suchte: sein überdimensionales Feindbild. Genau so hatte es Richelieu gewollt.

Sein ganzes langes Leben lang hatte es der Herzog kompromisslos abgelehnt, sich den Namen eines Bürgerlichen zu merken – warum sein Gedächtnis mit so wertlosem Ballast belasten? Seinen Kollegen von der Académie française – in die er allein als Nachfahre von deren Gründer, des großen Kardinals Richelieu aufgenommen worden war -, den Abbé Arnaud, nannte er unbelehrbar «Renaud». Die schmutzigen Krämer aus der Bourgeoisie sollten ihn nur hassen, das erhöhte sein Renommee und sein Selbstgefühl. Das, was sie seine Verschwendung nannten, war also keine blindwütige Vergeudung, sondern diente einem genau umrissenen Zweck: Verachtung, ja Abscheu zu zeigen. Damit ist eine erste Annäherung an Chamforts rätselhafte Bemerkung vom «geizigen Verschwender» gelungen – der Aufwand des Aristokraten wird von genauso präzisen Strategien bestimmt wie der des sparsamen Bürgers, allerdings von den umgekehrten. Geld findet seine Bestimmung darin, in Status und Image angelegt zu werden.

Bei allem, was sein Bild in der Öffentlichkeit betraf, überließ Richelieu daher nichts dem Zufall. Insofern sind die vielen unter seinem Namen erschienenen Texte Fälschungen und im höheren Sinne authentisch zugleich. «Echt» sind sie, weil sie das Bild, das sich die anderen von Richelieu machten, einfangen. Und alles spricht dafür, dass zwischen dem Bild, das er von sich entwarf, und der Wahrnehmung der anderen weitgehende Deckungsgleichheit bestand. Der Herzog von Richelieu wollte von seinen Standesgenossen, vor allem den wenigen, die über ihm standen, bewundert werden. Was die Masse des nichtadeligen Geschmeißes von ihm dachte, war ihm von Herzen gleichgültig; dass der brave Bürger ihn hasste, war unvermeidlich und daher erwünscht.

Authentisch sind die unter seinem Namen veröffentlichten Texte auch deshalb, weil sie das gesprochene Wort wiedergeben. Ging ihm auch – im Gegensatz zum in mancher Hinsicht wesensverwandten Casanova – der lange Atem des Erzählers ab, so war Richelieu doch ein Virtuose des Bonmots und der Anekdote. Von solchen witzigen Wendungen hat er nach einhelligem Zeugnis Hunderte in die Welt gesetzt, und zwar schon früh. Als der junge Schönling bei Hof wegen seiner ärmlichen Kleidung gehänselt wurde, schob er die Schuld auf seine geizige Stiefmutter – er trage eben einen Stiefmutter-Rock. Das Wort bürgerte sich ein. Und nicht nur dieses. Auf diese Weise fangen die erfundenen Memoiren den ganzen Herzog ein: Wie er sprach, auftrat und gesehen werden wollte.

Die Schwachstelle

Gab es sie wirklich, die geizige Stiefmutter? Die Frage ist verführerisch, weil sie eine psychologisch scheinbar schlüssige Erklärung offeriert: die Geburt der Verschwendung aus dem Geist der erzwungenen Entsagung. Doch ist sie falsch gestellt, denn Überfluss oder Knappheit ist eine Frage der Wahrnehmung. Zweifellos war der junge Herzog davon überzeugt, über die Maßen kurzgehalten zu werden. Und instinktiv machte er das Beste daraus: Er stellte den Kontrast zwischen der Knauserigkeit der Stiefmutter und den eigenen Ansprüchen ans Leben so dar, dass sich seine gleichaltrigen Standesgenossen spontan mit ihm identifizieren konnten. Denn unter demselben Widerspruch litten sie fast alle. Über das gestörte Verhältnis zwischen den aristokratischen Vätern und Söhnen im Frankreich des 18. Jahrhunderts ist viel nachgedacht worden – war das Säuglingsdasein an Ammenbrüsten und die Erziehung weitab vom Schoß der Familie schuld? Glücklich durfte sich der Fürst oder Herzog schätzen, der nicht zum äußersten Mittel greifen und vom König einen Blankohaftbefehl für den missratenen Filius erwirken musste. Doch auch der Gefängnisaufenthalt schreckte nicht ab, im Gegenteil. So wie in linken Kreisen des 20. Jahrhunderts wurde die zeitweilige Einkerkerung ein Ehrentitel von Richelieus Generation; er selbst brachte es sogar auf drei solcher Zwangspausen in der Bastille. Und auch die Rolle des adeligen Häftlings spielte er nicht nur perfekt, auch sie definierte er neu. Am Morgen spazierte er gelassen, in einen modischen Morgenrock gewandet, auf dem Dach auf und ab, verteilte Handküsse und ließ sich in all seiner Pracht und Nonchalance bewundern. So wichtig war ihm diese Erfahrung, dass er als über Neunzigjähriger an den Ort dieses glänzenden Spektakels zurückkehrte und in Erinnerungen schwelgte – drei Jahre bevor die Bastille eine ganz andere Rolle in der Geschichte spielen sollte.

Doch das Verhältnis der adligen Väter und Söhne war nicht nur gesetzmäßig gestört, es wies ebenso regelmäßig die Merkmale des Geizes auf. Die Generationen belauerten sich geradezu. Die Väter fürchteten, dass ihnen die Söhne alles wegnehmen wollten, und sei es durch Giftmord, und verschanzten sich hinter Miniapanagen für den gierigen Nachwuchs. Die Söhne aber gaben ein Geld aus, das ihnen – noch! – nicht gehörte und deshalb oft auch nie gehören sollte. So ging auch Richelieu vor, der sich zu diesem Zeitpunkt noch mit dem zweiten Titel des Hauses, dem eines Herzogs von Fronsac, begnügen musste. Als ihm Madame Michelin, die ebenso dralle wie blonde, leider aber auch fromme achtzehnjährige Gattin eines Haushaltswarenhändlers, als Alternative zu den Prinzessinnen von Geblüt reizvoll erschien, stimmte er seine Eroberungsstrategie von adelig auf bürgerlich ab. Dabei ging er so vor, dass er dem Ehegatten lukrative Tapezieraufträge in aristokratischen Palästen verschaffte, um ihn vom eigenen Herd fernzuhalten. Doch griff er zum selben Zweck auch tief in die eigene Tasche, zum Beispiel um Spiegel und anderes Schmuckmobiliar zu erwerben und dadurch den häufigen Aufenthalt im Laden unverdächtig erscheinen zu lassen. In seiner eigenen Tasche aber war fremdes Geld; sinnigerweise hatte er es sich von einer hochadeligen Geliebten geliehen. Letztendlich vollzog sich der Erwerb des begehrten Objekts also – Traum jedes Geizigen – auf fremde Kosten. Dabei war sich Richelieu sehr wohl bewusst, dass die ganze Operation «Hausfraueneroberung» eigentlich unter seiner Würde war. Gerade das Spiel mit der niederen Rolle aber war für die Aristokraten des 18. Jahrhunderts pikant – wie oft verkleidete sich der Herzog bei seinen verwickelten Amouren als Soldat, Handwerker oder sogar als Bettler! Eine Vorausahnung der Revolution, die man ab 1760 in den kaum gelesenen politischen Texten von Mably oder Rousseau angekündigt finden konnte, war das mitnichten, vielmehr ein städtisches Schäferspiel – und eine Komödie der Geringschätzung.

Die ostentative Verachtung des Geldes sollte also den Bürger herabwürdigen, dessen Dasein sich im Geldverdienen erschöpfte.

Richelieu aber demonstrierte mit seiner ostentativen Ökonomie der Geldverachtung nicht nur die Geringschätzung des schnöden Mammons, sondern auch Hass gegen diejenigen, die es sammelten und sparten. Woher kamen so starke Emotionen? Die unter seinem Namen verbreitete Erzählung vom verlorenen Sohn und vom guten Sohn steht für aristokratische Wirtschaftsethik par excellence. Beide Söhne bekommen eine pralle Geldbörse, deren Inhalt sie nutzbringend investieren sollen. Der eine verfährt sparsam und wird getadelt, der andere gibt mit vollen Händen aus und wird gelobt. Für den Adligen hatte die Aufrechterhaltung des sichtbaren Ranges absoluten Vorrang. Doch musste man, was man gering schätzt, stets aufs Neue entehren?

Lange muss man nach den Gründen für diese Verhaltensweise nicht suchen. D'Alembert hatte sie längst entdeckt, als er sein Fazit zog: Richelieu übererfüllt seine Rolle. Und er spielt eine Rolle, in die er so nicht hineingeboren wurde. Gewiss, sein 1585 geborener Vorfahr, der Kardinal Richelieu, war von 1624 bis zu seinem Tod 1642 der Erste Minister des Königreichs und de facto der mächtigste Mann Frankreichs, wenn nicht Europas. Doch zum einen war das eine geliehene Macht auf Zeit. Zum anderen entsprach sie ganz und gar nicht dem gewachsenen Rang der Familie Du Plessis. In der vielfältig abgestuften Hierarchie des Adels, die sich nach Stammbäumen und damit auch nach der Vornehmheit der Eheschließungen gliederte, lag sie vor dem Aufstieg des Kardinals auf einem unteren Mittelplatz. Mochten die Nachkommen von dessen Schwester auch die wohltönenden Titel und die Reichtümer erben, die dieses Genie der Macht mit dem roten Hut angehäuft hatte – ihre Position auf der traditionellen Skala des Ansehens verschob sich dadurch nicht wesentlich nach oben. Schlimmer noch: Böse Zungen wurden nicht müde zu behaupten, dass der Herr Vignerot, den die Schwester des Kardinals geehelicht hatte und der Herzog daher als seinen eigentlichen Stammvater betrachten musste, Lautenspieler von Beruf gewesen sei. Sein Leben lang quittierte Richelieu Anspielungen auf dieses Metier mit Aufforderungen zum Duell.

Wie der eine Generation ältere Herzog von Saint-Simon, der echte Tagebuchschreiber am Hof Ludwigs XIV., laborierte also auch Richelieu unter einer nie heilenden genealogischen Wunde. In den Kreisen, in denen er sich ab seinem vierzehnten Lebensjahr wie selbstverständlich bewegte, war er nach strengen Maßstäben ein Parvenü. Dass er diese Zwitterstellung lebenslang mit niemals abreißenden Hassdemonstrationen gegen Bürger und Aufsteiger kompensierte, leuchtet ein. Und auch das gleichfalls erst mit dem Tod endende Schauspiel der adeligen Universalität, der ebenso vollendeten wie lückenlosen Rollenerfüllung, entsprang diesem anfechtbaren Stammbaum. Der Homo novus als Gralshüter der Werte, die ihm von Geburt her nicht zukommen, ist – man denke an Cicero – eine übergeschichtliche Erscheinung. Im Falle Richelieus war der Fall komplizierter, weil er als Erbe in diesen Rang zwar vom ersten Tag an hineinwuchs, ihn aller Ämter, Ehren und Titel ungeachtet gleichwohl nie für völlig gesichert halten durfte. Das zeigte sich an immer wiederkehrenden Episoden. Als der Herzog zum Ersten Edelmann der königlichen Kammer ernannt wurde, höhnte ein Rivale, nun sei er also unbestreitbar ein Edelmann – ein Wortspiel harrscharf am Duell vorbei, da sich der Spötter auf den korrekten Wortsinn zurückziehen konnte. Als Richelieu hingegen einmal schlammverkrustet aus dem Feld zurückkehrte und ein Verwandter seiner Frau bemerkte, dass in seinem Fall der Schmutz selbst durch eine vornehme Heirat nicht abwaschbar sei, war ein Zweikampf auf Leben und Tod fällig.

Der Verschwender als Buchhalter

Damit könnte ein tieferer Sinn von Chamforts Wort vom «prunkvollen Geizhals» freigelegt sein. Gemeint wäre das alles beherrschende Kalkül in dieser Ökonomie der Zurschaustellung. Verzeichnisse der erfolgreichen Liebschaften anzulegen, hat etwas unbezweifelbar Buchhalterisches; die Gewinne auf diesem Feld unmittelbar danach heraus zu schreien, schmeckt nach Börse. Wie der Geizige ist der Fraueneroberer Richelieu ein Getriebener, sein Insistieren hat etwas Zwanghaftes, geradezu Wucherisches; ihm wird sexuelles Entgegenkommen geschuldet, er fordert es ein. Nicht zufälligerweise entwickelte sich die Eroberung der Tapezierergattin zu einer kaum verschleierten Vergewaltigung. Dass der Herzog auch diese Eroberung bald wieder zugunsten neuer Akquisitionen aufgab, zeugte nicht von Großzügigkeit, ganz im Gegenteil. Denn wie der Geizige gab er ab, was für ihn keinen Wert mehr hatte. Wert hatte, was sein Prestige mehrte oder ihm Gelegenheit gab, seine Verachtung zu bezeugen. Wert hatten die Prinzessinnen von Geblüt, weil sie auf der traditionellen Prestigeskala weit über ihm rangierten. Wenn sie sich vor Sehnsucht nach ihm verzehrten, wurde diese Ordnung zu seinen Gunsten umgekehrt – dann durfte der ursprünglich niedriger Quotierte sich begehren lassen und seinerseits verschmähen. Vollends zum Herrn der Wertordnung wurde er dann, wenn er mit den Höhergestellten Katz und Maus spielte. Dieses Spiel mit der Hierarchie hatte – bei aller Verachtung Richelieus für das Volk und die neuen politischen Ideen der Zeit – etwas verkappt Revolutionäres. Er entwertete das für seinen Stand Wertvolle dadurch, dass er sich den Wert durch die Eroberung aneignete und das daraufhin für ihn wertlos gewordene Objekt zurückgab – mochten sich die Höhergestellten darum streiten. Damit nahm er anderen etwas weg, ja er lebte auf fremde Kosten – selbst darin dem Geizigen ähnlich.

Und auch die Auswahl der Rollen, in denen der Herzog Maßstäbe zu setzen bestrebt war, gewährt tiefe Einblicke in sein Selbst- und Wirtschaftsverständnis. Zum Liebhaber und Höfling kam selbstverständlich der Krieger. Sogar in dieser martialischen Rolle sticht der Prunkaufwand hervor. Als junger Obrist – für einen Adligen seines Ranges das Einstiegsamt – von gerade einmal zwanzig Jahren ließ sich Richelieu ein Zelt anfertigen, das die königlichen Vorhangstoffe in den Schatten stellte. Und sein ganz persönlicher Tross umfasste nicht weniger als 73 Maultiere und 30 Pferde. Der Krieg spielte sich wie das höfische Leben auf einer Bühne ab. Solange sich beide Seiten an die Regieanweisungen hielten, machte der Herzog auch in diesem Stück eine gute Figur. So eroberte er am Beginn des Siebenjährigen Krieges die englische Festung Mahón auf der Baleareninsel Menorca – und sein Koch erfand, aus der Not an Lebensmitteln eine schmackhafte Tugend machend, die «Mahonnaise». Kurz darauf aber hatte er es mit einem König von anderer Art zu tun. Auch im Krieg gegen Preußen agierte der Herzog im Stile eines galanten Adelsromans – und musste erleben, wie Friedrich II. ganz ungalant eine französische Armee bei Rossbach vernichtete. Seinem Selbstverständnis und seiner Ehre tat diese Katastrophe keinen Abbruch; sollte sich doch der König schämen, der gegen alle Regeln des Edelmanns gehandelt hatte. Der Zweck des Krieges war nicht Effizienz, sondern das Bild, das man von sich hinterließ. Und in dieser Hinsicht hatte sich der Herzog nichts vorzuwerfen.

Zu den Pflichtrollen des perfekten Aristokraten gehörte die des Mäzens. Auch sie interpretierte Richelieu auf seine Art. Von größeren Aufwendungen für Bilder, Statuen, Literatur oder Musik beziehungsweise für die Schöpfer solcher Kunstwerke ist nichts bekannt. Richelieus Interesse galt allein dem Theater und speziell dem weiblichen Bühnenpersonal. Wem das ganze Leben eine Bühne war, der musste auch die Bretter lieben, die die Welt bedeuten konnten. In der Tat scheint der Herzog zwischen der Welt auf der Bühne und der Bühne der Welt keinen großen Unterschied gesehen zu haben. So wie er bei Hofe unermüdlich intrigierte, so nahm er nicht minder leidenschaftlichen Anteil an den zahllosen Kabalen unter Schauspielerinnen und Schauspielern. Doch auch hier waltete dieselbe Ökonomie des zielgerichtet betriebenen Aufwands. Als Erster Kammerherr war der Herzog für die Auswahl der Stücke zuständig, die in Versailles gespielt wurden; sein Einfluss in der Welt des Theaters war dadurch immens. Auf diese Weise forderte er vieles gratis ein, vor allen von den jungen Miminnen. Und vieles ließ sich zum Gewinn von noch mehr sozialem Kapital strategisch nutzen.

Dasselbe galt für seine Rolle als Gastgeber. Legendär waren die Feste, die er in seiner Jugend und in seinen mittleren Jahren ausrichtete, vor allem unter freiem, überwiegend nächtlichem Himmel. Ganze Wälder wurden in antike Ideallandschaften umgewandelt, in denen spätestens nach Mitternacht die füreinander bestimmten Paare in eigenen Zeltpavillons zueinander finden konnten. Auch solche Gastlichkeiten sollten neue Maßstäbe setzen. Wer anderen die Regeln diktierte, erhob sich über sie. Selbst in den galanten Festen kam der Urtrieb des Parvenüs nicht zur Ruhe. Das galt auch für die nicht minder aristokratische Rolle des Verschwenders. Sie vor allem hat ihn in den Augen der bürgerlichen Nachwelt zum Prototyp des Schurken gemacht, der das Böse um seiner selbst willen tut.

Diesen schlechten Ruf verdankte er zum einen der Art seines Aufwandes, der in bürgerlichen Augen Vergeudung bedeutete, weil er unproduktiv war. Zum anderen war der Herzog ohne Frage stolz darauf, Schulden bei der bourgeoisen Canaille der Händler und Handwerker entweder gar nicht oder aber so spät zu bezahlen, dass seine Schuldner selbst im Schuldgefängnis schmachteten. Wer ihn mit finanziellen Forderungen bedrängte, verlor mit Sicherheit – das war Ehrensache. Tapezierer wie Monsieur Michelin sollten sich geschmeichelt fühlen, für Männer wie ihn arbeiten zu dürfen; waren sie unterwürfig, so durften sie damit rechnen, ausbezahlt zu werden, manchmal sogar über den vereinbarten Preis hinaus – allerdings innerhalb der Fristen, die der Herzog setzte. Das Volk war akzeptabel, wenn es seinen Platz kannte. Man brauchte es einfach; welcher Adlige wollte seinen Salon schon selber tapezieren?

Noch ähnlicher wird die Ökonomie des Verschwenders der des Geizigen, wenn man Richelieus Kommentare zu Wirtschaftsfragen in den *Erinnerungen* heranzieht. Bezeichnenderweise kamen ökonomische Überlegungen erstmals auf, als der Vater – endlich! – starb. Schon im lieblosen Nachruf auf den Erzeuger verschränkten sich die Motive von Geiz und Verschwendung. Dem Sohn gegenüber geizig, war der Vater beim Wirtschaften in eigener Sache ein unentschuldbarer Verschwender, der zahlreiche der vom Kardinal angehäuften Güter veräußern musste und seinem Erben darüber hinaus mancherlei Schulden hinterließ. Für diesen waren es unentschuldbare Schulden: für nichts und wieder nichts, ohne Gegenleistung. Zu keinem Zeitpunkt hatte der Vater – so die böse Abrechnung des Sohnes – irgendeinen Posten von Belang im diplomatischen oder militärischen Dienst bekleidet, der einen so hohen Aufwand hätte rechtfertigen können. So viel kostbares Vermögen wurde durch einen simplen Mangel an Ordnung und Geschäftssinn verloren, so viele Güter wurden durch naives Vertrauen in Pächter und Verwalter vergeudet! Dabei hätte sich diese Verschwendung mit mehr Disziplin so leicht vermeiden lassen. Eine solche Wehklage hätte auch ein braver bürgerlicher Hausvater der Zeit anstimmen können. Von dieser Disziplin hat der Sohn reichlich. Er arbeitet sich profunde in die Geheimnisse der Finanzadministration ein, damit ihm nicht ein schreckliches Gleiches widerfahren möge: Ausgaben ohne Rendite.

Diese Rendite sah Richelieu, im Gegensatz zum Geizigen, allerdings überwiegend in immateriellen Werten gewährleistet. Seine Investitionen sollten Prestige, Einfluss, Autorität, Bewunderung, mit einem Begriff: soziales Kapital hervorbringen. Insofern war er bei allen Ähnlichkeiten auch wieder der Gegenpol zum Geizigen: Genügte sich dieser in seinem sozioökonomischen Autismus selbst, so lebte Richelieu erst dadurch, dass er in den Augen der anderen derjenige wurde, der er zu sein wünschte. Sein Genuss begann da, wo ihn die anderen darum beneideten. Das Streben nach Lebensgenuss – so Richelieus zwischen die vielen Amouren eingestreute Lebensphilosophie – beherrscht das Dasein aller Lebewesen; das Christentum, das Gegenteiliges lehrt, hat den Menschen und das Leben nie verstanden. Wer anderes verkündet, ist entweder ein Heuchler oder einer dieser seltsamen Eremitengestalten mit gestörter Libido, wie sie die Wüste seit Johannes dem Täufer bevölkern. Wer genießt, folgt dem Urtrieb der Natur.

Die Gesellschaft hilft ihm sogar dabei. Die französischen Könige haben gut daran getan, den Fideikommiss und damit die Unteilbarkeit der großen aristokratischen Vermögen festzuschreiben. Ohne diese segensreiche Einrichtung, so der Herzog, wäre er trotz allen finanztechnischen Insiderwissens nicht in der Lage gewesen, seinen Rang zu wahren. Sein Lob der ganzheitlichen Hinterlassenschaft weitet sich zu einer Hymne auf die Ständegesellschaft des 18. Jahrhunderts in all ihrer Manipulierbarkeit und mit all ihren schier grenzenlosen Ressourcen aus. Über weite Strecken liest sie sich wie eine Verherrlichung des unbekümmerten Geldausgebens. Der reiche Erbe ist als Arbeitgeber und Förderer der Künste unverzichtbar. Selbst für die Mildtätigkeit hat er etwas übrig. Almosen gibt Richelieu allerdings auf seine Art; wer sie empfangen möchte, muss sich vorher demütigen.

Eine Lust aber ist die Umwandlung von Geld in soziales Kapital deshalb, weil sie sich völlig risikolos praktizieren lässt. Der Aristokrat investiert mit Netz und doppeltem Boden; er lebt in einem Land, wo Milch und Honig fließen. Er muss diese Quellen nur anzapfen. Das gilt auch für die nachgeborenen Söhne ohne Erbe. Statt sich zu beklagen, sollen sie ihr Glück als Malteserritter oder als Bischöfe machen – Reichtum und Ansehen warten ja nur darauf, abgeholt zu werden. Das gilt sogar für die Töchter. Kann man sich ihrer nicht mit geringen Mitgiften entledigen, so versorge man sie im Kloster. Auch hier besteht kein Grund zum Jammern; Frauen werden herrschsüchtig geboren, und wer kann besser herrschen als eine Äbtissin? Und hat man ausnahmsweise einmal die eigenen Ressourcen erschöpft und steht vor dem Bankrott, dann gibt es immer noch die Gnade des Königs. Sie kann man dadurch erwerben, dass man den richtigen Höflingen schmeichelt oder, noch sicherer, seinen Mätressen den Hof macht. Ein Tor, wer aus den wechselhaften Konjunkturen des Hofes nicht Kapital zu schlagen vermag. Zu Gegenleistungen ist der Adlige deshalb nicht verpflichtet. Treue schuldet der Mensch nur sich und seinem Genussstreben, nicht aber einem König, der ihn mit einer Pension vor dem Ruin bewahrt.

Ganz Frankreich, so das zufriedene Fazit, steht der adeligen Selbstbedienung offen. Denn der König braucht den glänzend auftretenden Adel genauso wie dieser ihn. Denn ohne den Adel, genauer: ohne die Ehrfurcht, die dieser den kleinen Leuten einflößt, kann der König nicht regieren. Ohne das Sozialprestige der Adligen, das die Bürger kuschen und kriechen lässt, kehrt sich die soziale Ordnung von unten nach oben. So ist die Ökonomie des ostentativen Aufwandes eine staatstragende Tat, ja ein Verdienst.

Und so ist der Verschwender in Wirklichkeit ein genau kalkulierender Ökonom. Verschwender war für Richelieu, wer Geld ausgibt, ohne damit Zugewinne sozialer oder ökonomischer Art zu erzielen. Deshalb stimmt auch die These, dass die Wirtschaft des Aristokraten vom Primat der Ausgaben um jeden Preis, auch um den der Verschuldung und des Bankrotts, beherrscht werde, nicht ganz. Denn diese Strategie ist, planvoll zur Anwendung gebracht, völlig gefahrlos – die Einnahmen passen sich den Ausgaben von selbst an. So verwirklicht die aristokratische Ökonomie den Traum des «prunkvollen Geizhalses» schlechthin: nichts zu verlieren und alles zu gewinnen.

7 Der Kurfürst

Wilhelm I. von Hessen, der Landesvater als Geldverleiher

Die Moral der Hausväter

Im Zeitalter der Aufklärung hatte Sparsamkeit Konjunktur. War der Geiz für den kirchenfrommen Christen ein Hauptlaster, so wurde Sparsamkeit für den aufgeklärten Bürger, der im 18. Jahrhundert das Monopol der vernünftigen Lebensführung beanspruchte, zu seiner Haupttugend. Die so lange vom Adel bespöttelte Strategie, die Ausgaben niedriger als die Einnahmen zu halten, machte so eine bemerkenswerte Karriere: Innerhalb weniger Jahrzehnte wurde das hässliche Entlein der Knauserigkeit zum schönen Schwan der vernünftigen Lebensführung.

Für den Kaufmann, der im Schoße des Ancien Regime und seiner Ständegesellschaft einen glanzlosen Mittelplatz belegte, war Sparsamkeit jahrhundertelang eine simple Überlebensregel gewesen. Die Voraussetzung für seine Kreditwürdigkeit und damit für seinen geschäftlichen Erfolg bestand darin, auch in den periodisch auftretenden Krisenzeiten knappen Bargelds liquide zu sein. Durch strikte Kontrollen von Einnahmen und Ausgaben im geschäftlichen wie privaten Leben Reserven für schlechte Zeiten anzulegen, war daher vernünftig und hatte mit Geiz nichts zu tun. Dass Ärzte, Professoren, Juristen und Pastoren, die zusammen mit den Vertretern der kommerziellen Metiers die Creme des altständischen Bürgertums ausmachten, denselben ökonomischen Verhaltensweisen zuneigten, lässt sich ebenso nahtlos aus ihrer sozialen Stellung und nicht zuletzt aus ihren oft bescheidenen Gehältern ableiten.

Doch können sich Lebensregeln, die ursprünglich statuskonform waren, im Laufe der Zeit, manchmal sogar in einer einzigen Lebenszeit, zu einer nicht mehr ablegbaren Gewohnheit, ja zum Selbstzweck verwandeln.

Das ist zum Beispiel dann der Fall, wenn die rigorose, den bescheidenen Anfängen angemessene Sparsamkeit krass mit dem Wohlstand einer späteren Lebensphase kontrastiert, die in den Augen der Außenwelt eine andere, großzügigere Form des Auftretens und damit des Wirtschaftens erforderlich machen würde. Da der Mensch Wandel insgesamt nur begrenzt und in eigener Sache noch viel weniger wahrzunehmen vermag, ist der berufliche und soziale Aufsteiger schnell des Geizes verdächtig. Ihm wird eine Flexibilität abverlangt, die gerade im Umgang mit Geld äußerst schwer zu praktizieren ist. Darin dürfte eine wesentliche Ursache dafür zu sehen sein, dass Geiz seit dem 18. Jahrhundert gerade in der akademischen Welt so verbreitet war und ist. Professoren haben in der Regel Stipendienjahre hinter sich, in denen strengste Sparsamkeit eine logische Strategie war. Diese wird jedoch auch dann beibehalten, wenn sie nach Erhalt eines Rufes den ökonomischen Umständen nicht mehr entspricht; parallel dazu werden die kargen Anfangsjahre im nostalgischen Rückblick zu einer heroisch ausgehaltenen Hungerzeit und die dadurch geprägten Verhaltensweisen zu einer unverbrüchlich gültigen, da ethisch vorbildlichen Disziplin zur Veredelung der Menschheit verklärt.

In der zweiten Hälfte des 18. Jahrhunderts aber war «Sparsamkeit!» noch ein antiaristokratischer Kampfruf. Die wie eine literarische Wasserflut die europäischen Bühnen überschwemmenden bürgerlichen Trauerspiele handelten mit vorhersagbarer Regelmäßigkeit von verführten Töchtern oder verlorenen Söhnen. Die letzteren gaben sich, von den Sirenengesängen der höfischen Gesellschaft verleitet, dem verschwenderischen Lotterleben anheim und ruinierten sich durch frevlerischen Luxus ökonomisch und gesundheitlich, um danach krank und elend ins Vaterhaus zurückzukehren. Dort durften sie der Vergebung gewiss sein, wenn sie sich kniefällig und bußfertig zur rigiden Sparsamkeitsmoral des Patriarchen bekehrten. Dazu zählte auch ein nach denselben Maßstäben des «Mehr einnehmen als ausgeben» geführter Gefühlshaushalt und ein nach dem analogen Prinzip «Nur keine voreiligen Vorleistungen» geregeltes Sexualleben.

Gewiss, der empfindsame Bürger proklamierte die große, einmalige Liebe als Grundlage der Ehe. Doch er mochte noch so viele Tränen über Rousseaus *Julie ou la nouvelle Héloïse*, das Kultbuch aller romantisch Schmachtenden, vergießen, tiefere Gefühle investierte er in der Regel nur mit der strategischen Planungssicherheit, sich das begehrte Objekt durch Heirat auf Lebenszeit zu sichern und weiterer Investitionen emotionaler Art dadurch künftig enthoben zu sein. Wer diesen Grundsatz des «Ich gebe mich (hin), damit du mir (den Ehering) gibst» auf dem Feld der Geschlechterbeziehungen missachtete und sich seinen daraus abgeleiteten «sittlichen Verpflichtungen» entzog, galt in bürgerlichen Kreisen als ein sozialer Störenfried, der die Sicherheit von Investitionen gefährdete. Ja, er war ein Wüstling, der die ethische Weltordnung auf den Kopf stellte. Im Gegensatz zu den verlorenen Söhnen endeten die verführten Mädchen allerdings meistens durch das Stilett in der eigenen oder der väterlichen Hand. Der aufgeklärte Bürger im Parkett, der mit vor Rührung feuchten Augen das Bühnengeschehen seinem ebenso vorhersehbaren wie moralisch befriedigenden Ende entgegenstreben sah, durfte sich also mit seinem Lob der Sparsamkeit als Garant einer menschheitsbeglückenden Moral bestätigt fühlen.

Im Abstand von mehr als zwei Jahrhunderten betrachtet, stechen dagegen Widersprüche ins Auge. Der aufgeklärte Tugendkodex gab sich als universell aus – und diente doch vor allem dazu, eine Vorrangstellung des gebildeten Bürgers in Staat und Gesellschaft einzufordern, die dieser bis heute nicht zu erringen vermochte. Noch paradoxer: Die Geschichtsschreibung der Aufklärung erklärt den tugendhaften Bürger zum Sieger der Geschichte, der durch Fleiß, Rationalität und nicht zuletzt Sparsamkeit die finsteren Gegenmächte des konfessionellen Fanatismus und der aristokratischen Unmoral niedergerungen habe – und proklamierte damit zugleich das Ende der Historie. Deren Verlauf war entschlüsselt, die Gesetzmäßigkeit von Abstieg und Aufstieg erkannt, die Zukunft planbar. Als Triumphator über die Vergangenheit wird der Bürger mit seiner Zivilisation der Rationalität folglich ewig herrschen. Selbst ein Produkt des Wandels, glaubt er sich selbst mit seinen unveräußerlichen

Werten von aller Veränderung ausgenommen. Deshalb wäre es sein Sündenfall schlechthin, die Erfolgsregel der Sparsamkeit in allen Lebenslagen fallen zu lassen, wenn sich äußerer Wohlstand eingestellt hat. Denn dieser kann nur äußerlich sein, auf die innere Befindlichkeit des Bürgers hat er keinen Einfluss. Dieser definiert sich durch Werte wie Tugend und Bildung, ja geradezu durch die Geringschätzung des Geldes, das er doch permanent zu akkumulieren bestrebt ist – und wird durch dieses Credo dem Adligen ähnlicher, als beiden Seiten lieb sein konnte.

Genuss- und lustfeindlich durch und durch, war die Moral der Sparsamkeit und des Verzichts zu ihrer Durchsetzung auf Feindbilder angewiesen. Am wirkungsmächtigsten war, zumindest auf der Bühne, der adelige Verführer, der tugendhafte Bürgermädchen ins Unglück stieß. Damit war ein Prototyp geschaffen, der bis in die Telenovelas des 21. Jahrhunderts fortlebt. Im moralischen Gefühlshaushalt des empfindsamen Bürgers teilten sich hochgeborene Bösewichter, die wie der Herzog von Richelieu sexuelle Ausschweifung mit ungehemmter Verschwendungssucht verschmolzen, den ersten Platz auf der Skala des Bösen mit dem Tyrannen, der seine Macht nicht dazu nützte, die Aufklärung und die Emanzipation des Bürgers zu befördern, sondern seine Untertanen aussaugte und ihr Geld und Gut mit Mätressen verprasste.

Unauslöschliche Verachtung und einhellige Verurteilung aber musste sich zuziehen, wer sich unverfroren aus beiden Normenkatalogen zugleich bediente und auf diese Weise bürgerliche Sparsamkeitsmoral mit aristokratischen Verhaltensformen verquickte. Das war nicht die Lernfähigkeit, die die aufgeklärten Bildungsbürger von ihrem Fürsten forderten, sondern deren pervertiertes Gegenbild. Zu sparen, um desto ungehemmter verbotenen Gelüsten zu frönen: das war abgrundtiefe Unmoral, weil durch diese Kombination einer Tugend mit einem Laster die Tugend selbst in Frage gestellt wurde. Zu ihrem Entsetzen hatte die aufgeklärte deutsche Öffentlichkeit sechzig Jahre lang einen Fürsten vor Augen, der Geiz und Genusssucht perfekt zu vereinbaren wusste.

Ob man es als Entschuldigung gelten lassen will oder nicht: Wilhelm IX., Landgraf von Hessen-Kassel (1743–1821), hatte eine ungewöhnliche Kindheit. Sein Vater und seine Mutter verabscheuten sich so gründlich, dass eine Trennung unvermeidlich wurde. So wuchs der junge Thronfolger unter der alleinigen Obhut der Mutter, der englischen Prinzessin Mary, auf, die zu obsessiver Überbehütung neigte. Die Abneigung zwischen den Eltern vertiefte sich durch die unterschiedliche Konfession. Wilhelms Vater, der spätere Landgraf Friedrich II., war 1754 heimlich vom Luthertum zum Katholizismus übergetreten. Zur rigorosen Quarantäne, die der regierende Fürst daraufhin gegen seinen vom Glauben abgefallenen Sohn verhängte, gehörte die Separierung von den eigenen Kindern und speziell dem künftigen Thronfolger. Um jegliche Ansteckung mit der falschen Lehre zu vermeiden, erhielt Wilhelm von seinem Großvater sogar ein eigens zu diesem Zweck abgetrenntes Herrschaftsgebiet unter der Vormundschaft seiner Mutter zugewiesen. Doch kam die praktische Ausbildung des künftigen Fürsten bald ins Stocken. Am politischen Horizont ballten sich 1756 finstere Wolken zusammen. Kleinere Fürstentümer wie Hessen-Kassel mussten sehen, wie sie im Streit der Großen überleben konnten. Vom Zaune gebrochen hatte den Konflikt der preußische König Friedrich II. mit der Eroberung Schlesiens im Jahre 1740. Diese erfolgreiche Aggression hatte Druckwellen erzeugt, die sechzehn Jahre danach einen regelrechten Weltkrieg auslösten, der in Europa wie Amerika gleichermaßen ausgetragen wurde.

So wurde Erbprinz Wilhelm vorsichtshalber ins neutrale Ausland, und zwar zu den vornehmen dänischen Verwandten nach Kopenhagen geschickt, an einen der glänzendsten und aufgeklärtesten Höfe Europas. Dorthin folgten ihm in kürzesten Abständen die besorgten Briefe einer liebevollen Mutter, die ihm Ratschlag auf Ratschlag für die moralische Herzensbildung über den Belt sandte. Lieber Billy, sei lieber tot als tugendlos – so ihr Tenor. Das hätte auch eine brave Bürgersfrau an ihren studierenden Filius schreiben können. Und die Tugend des Aristokraten, die Mary meinte, war der des Bürgers durchaus nicht unähnlich. Auch der tugendhafte Adlige musste weinen können, wenn ihn angesichts der Erhabenheit von Gottes Schöpfung die vernünftige Rührung übermannte. Im Gegensatz zum Bürger aber war er weiterhin zur Tapferkeit und auch zur Großzügigkeit verpflichtet – alte und neue Werte lebten in eigentümlicher Mischung fort. Mit anderen Worten: Billy in Kopenhagen war vor die Wahl gestellt. Und er wählte auch.

Menschen- und Geldhändler

Im Laufe der nachfolgenden Jahre legte er eine ausgeprägte Vorliebe für Militär und Disziplin an den Tag, vor allem beim Exerzieren. Dazu kamen ein Faible für die Sprache des Kasernenhofs, Ordnungssinn, Verständnis für Buchhaltung sowie Interesse an Straßenbau, Gefängnissen, Steuereinzug und Geld im Allgemeinen wie Besonderen. Ja, gerade hier, im Bereich des Finanzwesens – so staunte der dänische Hof –, schlummerten ungeahnte, entschieden bürgerlich anmutende Talente. Schon früh musste die Mutter daher immer dringlicher mahnen: Lerne abzugeben, man gewinnt die Herzen der Menschen durch Großzügigkeit! Die Erfahrung des Erbprinzen aber lehrte ihn das Gegenteil. Geld regierte die Welt, vor allem, wenn man Fürst war und sich die Annehmlichkeiten des Lebens zu leisten gedachte: wohlklingende Titel, begehrenswerte Frauen (zu denen die ihm 1764 angetraute dänische Prinzessin nicht zählte) und prächtige Schlösser. Da dies alles nicht billig zu haben war, musste man das Geld dafür zusammen halten, konkret: alle Ausgaben, die nicht diesen Zwecken dienten, rigoros einschränken oder noch besser: andere dafür zahlen lassen.

Hätte es damit sein Bewenden gehabt, Landgraf Wilhelm IX. von Hessen-Kassel wäre als einer von vielen bauwütigen und mätressenreichen Fürsten des späten Ancien Regime in die Erinnerung eingegangen. Doch war er eine farbigere Persönlichkeit mit ungewöhnlichen Vorlieben und Eigenschaften. In den Augen seiner Zeitgenossen, ob Bürger oder Aristokraten, war er vor allem eins: geizig. Geiz begann für sie da, wo die Eigenwertigkeit des Geldes die Verfolgung der anvisierten Ziele blockierte. Und Geiz in höchster Potenz war da gegeben, wo das Streben nach Geld und die Weigerung, es auszugeben, über Moral und Menschlichkeit triumphierten.

Nachdem Preußen auf der einen und Österreich nebst Verbündeten auf der anderen Seite militärisch und ökonomisch ausgeblutet waren, schlossen sie 1763 den Frieden von Hubertusburg, der dem inzwischen zwanzigjährigen Erbprinzen von Hessen-Kassel die Rückkehr in sein abgeteiltes Ländchen Hanau-Münzenstein ermöglichte. Dort regierte er weiterhin unter der moralischen Aufsicht seiner Mutter, die der Charakter des Sohnes in immer tiefere Verzweiflung stürzte. Diesen nämlich sah sie durch Schroffheit, Lüsternheit, Standesdünkel und Steifheit bestimmt. An Wilhelms Herrschaft selbst war vorerst weniger zu kritisieren. In Hanau und Umgebung wurden solide Straßen gebaut, die Buchhaltungstechniken verbessert und die Finanzen minutiös kontrolliert. Auf der anderen Seite wurden die Ausgaben der höheren Bildungsanstalten unnachsichtig mit dem Rotstift traktiert; im Vergleich mit Soldaten und Kanonen schienen sie dem jungen Landesherrn zweitrangig.

Die Ressourcen der kleinen Grafschaft waren naturgemäß eng begrenzt. Umso intensiver dachte der Erbprinz darüber nach, wie sie sich zeitgemäß erweitern ließen. Und bei dieser Suche wurde er bald fündig. Die Hessen galten – in der Soldatensprache der Zeit ausgedrückt – als kernige Kerle, mit denen sich gut Krieg führen ließ. Und Kriege gab es auch nach 1763 reichlich. Man musste also nur die eigenen Soldaten an die Krieg führenden Parteien vermieten, und schon sprudelten ungeahnte Finanzquellen. Das Beispiel des preußischen Königs Friedrich Wilhelm I., der sein armes Land zu einer führenden Militärmacht aufgerüstet, doch so gut wie keine eigenen Kriege geführt hatte, war in dieser Hinsicht wegweisend. Selbst Wilhelms frommer Vater hatte Soldaten-Verleih-Verträge abgeschlossen. So wähnte sich der Erbprinz von Hessen-Kassel in guter Gesellschaft, als er einen solchen Kontrakt mit Großbritannien unterzeichnete. Der britische Monarch benötigte Soldaten, um die aufmüpfigen Kolonien jenseits des Atlantiks in Schach zu halten. Hessen-Kassel konnte sie ihm liefern – ein sauberes Geschäft!

Die Zeiten hatten sich jedoch geändert. Was sich noch vor wenigen Jahrzehnten im Zeichen europäischer Kabinettspolitik und Staatsräson problemlos abwickeln ließ, hatte 1776 einen beispiellosen Entrüstungssturm zur Folge. Denn inzwischen gab es kritische Journale wie Schlözers *Staatsanzeigen*, Schubarts *Deutsche Chronik*, Wielands *Teutschen Merkur* und Wekhrlins *Graues Ungeheuer*: allesamt Periodika, die den Finger auf die wunden Stellen zu legen pflegten – dort, wo die Menschlichkeit von der Macht malträtiert wurde. Auch wenn die Autoren selbst keine Macht besaßen, wurden ihre Stimmen doch zu einem moralischen Machtfaktor; es galt unter gekrönten Häuptern als prestigemindernd und daher nicht ratsam, von ihnen allzu oft und allzu heftig kritisiert zu werden. Zur Zielscheibe der aufgeklärten Presse wurde der hessische Duodezfürst, als er am 5. Februar 1776 exakt 668 Mann für den englischen Krieg in Amerika zur Verfügung stellte, und zwar zu lukrativen Konditionen. Pro Kopf erhielt er 76 Gulden, ebensoviel für drei Verwundete oder einen Gefallenen, dazu 62 500 Gulden Jahreszahlung. Das hieß – so der Aufschrei der Öffentlichkeit –, dass der Fürst vom Tod seiner Landeskinder noch mehr als von der Verschacherung ihrer Kampfkraft profitieren würde.

Wilhelm aber ließ diese Aufregung kalt. Endlich war es da, das Geld für Mätressen und Schlösser! Nicht ohne Grund hatte er bei der Aushandlung der Konditionen – so die teils amüsierten, teils angewiderten Berichte seiner britischen Geschäftspartner – gefeilscht wie ein Krämer. Mehr noch: Er hatte selbst die Initiative ergriffen und den Verwandten jenseits des Atlantiks seine lebende Ware geradezu aufgedrängt. Das war denn doch *shocking*, so etwas tat man nicht als Fürst; allenfalls nahm man und schwieg wie ein Gentleman über die anrüchige Quelle dieses plötzlichen Reichtums. Doch Wilhelm sah gar nicht ein, dass es damit sein Bewenden haben sollte. Der Krieg in Übersee ging schließlich weiter, und Geld brauchte er mehr denn je. Und so drängte er auf den Abschluss weiterer Verleih-Verträge. Zwei kamen tatsächlich zustande, doch dabei verloren am Ende beide Seiten. England verlor seine Kolonien, wobei sich die «hessischen Söldner» durch ihre Brutalität gründlich unbeliebt machten, ja geradezu zum langlebigen schwarzen Mythos wurden. Wilhelm aber verlor das letzte Ansehen in der Öffentlichkeit. Vertretbar war Krieg – so dachten die meisten europäischen Aufklärer – nur als Verteidigung gegen Unrecht und als Schutz der bedrohten Zivilisation. Auch wenn viele von ihnen wenig Sympathien für die amerikanischen Hinterwäldler aufbrachten, die sich gegen England mit seinem fortschrittlichsten Regierungssystem auf Erden und seiner vorbildlichen Gewaltenteilung auflehnten – der Einsatz deutscher Söldner in diesem Konflikt war trotzdem nie und nimmer zu rechtfertigen, umso weniger, als schnöde Gewinnsucht, gepaart mit Geiz, dahinter stand.

Wilhelm jedoch hatte kein schlechtes Gewissen. Im Gegenteil: Er war stolz auf seine Großzügigkeit, die Familien und Witwen der deportierten Soldaten von der Besteuerung in seinem Ländchen auszunehmen. Erst recht kümmerten ihn die Methoden seiner Soldatenwerber nicht, die einhellig als Menschenraub angeprangert wurden. Ihr prominentestes Opfer wurde Johann Gottfried Seume, der 1763 geborene Enkel eines sächsischen Leibeigenen. Seume hatte während seines von adeligen Gönnern finanzierten Theologiestudiums in Leipzig den Glauben an den protestantischen Gott verloren und war daraufhin nach Paris aufgebrochen, um dort nach anderen Wegen zur Wahrheit zu forschen. Doch bis an die Seine kam der junge Studiosus nicht. «Den dritten Abend übernachtete ich in Bach, und hier übernahm trotz allem Protest der Landgraf von Hessen, der damalige große Menschenmakler, durch seine Werber die Besorgung meiner ferneren Nachtquartiere nach Ziegenhain, Kassel und weiter nach der neuen Welt». Im Klartext: Seume wurde entführt und unter die hessischen Soldaten gepresst. Seine Papiere wurden zerrissen, wodurch er, seiner Identität beraubt, als menschliche Handelsware nach Amerika verschifft wurde. Die Liebe zur Freiheit aber konnte man ihm nicht rauben. In mehreren Ausbruchsversuchen entrann Seume grausamen Bestrafungen nur um Haaresbreite. «Ab nach Kassel»– mit diesen drei Unheil verkündenden Wörtern ging der rabiate Landgraf in die Erinnerung der Deutschen ein.

Wilhelm war nicht zimperlich, wenn es um sein geliebtes Geld ging. Als kreativ hingegen erwies er sich, was Zahlungsmodalitäten und Investitionen betraf. Die britischen Soldgelder nämlich wurden ihm nicht in bar, sondern in Form von Wechselbriefen ausgezahlt, deren Quotierung Schwankungen unterlag. So sehr er sich auch zum Bankier berufen fühlte, so benötigte er für diese Operationen doch fähige und zuverlässige Finanzagenten. Er suchte und fand diese in Gestalt des Hauses Rothschild, Vater (Meyer Amschel) und Sohn (Nathan), die von jetzt an immer enger mit dem Krösus unter den deutschen Fürsten kooperierten. In dieser geschäftlichen Symbiose erwiesen sich die Rothschilds als nobel und abgeklärt. Ja, der Gegensatz zu ihrem aristokratischen Auftraggeber mit seiner zügellosen Pfennigfuchserei könnte nicht krasser sein. Diese stach umso mehr hervor, als dieser Fürst, der sein Land als sein persönliches Eigentum betrachtete, über jährliche Nettoeinkünfte von fast einer Million Gulden verfügte. Und da Geld zum Gelde drängte, verwandelte sich die Staatsverwaltung von Hanau-Münzenstein und später von Hessen-Kassel in eine regelrechte Bankzentrale beziehungsweise Reichszentralbank. Nach drei Jahrzehnten las sich Wilhelms Schuldnerverzeichnis wie ein *Who's who* des Reiches, ja Europas; selbst der Prinz of Wales, der englische Thronfolger, stand mit Riesensummen bei ihm in der Kreide.

Nach dem Tode des Vaters im Jahre 1785 herrschte der Bankier-Fürst auch über den Löwenanteil des angestammten Territoriums und siedelte von Hanau nach Kassel über. Dort regierte Wilhelm IX., wie man es von ihm erwarten durfte. Aus diversen Liaisons mit politisch oft recht einflussreichen Mätressen gingen zahlreiche uneheliche Sprösslinge beiderlei Geschlechts hervor, von denen ein Dutzend anerkannt und geadelt wurde. Und auch prächtige neue Residenzen glaubte der Fürst sich jetzt leisten zu können. Die aufwendigste dieser Prunkanlagen wurde Schloss Wilhelmshöhe bei Kassel. Dort ließ der Landgraf während der Französischen Revolution in Bauten, Gärten, Statuen und Bildern einen so grenzenlosen absolutistischen Machtanspruch zelebrieren, dass selbst konservativere Kreise konsterniert reagierten.

In der Zwischenzeit hatte Wilhelm eine Armee aufgebaut, die er selbst im Korporalston befehligte; mit zeitweise 20 000 Mann war sie im Verhältnis zu den 400 000 Einwohnern des Landes groß geraten. Ja, ihre Stärke stieg dem Landesherrn zu Kopf, der sich jetzt zu einer führenden Rolle auf der Bühne der europäischen Politik berufen fühlte. Diese Stellung wiederum glaubte er mit der Würde eines Kurfürsten krönen zu müssen. Diesen Titel zu gewinnen, wurde von nun an zum beherrschenden Regierungsziel. Ihm blieb der Landgraf durch die immer rascher aufeinander folgenden Umstürze im Zeichen der Französischen Revolution und im Zeitalter Napoleons hindurch mit wahrer Besessenheit verpflichtet. Obwohl sein Privatvermögen längst ins Gigantische angewachsen war und ungeachtet aller kostspieligen Liebhabereien unaufhörlich weiter zunahm, war der Landgraf fest entschlossen, andere, vorzugsweise seine Untertanen, für seine Liebhabereien zahlen zu lassen. Dieser Grundsatz wurde mehr denn je zum Prinzip seiner Herrschaft.

Mochte ihn die neidische Außenwelt auch Wilhelm den Geizigen nennen, der Herr der Hessen hielt sich noch längst nicht für saturiert, sondern sah sich unablässig nach zusätzlichen Einnahmen um. Um sie zu erschließen, schreckte er auch vor aggressiven Methoden nicht zurück. 1787 besetzte er nach dem Tode des Grafen von Lippe-Bückeburg einen Teil der Grafschaft Schaumburg und rechtfertigte diese Usurpation mit Erbansprüchen; diese waren jedoch so abwegig, dass die Beute wieder herausgerückt werden musste. Bei all dem behielt Wilhelm das große Ziel, die Kurwürde, fest im Auge. Ihm diente sogar die Vergabe von Krediten. So erhielt der in diesem illustren Kollegium stimmberechtigte Erzbischof von Mainz nicht weniger als 100 000 Taler vorgestreckt. Für eine Bestechung im großen Stil aber war der Kandidat zu geizig; bereits zugesagte Summen wurden im letzten Moment gekürzt, was bei den Empfängern zu Enttäuschung und Ablehnung führte. Wilhelm, der Kurfürst in spe, musste sich weiterhin gedulden.

Neue Chancen zur Bereicherung boten die Revolutionskriege ab 1792. Bei so vielen Konflikten und Schlachten sollten sich die hessischen Soldaten doch wohl zu günstigen Konditionen vermieten lassen! Der Landgraf jedenfalls war für alle Angebote der gegenrevolutionären Mächte offen. Handelseinig wurde er schließlich erneut mit England. Diesmal halfen seine Soldaten der britischen Majestät nicht, ihre Kolonien in Amerika zu verlieren, sondern wurden auf dem Kontinent eingesetzt. Da sie dort gegen Frankreich und daher – wie es die konservative Presse nannte – für die Verteidigung deutschen Bodens gegen den Erbfeind kämpften, gewann der Menschenschacher einen gewissen Anstrich von Patriotismus, ohne seine Anstößigkeit gänzlich zu verlieren. Für den Landgrafen aber war Patriotismus eine Parole, mit der sich seine kernigen Kerle besser vermarkten ließen. Das wurde seinen gekrönten Standesgenossen rasch klar, als sie mit ihm über einen Fürstenverein mit gemeinsamem Heer zwecks Wahrung der legitimen Ordnung verhandelten. So sehr Wilhelm IX. die Französische Revolution auch als hinterhältiges Attentat auf seine fürstliche Allmacht verabscheute, so war er doch gesonnen, aus einem solchen Bund den maximalen Profit herauszuschlagen. Seine Forderungen für die Bereitstellung der hessischen Soldaten lauteten daher: die Kurwürde, den Oberbefehl und lukrative Mietkonditionen – worauf sich die Planungen binnen kurzem zerschlugen. Wilhelms Bild in der Öffentlichkeit aber nahm weiteren, diesmal irreparablen Schaden: ein Fürst, der das Geld mehr liebte als das deutsche Vaterland!

Wilhelm IX. aber blieb unverzagt. Die Zeitläufe waren weiterhin bewegt. Man musste also nur auf die günstige Gelegenheit warten, um die kämpfenden Mächte, sei es Frankreich, sei es Preußen, zwecks Erlangung der Kurwürde gegeneinander auszuspielen. Doch diese an sich Erfolg versprechende Strategie blockierte wiederum der Geiz. Als ihm Frankreich 1798 den Vorsitz in einem süddeutschen Fürstenbund – der 1806 geschlossene Rheinbund zeichnete sich am Horizont ab – anbot, verlangte der Landgraf dafür so viel Geld, dass die Vertreter der Grande Nation angewidert abwinkten. Wofür hielt sich dieser bornierte Geizhals eigentlich? Das fragte sich nicht nur Talleyrand, der führende Kopf der französischen Diplomatie jetzt und in der Folgezeit.

Wilhelm aber war mehr denn je davon überzeugt, alles richtig zu machen. Gab ihm der Erfolg nicht Recht? Nach dem Frieden von Lunéville zwischen Frankreich und den Mächten der Koalition im Jahre 1802 war er am Ziel seiner Wünsche – jetzt endlich durfte er sich Wilhelm I., Kurfürst von Hessen-Kassel nennen! Darüber hinaus fielen ihm bei der jetzt anhebenden Flurbereinigung des Reiches Gebiete des aufgehobenen Erzbistums Mainz in den Schoß, die ihn im Verhältnis sechs zu eins für abgetretene Territorien entschädigten. Doch die Freude über diesen Zugewinn hielt sich in Grenzen – der feindliche Vetter in Darmstadt nämlich heimste noch mehr ein! Umso grenzenloser war in Kassel der verordnete Jubel über eine Kurwürde, die im sich auflösenden Reich kaum noch etwas zu bedeuten hatte. Für den neuen Kurfürsten, der schon 1806 in Ermangelung eines Reiches niemanden mehr zum Kaiser küren konnte, aber war ein Traum Wirklichkeit geworden: Endlich stand er gleichberechtigt neben den vornehmsten Dynastien Europas! Und nicht nur das: Wilhelm sah im neuen Titel geradezu eine

Verklärung seines ganzen Wesens. Mit dieser Begeisterung für Rangerhöhungen wusste er sich in bester Gesellschaft. Der Kurfürst von Bayern, der Herzog von Württemberg, der Markgraf von Baden: Sie alle durften sich mit Hilfe Napoleons über schöne neue Titel freuen. Im Gegensatz zu Wilhelm dem Geizigen aber agierten diese Fürstenkollegen nicht nur skrupellos, sondern auch mit taktischem Geschick.

Dieses ging dem ersten Kurfürsten von Hessen völlig ab. Dabei musste man ihm zugleich eine gewisse Gerechtigkeit widerfahren lassen. Rein finanztechnisch betrachtet waren schwierige Zeiten angebrochen. Ein Bankier wie Wilhelm, bei dem so viele Fürsten Europas in der Kreide standen, konnte nur verlieren, wenn sich das Karussell der Staaten und Herrschaften so rasend schnell drehte wie jetzt und viele seiner Schuldner durch den Verlust ihres Territoriums zahlungsunfähig wurden. Wilhelm, dem Gläubiger Europas, wurde dabei regelrecht schwindlig, so dass er zuerst den Überblick, dann die Fassung und schließlich seine Macht verlor. Am Anfang des fatalen Kreislaufs stand eine Anfrage Napoleons, der vier Millionen Taler als Kredit aufzunehmen gedachte. Obwohl diese Summe für ihn eine Kleinigkeit war, beschied der Kurfürst den Antrag abschlägig, und zwar brüsk. Schon zuvor hatte er es mit fadenscheinigen Ausreden abgelehnt, dem korsischen Parvenü auch nur die Ehre seiner Gegenwart zuteil werden zu lassen. Zwei Jahre später, im Jahre 1806, schlug er die Einladung aus, dem Rheinbund beizutreten. Der Grund: Napoleon weigerte sich, ihm die Gebiete des verhassten Darmstädter Familienzweigs zu übertragen.

Der Lohn des Geizes

Da sich auch König Friedrich Wilhelm III. von Preußen in dieser Angelegenheit reserviert zeigte, ging Wilhelm zu beiden Mächten auf Distanz. Als es im Oktober 1806 nach der Niederlage Preußens – dessen militärische Position er durch seine Neutralität empfindlich geschwächt hatte – gegen Frankreich für Widerstand gegen Napoleon definitiv zu spät war, aber machte er mobil und lieferte diesem den seit Langem gewünschten Anlass, den verhassten Geizhals aus der Galerie der europäischen Fürsten zu streichen. Der Angriff auf sein Territorium kam für den Kurfürsten nicht unerwartet. Dass es die aus den Fugen geratene Welt, in der sich Neid und Missgunst austobten, nach seiner Herrschaft und vor allem nach seinen Habseligkeiten gelüstete, hatte Wilhelm, der wachsame Hüter seiner Schätze, schon immer geahnt. Und so hatte er von langer Hand Vorsorge getroffen. Kostbare Bilder wogen nicht viel, man konnte sie auf der Flucht mitnehmen. Mit Goldstücken sah es schon anders aus. Sie ließ man am besten ins gelobte Land der Kapitalanleger, nach England, transportieren, natürlich bei Nacht und Nebel, um keine gekrönten Straßenräuber auf den Plan zu rufen. Diesem klugen Ratschlag seines Bankiers verschloss sich der um seine Besitztümer zitternde Kurfürst nicht, doch setzte er ihn auf seine unverwechselbar eigene Art und Weise um.

Ende Oktober 1806 spielten sich in Kassel und Wilhelmshöhe Szenen ab, die die Phantasie des einfallsreichsten Komödiendichters in den Schatten stellen. Alles rannte, versuchte zu retten, wollte flüchten. Doch wusste vorerst niemand, was, wo und wohin. Wilhelm der Geizige hatte nämlich seine kostbarsten Schätze versteckt, unter abgelegenen Schlosstreppen, in finsteren Kellern und abgelegenen Pavillons, doch misstrauisch, wie er war, niemanden eingeweiht. Daher wurde die Zeit jetzt knapp. Nachts, bei Fackelschein, gingen die Treuesten der Treuen, mündlich über die Verstecke instruiert, mit der Spitzhacke auf die Pirsch nach britischen Schuldverschreibungen und Staatsanleihen, während andere, nicht weniger ergebene Diener mit Wagenladungen voller Tafelsilber aufbrachen. Währenddessen rückte die französische Armee stündlich näher. Mitten in diesem Chaos aber thronte unerschütterlich der Kurfürst, ganz und gar damit beschäftigt, niedrige Frachtkosten auszuhandeln. Dass man seine unverschuldete Notlage dazu ausnutzte, die Tarife nach oben zu treiben, empörte ihn zutiefst. Und obwohl die Jäger seinen Schätzen immer näher rückten, diktierte er am Ende den Spediteuren die Preise. Im allerletzten Moment fuhren seine Preziosen die Weser hinab, um von dort aus London zu erreichen. Wieder einmal hatte Wilhelm Glück – und die Öffentlichkeit allen Grund, sich indigniert zu zeigen. Von ausgleichender Gerechtigkeit gab es weiterhin keine Spur.

Der Rest der fürstlichen Besitztümer trat den Weg nach Norddeutschland an, wo sie ebenfalls vor dem Zugriff Napoleons geschützt waren. Ihr Herr und Meister folgte ihnen in Bälde nach. Sein erster Fluchtpunkt waren Schlösser, die er in Holstein und Schleswig, den Herzogtümern seiner Schwiegereltern, sein Eigen nannte. In Itzehoe und Louisenlund hielt der exilierte Herrscher ganz offen mit einer seiner Mätressen Hof – bis ihn die peinlich berührten dänischen Verwandten ersuchten, diesen unmoralischen Lebenswandel doch bitte anderenorts zu pflegen. Nach Kassel allerdings führte kein Weg zurück, dort herrschte Jérôme Bonaparte, seines Zeichens König von Westphalen, der jüngste Bruder des Kaisers, der sich als Lebenskünstler einen Namen machte.

Sehr zum Missfallen der treuen Hessen. Diese – man glaubt es kaum – waren von der Sehnsucht nach ihrem angestammten Landesherrn beseelt. Den Grund dafür nannte ein hessischer Bauer in unübertrefflicher Knappheit: Mag er auch ein Esel sein, so ist er doch einer von uns. Um ihn auf seinen Thron zurückzuführen, zettelten Wilhelms Landeskinder einen Aufstand nach dem anderen an, um danach ihr Leben vor französischen Erschießungskommandos auszuhauchen. Einem dieser Tollkühnen, der ausnahmsweise mit dem Leben davonkam, wollte Wilhelm nach seiner Rückkehr 200 Taler für seinen Heldenmut in die Hand drücken – und musste verständnislos erleben, wie diese schöne Summe empört zurückgewiesen wurde. Die Hessen kannten den Wert des Geldes nicht – er würde sie schon Sparsamkeit lehren.

Wilhelm, der Landlose im Exil, hingegen zeigte allen, wie viel ihm sein Land wert war: wenig! Zwei Versuche einer militärischen Rückgewinnung 1808 und 1809 schlugen fehl, weil der flüchtige Kurfürst mit seinen Mitteln geizte – man halte ihn für reicher, als er sei, so seine herzerweichende Klage. Kopfschütteln in Berlin und Wien war die Folge. Doch es blieb folgenlos. Obwohl er mit nichts zum Krieg beigetragen, sondern weiter seine Schätze gemehrt hatte, erhielt er nach dem Sieg der Alliierten in der Völkerschlacht bei Leipzig 1813 seine Lande zurück, und zwar ungeschmälert, mit allen Zugewinnen aus dem Zeitalter Napoleons. So viel Großmut vergalt der wieder eingesetzte Herrscher, inzwischen jenseits der Siebzig, mit dem Bruch des Abkommens, das ihn zur Stellung von

24 000 Mann für den weiteren Kampf gegen den Kaiser der Franzosen verpflichtete. Sollten sie doch ohne ihn und vor allem: ohne sein Geld zu Ende siegen! Kurz darauf kannte seine Empörung darüber, dass statt der Wiederherstellung des Alten Reichs mit Kaiser und Kurfürsten jetzt ein Deutscher Bund gegründet wurde, keine Grenzen – das für die Erlangung der Kurwürde bezahlte Geld musste er jetzt als Fehlinvestition abschreiben.

Im eigenen Land aber tat Wilhelm, der Unzeitgemäße, alles, um den Wandel der Zeiten zu verdrängen. Seine Soldaten mussten wieder wie in der guten alten Zeit einen Zopf tragen, mochte die übrige Welt über so viel kuriose Nostalgie auch spotten. Vor allem aber hielt der schlaue Finanzmakler dort die Zeit an, wo es Geld einbrachte. Seine alte Staatsschuld betrachtete er als erledigt, Zinsendienste wurden eingestellt. Das von Jérôme angehäufte Defizit aber verrechnete er kostengünstig im Verhältnis eins zu drei. Doch hatte er noch einfallsreichere Sparmaßnahmen auf Lager. Die in den sieben Jahren seiner Herrschaftslosigkeit vorgenommenen Verkäufe öffentlichen Besitzes erkannte er nicht an – und sorgte damit gezielt für Verwirrung und Preisverfall. Was die Domäne in der Zwischenzeit dazugewonnen hatte, blieb ihr dagegen erhalten. Unter finanztechnischem Gesichtspunkt noch kreativer war sein Befehl, dass alle Offiziere und Beamten in den Rang zurückgestuft werden sollten, den sie 1806 bekleidet hatten – als ob danach die Zeit stehen geblieben wäre! Nicht wenige in Ehren ergraute Amtsträger verloren ihre Pensionen, Witwen und Waisen wurden mittellos. Wilhelm aber sparte 36 000 Taler, und das Monat für Monat! Dass er die vorgeschriebene Sollstärke seiner Truppen stark reduzierte, ohne die dafür zu entrichtenden Steuern zu senken, und sich an den Mitteln der aufgelösten Landesuniversität Rinteln gütlich tat, flankierte diese Maßnahmen.

Auch aus den gewandelten politischen Umständen ließ sich einiges herausschlagen. Obwohl durch und durch absolutistisch in seinem Herrschaftsverständnis, war Wilhelm dem Druck der Verhältnisse folgend die Verpflichtung eingegangen, eine Verfassung zu gewähren. Eine solche kam ihm nicht einmal ungelegen, gedachte er doch, mit ihrer Hilfe seinen verhassten Adel zu schwächen. Allein aus diesem Grunde sah sich auch die Bauernschaft im – die

Verfassung vorbereitenden – hessischen Landtag vertreten. Das war ein Schachzug, der dem Fürsten bei Ernst Moritz Arndt und anderen Altliberalen ebenso unerwartetes wie unverdientes Lob einbrachte. Den Vertretern von Prälaten, Rittern, Städten und Bauern aber verging schon in den ersten Sitzungen Hören und Sehen. Vier Millionen sollte das Land seinem Fürsten zahlen, und zwar als Erstattung für dessen Auslagen! Die Stände konterten mit der Forderung, die Finanzlage des Staates und der Armee offenzulegen. Da aber kannten sie ihren Landesherrn schlecht. Der neidischen Außenwelt offenbaren, was er ihr unter unsäglichen Mühen abgerungen hatte? Das war ja offener Aufruhr! Dass das hessische Verfassungswerk unter diesen misslichen Umständen nicht zustande kam, verwundert nicht. Im selben Geist der Verweigerung ließ Wilhelm zwei Offiziere einkerkern, die sich wegen der verzweifelten Finanzlage ihrer Kameraden als Vermittler betätigten. Erst durch die Drohung des gesamten hessischen Offizierskorps, Mann für Mann zurückzutreten, kamen sie wieder auf freien Fuß.

Der greise Fürst aber widmete sich seinen alten Lieblingsplänen. Zum einen nahm er ohne jede Rechtsgrundlage den Titel «Königliche Hoheit» an. Und zum anderen gab er eine riesenhafte Burg in Auftrag, die dieser angemaßten Würde sinnfälligen Ausdruck verleihen sollte. Als Wilhelm im Februar 1821 starb, war er einer der reichsten Männer der Welt und sein Land arm. Dass so viel Habgier, Geiz, Rücksichtslosigkeit, Treulosigkeit und Feigheit – die dem Landgrafen von seinen Zeitgenossen gemeinhin zugeschriebenen Eigenschaften – auch noch mit Reichtum gesegnet wurden, war ein öffentliches Ärgernis. Wie, so fragten sich konservative Theologen und Aufklärer unisono, konnte Gott soviel Unmoral auch noch belohnen? Eine peinliche Frage – und eine peinliche Lektion: Sie führte vor Augen, wie viel Wortbruch, Doppelzüngigkeit und verschlagenen Opportunismus sich ein Fürst erlauben konnte, ohne seine Herrschaft zu verlieren. Ja, das Leben Wilhelms IX. war geradezu ein Hohn auf die Aufklärung. Zeigte es doch mit deprimierender Überdeutlichkeit, wie folgenlos die Hoffnungen auf den pflichtbewussten Landesherrn als ersten Diener seines Staates geblieben waren. Politik und Moral, so schien es, hatten nichts miteinander zu tun.

In der Politik eines solchen Fürsten konnte der gebildete Bürger, als alle aufgeklärten Träume ausgeträumt waren, weder Selbstbestätigung noch moralischen Sinn finden. War es ein Wunder, dass er diesen Sinn nun in der Nation, ihrer Sprache und ihrer Kultur, suchte?

8 Calvinisten

Schule des Genusses und des Verzichts

Das Beispiel Genf

In Talkshows wird viel geredet. Stets hart am Wind des Zeitgeists segelnd, sind die geladenen Gäste in höherem Maße, als ihnen bewusst ist, Zeitzeugen. Als solche treten sie vor allem dann auf, wenn sie im Brustton der Überzeugung sagen, was sie für unbestreitbar volkstümlich halten. Das galt auch für den CDU-Minister im Ruhestand, der sich als Fürsprecher des ehrlich wirtschaftenden kleinen Mannes verstanden hatte: Hartz IV – so seine apodiktische Feststellung – sei calvinistisch. Das sollte in dieser Fernsehrunde willkürlich und ungerecht, hartherzig und mitleidlos bedeuten. Ja, Calvinismus stand als Synonym für Geiz aus fehlender Mitmenschlichkeit.

Ob bewusst oder zufällig – der Anwalt der kleinen Leute nahm damit einen alten Gemeinplatz wirkungsvoll wieder auf. In den wütenden Streitigkeiten, die die drei großen Konfessionen Katholizismus, Luthertum und Calvinismus im 16. und 17. Jahrhundert austrugen, hatte der Vorwurf, die falsche Wirtschaftsethik, also entweder Faulheit oder Geiz, zu lehren, einen hohen Stellenwert. Dabei hatte die katholische Polemik umso leichteres Spiel, als die calvinistischen Kirchen schlichte Predigt- und Gebetssäle ohne Bilder, ja selbst ohne Orgeln waren. Und in calvinistisch regierten Städten wie Amsterdam starben so große Künstler wie Rembrandt verarmt. Darüber hinaus hatten die Calvinisten nicht nur die Bilder, sondern auch den alten Heiligen- und Festtagskalender gestürzt. Ja, in Genf, der Hochburg der strengen Lehre, kämpften Calvin und seine Anhänger sogar dafür, selbst Weihnachten nur dann als Feiertag zu begehen, wenn der 25. Dezember auf einen Sonntag fiel. Warum das alles, wenn nicht aus Habgier und ihrem Geschwisterlaster, dem Geiz?

Selbst die Antworten, die die Angegriffenen gaben, verstärkten diesen Verdacht. Denn die Calvinisten warfen den Katholiken und speziell deren Oberhaupt, dem Papst, mit besonderer Vorliebe seinen ausschweifenden Lebensstil vor. Anstatt sein Amt als eine dauernde Verpflichtung zum Dienst, ja zur Selbstaufopferung aufzufassen, hielt er prunkvoll Hof. Geiz und Vergeudung in calvinistischen beziehungsweise katholischen Pamphleten sollten belegen, dass die konkurrierende Kirche und ihre Lehre des Teufels waren. Insofern fügt sich das Argument der Talkshow-Diskussion in eine ungebrochene historische Tradition ein.

Und noch eine bedeutungsschwere Reminiszenz geht in die Gleichsetzung von «calvinistisch» und «geizig» mit ein: Max Weber. In einer berühmt gewordenen Abhandlung vom Anfang des 20. Jahrhunderts hatte der deutsche Soziologe und Politologe den Geist des modernen Kapitalismus aus der Ideenwelt des Calvinismus abgeleitet. Ausgangspunkt seiner Untersuchung, die nach den Wechselwirkungen zwischen beidem forschte, waren statistische Erhebungen, wonach die Industrialisierung des 19. Jahrhunderts ganz überwiegend von reformierten Unternehmern geleistet worden sei. Weber stellte bei seiner Analyse allerdings nicht Geiz, sondern innerweltliche Askese mit der systematischen Verweigerung, Gewinne in Genuss umzusetzen, in den Mittelpunkt. Dieses selbst auferlegte Verbot, das zur Reinvestierung der Gewinne in die Firma und damit zu weiterer Vermehrung des Kapitals führte, und vor allem das Streben nach Gewinn selbst sah er als religiös motiviert an. Nicht der «originale» Calvinismus Calvins, wohl aber dessen spätere Weiterentwicklungen in England und den USA hätten eine eigentümliche Rückversicherungs-Formel hervorgebracht, wonach sich der Gnadenstand und damit die Erlösungsgewissheit aus dem geschäftlichen Erfolg ablesen ließen. Entsprechend verknappt und vergröbert, konnte also auch dieses Deutungsmodell Beweise für die Geburt des Geizes aus dem Geist des Calvinismus liefern.

Eine Überprüfung der verführerisch eingängigen These, dass sich der Geiz in reformierten Lebensräumen ungehemmter ausgebreitet habe als in katholischen und dass «calvinistisch» geprägte Nationen wie die Schweiz, die Niederlande oder als Paradebeispiel Schottland bis heute stärker zu Knauserigkeit und Habgier neigten als Länder wie Italien oder Spanien, hat in Praxis und Theorie gleichermaßen anzusetzen. Dafür den ersten und dauerhaft prägenden Lebensraum des Calvinismus, nämlich Genf, zu wählen, bietet sich an. Gemäß der damals verbreiteten Annahme, dass Geiz und Wucher Zwillingserscheinungen seien, sind die von den Theologen approbierten Zinssätze für diese Untersuchung aussagekräftig. Auch sie waren im Übrigen ein Gegenstand der konfessionellen Polemik. Die katholische Kirche erklärte das Zinsnehmen weiterhin für unerlaubt, es sei denn, es kämen wirtschaftliche Aktivitäten und damit Risiken ins Spiel. Dieses «nein, aber» machte Verschleierungstaktiken erforderlich, die die Geschäfte erschwerten, das Geld verteuerten und den Bankiers ein schlechtes Gewissen bereiteten. Wie in anderen reformierten Orten auch wurde im Genf Calvins dieser Praxis eine Absage erteilt und das Zinsnehmen grundsätzlich legalisiert – das reichte für die katholischen Gegner aus, um den Generalverdacht der Habgier und des Geizes bestätigt zu sehen.

Bei näherem Hinsehen aber erhärtet er sich nicht. Der erlaubte Zinssatz wurde in Genf auf fünf Prozent festgelegt und auch in den folgenden Jahrzehnten – den oft genug widrigen Konjunkturen sehr zögerlich folgend – nur leicht angehoben. Auch für Calvin waren Gratiskredite an sich ein Gebot der christlichen Brüderlichkeit; dass auch Geld einen Preis hatte, war ein schweren Herzens gemachtes Zugeständnis an den Handelsplatz an der Rhone. Noch aussagekräftiger waren die Verfahren, die wegen Wucher vor dem Konsistorium, der aus Pastoren und politischen Amtsträgern zusammengesetzten obersten kirchlichen Untersuchungs- und Gerichtsbehörde, geführt wurden – und regelmäßig mit Verurteilungen endeten. Eine weitere Probe aufs Exempel ist die Genfer Sozialpolitik. Wie sorgte das «reformierte Rom» für seine Armen – minimalistisch, im Geist sozialer Kälte, oder paternalistisch, väterlich-fürsorglich bis zur finanziellen Selbstaufgabe? Die zentrale Versorgungsstätte der Bedürftigen war das Generalspital, dem viele Güter der alten Kirche überschrieben worden waren. Darin wurden Arme aufgenommen, die alleine nicht überleben konnten, aber auch mittellose Söhne und Töchter mit einer Berufsausbildung beziehungsweise Mitgift ausgestattet. Allerdings wurde diese Unterstützung nicht unbegrenzt und vor allem nicht unkontrolliert gewährt. Wer Hilfe beantragte, musste sich auf Herz und Nieren prüfen lassen: Lag echte Arbeitsunfähigkeit oder nur verschleierte Faulheit vor? Und selbst wenn das Ergebnis für die Bittsteller günstig ausfiel, galt das Prinzip «fördern und fordern», das heißt soviel Arbeit wie möglich und so wenig Almosen wie nötig. Der Einzelne – so das Genfer Credo – hatte kein Recht, seinen Nächsten ohne Not zur Last zu fallen.

Wie aber stand es mit denjenigen, die arbeiten konnten, jedoch wenig verdienten? Mit welchen Unterstützungsleistungen durften die *working poor* im Genf der Frühen Neuzeit rechnen? Traditionell waren die europäischen Obrigkeiten dazu verpflichtet, für einen erschwinglichen Brotpreis und damit für das ungefährdete Überleben der Armen zu sorgen. Denn deren Einkommen wurde selbst in guten Jahren zum größten Teil für dieses Grundnahrungsmittel ausgegeben; in Zeiten teuren Brots aber reichte das Familienbudget nicht aus, um unbeschadet über die Runden zu kommen. Eine Preisdämpfung versuchten die städtischen Behörden durch eine Reihe schwieriger und vor allem kostspieliger Operationen herbeizuführen. So wurden Vorräte angelegt und im Krisenfall sogar auswärtige Getreidekontingente mit öffentlichen Mitteln importiert. Bei extremen Engpässen legten die Stadtregierungen sogar die Preise selber fest und versuchte so, den fatalen Kostenauftrieb zu bändigen. Doch was man auch unternahm, die Ergebnisse blieben stets weit hinter dem hohen finanziellen Aufwand zurück. Die Anstrengungen der öffentlichen Hand waren nicht zuletzt Selbstzweck. Mochte das Brot auch teuer bleiben, so zeigten die Stadtväter durch ihre rastlose Tätigkeit doch, dass sie ihre heilige Aufgabe, die Armen zu schützen, ernst nahmen und ihnen dafür keine Verschuldung zu horrend war. Auf diese Weise war frühneuzeitliche Sozialpolitik eine dauerhafte Huldigung an das volkstümliche Wirtschaftsideal schlechthin: an eine *moral economy*, die das Profitstreben des Einzelnen, also Habgier und Geiz zugleich, zügelte und das Überleben der kleinen Leute in den Mittelpunkt rückte. So schloss diese Ökonomie der ostentativen Vor- und Fürsorge, ungeachtet ihrer Ineffizienz, die gefährlichste Kluft zwischen oben und unten in der Gesellschaft: Sie nahm der Masse die Angst, systematisch ausgehungert und von den Reichen verachtet zu werden.

Zu einem solchen Kniefall aber war die calvinistische Obrigkeit Genfs nicht bereit. Gewiss, auch sie richtete wie fast alle Städte Europas ein öffentliches Kornhaus ein, dessen Getreidebestände in Zeiten der Knappheit und Teuerung zur Deckung des elementaren Bedarfs ausgeteilt wurden. Doch wurde dabei rigoros auf Kostendeckung geachtet. Das hatte zur Folge, dass die Genfer Bäcker den Kornhaus-Weizen gegebenenfalls auch zu Preisen abnehmen mussten, die über dem Marktwert lagen. Auf diese Weise trug die Unterschicht in guten Jahren die Kosten der Subventionierung, die sie in schlechten Zeiten vor Hunger bewahrte. Das war «fördern und fordern» auf calvinistische Art. Als einzige Institution dieser Art überhaupt konnte das Genfer Kornhaus am Ende des Ancien Regime im Jahre 1793 eine positive Bilanz vorweisen – in ausgeprägtem Gegensatz zu seiner Schwesterinstitution in Rom. Diese hatte ein Jahrhundert lang den vielen Armen der Ewigen Stadt einen günstigen Brotpreis garantiert und sich dafür so hoch verschuldet, dass am Ende das ganze Staatsbudget aus den Fugen geriet. Auf diese Weise sahen beide konfessionellen Seiten ihre Vorannahmen erneut bestätigt: die Genfer Bankiers-Oberschicht, dass die Katholiken zu einem Schmarotzerdasein erzogen, das Papsttum, dass die calvinistische Erzketzerei aus der schmutziger Habgier und hässlichem Geiz entsprang.

Zur Verfestigung von Vorurteilen, die bis heute fortbestehen, trugen weitere Differenzen in den Lebensformen bei. Schon Calvin hatte einen erbitterten Kampf gegen üppige Gastmähler, vor allem bei patrizischen Hochzeitsfesten, gekämpft und schließlich eine strenge Einschränkung von Tafelluxus allgemein durchsetzen können. Gesetze, die den Speise- und Kleideraufwand reduzieren und den Lebensstil allgemein disziplinieren sollten, gab es in ganz Europa, doch in Genf wurde mit den ansonsten meist lax gehandhabten Regeln heiliger Ernst gemacht. Dass weitere kostspielige Vergnügungen wie Glücksspiel, Tanzveranstaltungen und Wetten sowie außereheliche Beziehungen einem noch viel rigoroseren Verdikt unterlagen, verstand sich in diesem Gemeinwesen von selbst, in dem jeder dazu aufgerufen war, das Verhalten seines Nachbarn zu beobachten und gegebenenfalls zu denunzieren. Dabei gab es, zumindest solange Calvin lebte, auch für die Führungsschicht keine Ausnahmen, im Gegenteil: Die Reichen fühlten sich in ihrem Lebensstil oft unerträglich eingeengt. Das alles hatte zur Folge, dass die Genfer Oberschicht auf legalem Wege schlichtweg nichts mehr verschwenden konnte und daher zur Reinvestition von Gewinnen in profitträchtige Unternehmungen geradezu gezwungen war – es sei denn, man zog es vor, in christlicher Nächstenliebe für die Bedürftigen zu spenden.

Theologisch betrachtet, war das die von Calvin, dem religiösen und moralischen Ideengeber der frommen Republik an der Rhone, bevorzugte Lösung. Vor Gottes Auge ausnahmslos gleich, schuldeten sich die Menschen eine uneingeschränkte Solidarität. Die brüderliche Teile-mit-mir-was-ich-habe-Ökonomie des frühesten Christentums bestand so als Verpflichtung bis in die Gegenwart fort. Allerdings stellten sich der Umsetzung dieses edlen Prinzips unüberwindliche Hindernisse entgegen. Die Menschen waren unterschiedslos einer alles umfassenden Sündhaftigkeit verfallen, die ihr ganzes Handeln zum Bösen und damit zum Eigennutz antrieb. Aus dieser Masse der Verderbnis rettete Gott zwar nach seinem unerforschlichen Ratschluss die einen, während er die anderen dem verdienten Schicksal der Verdammnis überantwortete, doch wurden die Erwählten des Herren durch die Gnade, die ihnen zuteil wurde, nicht von der Neigung zum Bösen befreit. Ihr Privileg auf Erden bestand allein darin, am Ende trotz aller Anfechtungen vom Abgrund der Sünde nicht verschlungen zu werden.

Wenn also selbst die von Anbeginn der Zeiten zur Erlösung Vorherbestimmten die Anziehungskraft des Bösen fühlten, dann waren die Chancen, hienieden eine solidarische Gesellschaft in einem gerechten Staat einzurichten, denkbar schlecht. Und dennoch war den Obrigkeiten laut Calvin genau diese Aufgabe gestellt. Die Kunst der christlichen Politik bestand für ihn darin, die Masse der Verworfenen gegen ihren Willen zur gottgewollten, das heißt sittlich einwandfreien, aber auch solidarischen und mitmenschlichen Lebensordnung zu zwingen, soweit es eben möglich war. Dass die Bösen dabei das Gute nur unwillig tun und die Heuchler daher überwiegen würden, war unvermeidlich und minderte den Wert eines solchen Modell-Gemeinwesens keineswegs. Im Gegenteil: Die Einrichtung einer Republik, die das Böse in seiner äußerlichen Gestalt zurückdrängte, war das höchste Lob des Herrn und daher dessen erklärter Wille. Zum Ruhme Gottes eine Ordnung durchzusetzen, die der stets zur Ausuferung neigenden Sündhaftigkeit des Menschen enge Grenzen zog, war somit das Grundgesetz der Politik schlechthin. Wer sich diesen Bestrebungen widersetzte, musste mit harten Sanktionen kirchlicher und gerichtlicher Art rechnen. Die vom Konsistorium ausgesprochene Exkommunikation schloss den Missetäter aus der Gemeinschaft der Gläubigen aus und hatte der Schwere des Vergehens entsprechende «weltliche» Strafen zur Folge. Dass Wucher, also die Überschreitung der nach gemeinsamen Beratungen von Pastoren und Politikern festgesetzten Zinssätze, zu solchen Delikten zählte, zeigt den hohen Stellenwert der moralischen Ökonomie in der Stadt an der Rhone an.

Doch welche Konsequenzen ergaben sich daraus für das persönliche Wirtschaften und Haushalten? Wie hatte ein frommer Anhänger Calvins, der in der zerknirschten und demütigen Hoffnung lebte, ungeachtet seiner Verworfenheit von Gott unter die Erwählten aufgenommen zu sein, mit seinem Geld umzugehen? Dass er seine weltlichen Güter als eine von Gott auferlegte Verpflichtung betrachten musste, diese für fromme und gemeinnützige Zwecke zu gebrauchen, steht an erster Stelle. Warum aber begünstigte Gott die Geschäfte des einen, während der andere trotz aller ehrenhaften Bemühungen Schiffbruch erlitt? Hier erhob Calvin in seinen Schriften und Predigten mahnend die Stimme. Sich durch kommerziellen oder unternehmerischen Erfolg als von Gott erwählt anzusehen, war eine fatale Versuchung des Bösen, ja geradezu Ausdruck der Selbstüberschätzung des Menschen vor Gott und damit eine der schwersten Sünden überhaupt.

Der Einspruch aber schloss nicht den Umkehrschluss ein, dass ein Leben in Armut und Bedürftigkeit besonders gottgefällig und verdienstvoll sei. Hinter dieser Lehre der Bettelorden, so Calvin, verbarg sich eine nicht minder verwerfliche Selbstgerechtigkeit.

Reichtum und Armut stellten den Menschen gleichermaßen auf die Probe, wie das Exempel Hiobs im Alten Testament zeigte. Über diesen frommen Mann, der am Anfang reich war, dann alles verlor und Gott dennoch lobte, hat Calvin einige seiner wortgewaltigsten Predigten gehalten. Für das Berechnen des eigenen Heilsstands aus Geschäfts- und Kontobüchern war daher im Genf Calvins kein Platz. Im Gegenteil: Schon die übermäßige Beschäftigung mit dieser Frage ließ ein bedenkliches Manko an Gottvertrauen durchscheinen. Stattdessen predigte der Reformator eine moderate Haltung: Der Mensch war zu unermüdlicher Berufstätigkeit aufgerufen, weil seine Arbeit ein Lob Gottes bedeutete. Doch zugleich durfte er seine Seele nicht in seinem Beruf verlieren, sondern hatte Erfolg oder Scheitern gleichermaßen dankbar entgegenzunehmen. Gewinnstreben als Selbstzweck und Geiz sind daher sündhafte Übersteigerungen und ein Abfall von Gott.

Doch was war im Genf Calvins Norm und was Abweichung? Die strengen Auflagen, die Luxus und Üppigkeit im Alltag und an Festtagen zurückdrängen sollten, könnten vermuten lassen, dass Geiz in der öffentlichen Wahrnehmung zu einem Randphänomen geworden war – wie sollte er jetzt, da Sparsamkeit allgemeines Gesetz war, überhaupt noch auffallen? Doch auch in der strengen Republik an der Rhone hatte Sparsamkeit nichts mit Geiz zu tun. Auch hier galten, bei aller Frugalität der Tischsitten und der Bekleidung, die selbstverständlichen Regeln des «Wie du mir, so ich dir», des wechselseitigen Gebens und Nehmens, fort. Diese Normen definierte Calvin moderat, aber eben nicht «calvinistisch» im Sinne von engherzig. Ja, er widersprach in dieser Hinsicht sogar dem von ihm theologisch hoch geschätzten Kirchenvater Augustinus. Dieser hatte dem Christen den Grundsatz *uti, non frui* zur Pflicht gemacht: die Güter dieser Welt zu benutzen, aber nicht zu genießen. Calvin aber lobte gerade den maßvollen Genuss als die in Wahrheit christliche Lebenseinstellung. Warum hat Gott die Schönheiten dieser Welt geschaffen, wenn nicht dazu, sich an ihnen zu erfreuen? Wer diesen Genuss verweigert, versündigt sich also geradezu an Gottes Willen, ganz abgesehen davon, dass er sich dem Verdacht aussetzt, durch unnatürliche Askese einen falschen Ruf der Heiligkeit zu gewinnen. Im richtigen Maß genießen aber darf der Christ nicht nur die Schönheit der Natur, sondern auch die der Speisen und selbst des Körpers, also auch die Freuden der Sexualität. Für Verschwendung wie für Geiz war hier kein Raum. Dass ein Normensystem wie das Genfs zur Zeit Calvins dem Geizigen optimale Verschleierungs-Chancen bot, steht auf einem anderen Blatt.

Im Land der unbegrenzten Möglichkeiten

Im Jahre 1706, also 197 Jahre nach Calvin, geboren, wuchs Benjamin Franklin als Sohn eines in die amerikanischen Kolonien ausgewanderten Kerzenziehers und Seifensieders in ebenso ärmlichen wie calvinistischen Verhältnissen auf. Der im Boston des frühen 18. Jahrhunderts lebendige Puritanismus hatte im Verhältnis zur reinen Lehre Calvins mancherlei Verwandlungen und Anpassungen an den neuen Wirkungsraum erfahren, doch stand das Dogma der Prädestination zu Erwählung oder Verdammnis weiterhin fest. An dieser Vorstellung, dass Gott den Menschen erlöst oder verwirft, ohne dabei die individuellen Verdienste oder Laster im Geringsten zu berücksichtigen, wurde der junge Franklin früh irre. So erbarmungslos ungerecht konnte Gott in seinen Augen nicht sein. Das alte Argument des Erasmus von Rotterdam in seiner Auseinandersetzung mit Luther über die Freiheit oder Unfreiheit des menschlichen Willens, dass diese Vorherbestimmung den Menschen lähme und daher zu Trägheit und Unsittlichkeit führe, lebte jetzt in zeitgemäßer Form wieder auf. Franklins Gott war ein pädagogischer, ein fordernder und fördernder Gott, der dann half, wenn der Mensch die in ihm schlummernden Fähigkeiten aktivierte. Ja, er hatte die Welt so geschaffen, dass der Mensch durch die Tugenden des Fleißes und der Rechtschaffenheit zum Schmied des eigenen Glücks werden konnte, und zwar autonom, ohne die Abhängigkeit von einflussreichen Protektoren.

Diesen Aufstieg allein durch Leistung führte Franklin seinem Jahrhundert doppelt vor: durch sein gelebtes Leben wie durch seine Autobiographie. Zahlreiche weitere Schriften zogen die Lehren aus seiner modellhaften Vita zum Nutzen und Frommen der Allgemeinheit. In der oft genug harten Wirklichkeit seines Lebens hatte

Franklin den Austritt aus der fremdbestimmten Abhängigkeit früh vollzogen. Die Schilderung, wie der Knabe Benjamin mit seinen bescheidenen Habseligkeiten und seiner zerschlissenen, aber sauberen Kleidung in der selbständig gewählten neuen Wirkungsstätte Philadelphia eintrifft, ist ein amerikanisches «Wilhelm Meister»-Stück und die Basislektion aller Selfmademen bis heute, wie unzählige spätere Selbstzeugnisse belegen. Unaufhaltsam wurde Franklins Aufstieg – so seine Selbstdeutung – durch Fleiß, Disziplin, Sparsamkeit, Sauberkeit, Selbstkontrolle, Rechtschaffenheit und Respekt für die legitimen Rechte der anderen. Als Journalist, Zeitungsverleger und Unternehmer in vielen anderen Bereichen unermüdlich tätig, wurde er relativ früh so reich, wie er werden wollte. Mit 42 Jahren sah er diesen Vermögensstand als erreicht an und widmete sein Leben künftig der wissenschaftlichen Forschung und den öffentlichen Angelegenheiten seiner amerikanischen Heimat. In beiden Bereichen ist er zu Weltruhm gelangt: als einer der ersten seriösen Erforscher der Elektrizität, insbesondere als Erfinder des Blitzableiters, und als einer der politischen wie intellektuellen Väter der amerikanischen Unabhängigkeit und Verfassung. Unumstritten innerhalb der amerikanischen Elite war er deshalb jedoch nicht. Vor allem die alte, in ihrem Lebensstil aristokratisch geprägte Führungsschicht, wie sie George Washington verkörperte, hegte gegenüber dem profitbewussten Aufsteiger Reserven, wenn nicht Verachtung.

Dass in Franklins Tugendsystem für Geiz kein Platz ist, versteht sich von selbst. Das Streben nach Reichtum ist moralisch nicht nur erlaubt, sondern vorbildlich, weil die ökonomische Tätigkeit, die ihn herbeiführt, vielfältigen Nutzen, nicht nur für das Individuum, sondern vor allem für die Gemeinschaft erzeugt. Der erfolgreiche Unternehmer schafft Arbeit für andere, dient ihnen als Exempel und hilft ihnen aus der Not. Selbstverständlich unterliegt er der immerwährenden Verpflichtung, von seinem Reichtum für gemeinnützige Zwecke abzugeben. Die alte humanistische Norm der *liberalitas*, der zielbewussten Großzügigkeit in der Förderung der Künste und Wissenschaften, lebt in der von Franklin gesetzten Norm fort. Gelderwerb ist kein Selbstzweck, sondern durch die höheren Werte gerechtfertigt, die er hervorzubringen hilft. Reichtum herrscht nicht, sondern dient. Jean-Paul Getty, der milliardenschwere Ölmagnat des 20. Jahrhunderts und einer der erfolgreichsten Kunstsammler seiner Zeit, berief sich auf diese Maximen seines amerikanischen Landsmanns: dass es eine Lust sei, durch gezielte Käufe von Werken begabter Künstler die Kunst selbst zu fördern. Das ist in der Tat Geist vom Geist Franklins. Im Gegensatz dazu aber trat in Gettys «Mäzenatentum» das beherrschende Bestreben hervor, durch den Erwerb von Kunst Geld krisensicher und vor allem renditeträchtig anzulegen. Reichtum dient hier nicht, sondern herrscht, zusammen mit dem Geiz.

Von den Erfolgsregeln, die Franklin, der säkularisierte Calvinist, strebsamen jungen Leuten mit auf den Weg gegeben hat, ist der Sinnspruch «Zeit ist Geld» am berühmtesten geworden, ja er hat sich geradezu von seinem Schöpfer abgelöst und verselbständigt. Das darin beschlossene Credo wird in Franklins Vademecum für künftige Kapitalisten vielfältig variiert. Zeit ist deswegen Geld, weil vergeudete Zeit Geld kostet. Sie kostet deswegen Geld, weil nutzlose Freizeitbeschäftigungen zu überflüssigen Ausgaben (ver)führen. Noch mehr Geld kosten sie, weil in dieser Zeit kein Geld verdient wird. Eine Stunde im Wirtshaus pro Tag statt in der Werkstatt summiert sich – solche Berechnungen aufzustellen wird Franklin nie müde – pro Jahr zu sehr ansehnlichen Beträgen, ja schließlich zu einem regelrechten Kapital, das wiederum Zinsen trägt – und so weiter. Franklins Ökonomie erträgt kein Vakuum, der «Franklinist» kann den Gedanken an das Geld, das ihm durch Müßiggang entgeht, nicht verdrängen. Und so ist es kein Zufall, dass in seinen Kurzlehrbüchern der richtigen Wirtschaftsethik auch der ominöse Satz auftaucht, den der Geizige aus Molières gleichnamigem Stück heiß und innig liebt: dass der Mensch nicht lebt, um zu essen, sondern isst, um zu leben.

Weitere Maximen kommen diesem Grundsatz sehr nahe. Dass das Ausruhen von der Arbeit den Zweck hat, die Arbeit am nächsten Tag wohlgeraten zu lassen, gehört dazu, vor allem aber der Rat, die Ausgaben jeden Tag einen Penny unter den Einnahmen zu halten, auf dass der so eingesparte Mehrwert künftig reiche Früchte trage. In diesem Wunsch liegt zugleich der Unterschied zu Harpagon beschlossen. Diesem genügt der Besitz, der «Franklinist» aber verlangt von seinem Geld unablässige Vermehrung. Seinen Schatz im Garten zu vergraben, wäre für ihn der Gipfel der Widersinnigkeit. Nicht verbergen, sondern vorweisen lautet das Motto. Der Fleißige soll zeigen, was er kann und was er tut. Franklin skizziert in wenigen Sätzen eine Ökonomie der ehrlichen Ostentation: Wer für die anderen hörbar bereits um fünf Uhr morgens oder noch um neun Uhr abends in der Werkstatt den Hammer schwingt, wird durch diese lautere Werbung in eigener Sache kreditwürdig. Ihm vertraut man sein Geld gerne an, weil er etwas für dessen Mehrung tut. Andererseits kosten Kredite Geld, es ist daher ratsam, sie so schnell wie möglich auf Heller und Pfennig zurückzuzahlen, am besten sogar vor dem vereinbarten Termin. Dann sind nicht nur die Kosten gering, sondern das nächste Darlehen fließt überdies von selbst. Kredite fruchtbringend einzusetzen, setzt voraus, dass man fleißiger als das geliehene Geld ist. Den Ruf der Kreditwürdigkeit nicht nur zu erhalten, sondern immer weiter zu verbessern, ist daher ein primäres Ziel der ökonomischen Tugend. Sein und Schein fließen so in eins.

Sparsamkeit aber ist nicht nur ein Wettkampf um die Gunst der anderen, sondern auch mit sich selbst. Dir steht der Sinn nach einem schönen neuen Rock? Schau den alten an und prüfe, ob er nicht, gereinigt und von eigener Hand ausgebessert, ein weiteres Jahr gute Dienste zu leisten vermag. Hinter diesem Appell steht natürlich der pädagogische Gedanke, dass die Gelüste, sich neu einzukleiden, durch diese Verschiebung absterben sollen. Ganz ähnlich hat der künftige Kapitalist vorzugehen, wenn ihn die Gier nach einem alkoholischen Getränk überkommt, das nicht wie das unschuldige Wasser erfrischt und stärkt, sondern pflichtvergessen macht. Wenn der Drang danach unwiderstehlich ist, schließe man mit sich einen Kompromiss: Ich gönne mir die Hälfte des begehrten Quantums! Hat man diese Halbierung durchgesetzt, steht einer weiteren Aushandlung kleinerer Portionen nichts mehr im Wege, bis auch hier das Bedürfnis völlig erlischt. An solchen Lektionen der Selbstüberlistung sind Franklins Lehrbücher reich. Als Frucht dieser moralisch-psychologischen Schulung stechen der segensreiche Verzicht und das stolze Bewusstsein hervor, wieder einmal ein ganzes Kapital für höhere Zwecke eingespart zu haben. Der «Franklinist» ist dadurch Calvinist, dass er sich andauernd kontrolliert und speziell seinen Hang zur Ausuferung im Auge behält. Ganz und gar nicht calvinistisch aber ist die feste Überzeugung, dass man diesen lebenslangen Prozess der Selbstüberwindung erfolgreich zu bewerkstelligen vermag. Der «Franklinist» bezwingt die Sünde aus eigener Kraft, ja, er erwählt sich selbst. Ein Heilsversprechen im konfessionellen Sinne ist überflüssig geworden; der sich selbst erlösende Kapitalist ist auch in dieser Hinsicht autonom. Nicht der Calvinismus als religiöses System, sondern die innerweltliche Wirtschaftslehre Franklins ist das Grundbuch des Kapitalismus geworden.

Völlig uncalvinistisch ist auch das Selbstbewusstsein, das der Musterkapitalist daraus zieht, sich permanent abzuringen, was ein minderwertiger Teil des Ichs nicht freiwillig herzugeben bereit ist. Auf diese Weise ist – den Ideen Calvins gleichfalls völlig zuwider – eine säkularisierte Werkgerechtigkeit in den Mittelpunkt gerückt. Luther, Zwingli und Calvin hatten die Verdienstlichkeit der guten Taten vor Gott bestritten: Sie konnte auch ein Heuchler verrichten, ganz abgesehen davon, dass der Mensch nach dem Sündenfall unweigerlich vom Bösen angezogen wurde. Im besten Falle waren gute Werke eine Frucht des Glaubens. Bei Franklin aber befreit das selbstbestimmte, den Gesetzen folgende und ethisch unanfechtbare Handeln von Unmündigkeit und Laster. Der nach diesen Normen agierende Homo oeconomicus ist autonom, doch nicht autark wie der Geizige, denn er hat nur dann Erfolg, wenn er die Regeln der Wechselseitigkeit beachtet. Dazu gehört ausdrücklich auch Großzügigkeit gegenüber dem Gemeinwesen. Der Geizige aber ist so unfähig zur Spende wie zum Trinkgeld. Andererseits könnte man den «Franklinisten» mit der subtilen Logik Chamforts, der einen planvollen Verschwender einen «prunkvollen Geizhals» nannte, als einen noblen Geizigen bezeichnen. Seine Generosität ist schließlich Teil einer Selbstdarstellung, die darauf gerichtet ist, die Kreditwürdigkeit und damit auch die Einnahmen zu vermehren. Geiz wäre dann alles, was man nicht um seiner selbst willen tut.

Selbst weder Praktiker noch Lehrer des Geizes, hat Franklin den Geizigen der nachfolgenden Jahrhunderte gleichwohl unschätzbares Rechtfertigungsmaterial und vor allem Verschleierungsmotive geliefert. So wie aus Machiavellis Idee der Staatsräson, das heißt des

Staatserhalts um jeden Preis, der Machiavellismus, nämlich der Machterhalt um jeden Preis, wurde, kann aus Franklins Tugend der Sparsamkeit durch eine ähnliche Verkürzung eine Verherrlichung des Geizes werden. Dazu genügt es, die Dimension des Gemeinnutzes und der Soziabilität zu streichen. Alles andere ist bereits da. Am Ende steht dann der englische Kapitalist des 19. Jahrhunderts, der von seiner Familie verlangte, ihre Verdauung zu disziplinieren. Die kostbare Nahrung wollte sparsam genutzt sein.

9 Der Bankier

James Wood, Dagobert Ducks Urbild

Von Dickens zu Disney

Alle Jahre wieder flimmert zur Weihnachtszeit die herzerwärmende Geschichte von Ebenezer Scrooge über die Bildschirme. So verhärtet ist der alte Geizhals, dass sein Schöpfer Charles Dickens Wesen aus einer anderen Welt herbeibemühen muss, um ihn von seiner unmenschlichen Liebe zum Geld zu kurieren. Nicht weniger als drei Mal müssen die Geister zu diesem Zweck erscheinen. Und sogar die Zeit verflüssigt sich, damit der verstockte Knauserer in die Zukunft blicken und erkennen kann, wie seine Mitmenschen auf seinen Tod reagieren: ohne jedes Bedauern. Dann endlich ist das Weihnachtswunder vollbracht. Aus dem hartherzigen Almosenverweigerer ist ein Menschenfreund geworden, der ein todkrankes Kind in letzter Minute heilen lässt und sogar den Lohn seines Lehrjungen erhöht.

Über so viel Sentimentalität kann sein Comic-Nachfahre Scrooge, auf Deutsch Dagobert Duck, nur lachen. Der Multmilliardär-Erpel, der seine Zeitung aus dem Papierkorb im Park fischt, hat die extreme Knauserigkeit im 20. Jahrhundert hoffähig gemacht. Gewiss, Dagobert hat seine Schrullen. Wenn er seinen Neffen Donald und dessen drei Neffen zur Schatzsuche aufbietet – ohne Lohn und ohne Aussicht auf Gewinnbeteiligung, das ist Ehrensache –, dann chartert er das klapperigste Flugzeug oder den rostigsten Seelenverkäufer der südlichen Hemisphäre und gerät durch diesen Geiz unweigerlich in scheinbar aussichtslose Situationen. Im entscheidenden Augenblick aber glückt ihm dann doch der große

Coup. Denn der pathologische Geizhals mit dem weißen Bürzel hat das gewisse Etwas, das sein cholerischer Neffe, der chronische Verlierer Donald Duck, nie haben wird. Er besitzt eine Gewitztheit, die ihn immer noch ein letztes As im Ärmel ausspielen lässt, wenn die Partie verloren erscheint; ja, er hat eine *fitness for survival*, die man nur in Klondyke während des großen Goldrausches erwerben konnte. In diesen fernen Zeiten nämlich wurde das Fundament des sagenhaften Reichtums gelegt, den der Erzkapitalist von Entenhausen in seinem monumentalen Geldspeicher aufbewahrt.

Sein einziger Konkurrent Rockerduck (in der deutschen Übersetzung: Klaas Klever) kann ihm schon deshalb nicht das Wasser reichen, weil er im Gegensatz zu Dagobert im Club der Milliardäre seinen Drink selbst bezahlt und zudem mit teuren Großraumlimousinen nebst Chauffeur protzt. So viel Verschwendung ist dem superreichen Erzgeizhals Dagobert ein Greuel. Sein Dollardepot schützt er eigenhändig mit einer alten Schrotflinte. Und sein höchstes Glück ist es, in den dort aufgehäuften Banknoten ein erfrischendes Bad zu nehmen. Aus diesem Jungbrunnen geht er gestärkt zu neuen Taten hervor, bestärkt in seiner Überzeugung, dass Geldausgeben Verschwendung und der höchste Genuss des Geldes darin besteht, es zu besitzen. So entdecken Leser älteren Semesters in ihm einen weiteren Urtyp: den protestantischen Kapitalisten im Sinne Max Webers, der stets darauf bedacht ist, sein Geld renditeträchtig zu investieren und keine Sekunde seiner kostbaren Zeit ungenutzt verstreichen zu lassen. So alt Dagobert auch ist, sein nie erlahmender Erwerbstrieb hält ihn jung und vital. Im Gegensatz zur hedonistisch veranlagten Verwandtschaft der beiden nächsten Generationen ruht und rastet er nicht, wenn ihm der Duft des Geldes in die Nase steigt: Geld ist nicht Voraussetzung für die Annehmlichkeiten des Lebens, erst recht nicht für Kultur, sondern Selbstzweck. Und wie bei Weber ruft der geschäftliche Erfolg das Gefühl der Erwähltheit hervor, allerdings nicht religiös, sondern innerweltlich. Dagobert schaut nicht in seine Kontobücher, um sich über seinen Heilsstand zu vergewissern, sondern um sich stets aufs neue zu bestätigen, dass er der schlaueste und tüchtigste Erpel auf Erden ist. Und wie die Angst des Puritaners, am Ende Bankrott zu machen und verdammt zu werden, hört diese Konkurrenz niemals auf. Doch Dagobert darf sicher sein, sie zu bestehen.

Deshalb ist er ein Vorbild. Als ein geschickter Erpresser mit dem Decknamen Dagobert am Ende des 20. Jahrhunderts die deutsche Bundesbahn und die Polizei narrte, schlug ihm viel Sympathie entgegen, sicherlich auch aufgrund seiner Namenswahl, die in breiten Kreisen Träume vom regenerierenden Bad im Geldmagazin aufkommen ließ. Die Lehre, die der echte Dagobert mit dem fünfzig Jahre alten Zylinder auf dem Kopf seiner überwiegend jugendlichen Leserschaft vermittelt, aber ist doppelbödig. Die mit erhobener Schwanzfeder vorgebrachten Ermahnungen, dass man nur im Team gewinnt und die Natur achten muss, sind ein Zugeständnis an den Zeitgeist des 21. Jahrhunderts. Die wahre Botschaft heißt: Du musst cleverer sein als die anderen! Und wer geschickt täuscht, betrügt zu Recht – der Zweck, sich zu bereichern, heiligt die Mittel. Die Lektion in Sachen Geiz lautet daher: Geizig sein bedeutet, wie Dagobert zu leben. Wer seine Zeitung selbst kauft und im Restaurant bezahlt, kann also nicht geizig sein. Wie schon Molières Harpagon ist der knauserige Milliardärs-Erpel für den heimlichen Geizigen ein Geschenk des Himmels. Er rechtfertigt und deckt ihn zugleich. Und er lehrt ihn stets aufs Neue, dass der effiziente Geiz nicht auffallen darf.

Über so viel ängstliche Besorgnis hätte James «Jemmy» Wood, seines Zeichens Bankier, Kurz- und Eisenwarenhändler in Gloucester und das historische Vorbild für Dickens' Scrooge und Disneys Dagobert, nur gelacht. Sein Lebensmotto «Der frühe Vogel fängt den Wurm» kann man auch aus Dagoberts Schnabel hören. Ergänzt wurde es durch die nicht minder bodenständige Lebensweisheit, dass auch Kleinvieh Mist macht. So viele Sprichwörter zeigen unmissverständlich an: Der Bankier ist ein Prototyp wie Scrooge und Dagobert. Wenn es James Wood, geboren in Gloucester am 7. Oktober 1756, gestorben ebendort am 20. April 1836, nicht gegeben hätte, dann hätte man ihn erfinden müssen. Ja, einen wie ihn brauchte man so dringend, dass sich die öffentliche Phantasie seiner Gestalt bemächtigte. Am Ende hatte man ein Zerrbild vor sich, das Grauen und Lachen zugleich einflößen und im viktorianischen England für moralische Besserung sorgen sollte. Der real existierende Geizhals mit all seinen Absonderlichkeiten wurde so zur Vorlage volkstümlicher Literatur. Diese wiederum wirkte so mächtig auf die Vorstellung von der historischen Gestalt ein, dass diese am Ende von der Kunstfigur des Dichters nicht mehr unterscheidbar war.

Dass es James Wood gegeben hat, belegt seine Grabinschrift in der Kirche St. Mary de Crypt. Zudem stellt das Heimatmuseum von Gloucester seinen Geldschrank aus. Könnte der Safe reden, er hätte so manches zu erzählen. Denn sein Besitzer war der Inhaber einer der ältesten Privatbanken Englands und starb als der reichste Mann Großbritanniens außerhalb des Hochadels. Und er lebte als der bizarrste, berühmteste und am meisten bestaunte Geizhals seiner Zeit. Doch das ist nicht alles. Es gab noch einen anderen James Wood, von dem die Quellen kaum etwas berichten: den erfolgreichen Geschäftsmann, den vorausschauenden und krisenfesten Financier. Er war der Nachwelt nicht erinnerungswürdig. Den Erzgeizhals von Gloucester aber kannte im 19. Jahrhundert jedes Kind. Dieser wurde – wie die honorige Tageszeitung von Gloucester zu berichten wusste – unter allgemeinen Heiterkeit zu Grabe getragen. Dasselbe Blatt würdigte den Verstorbenen mit dem folgenden Nachruf: Er habe zeit seines Lebens nicht einen Penny für karitative oder gemeinnützige Organisationen gespendet und sei auch noch stolz darauf gewesen. Ganz stimmt das nicht. Wie seine Aufzeichnungen belegen, hat der steinreiche Bankier zweimal gegen dieses Prinzip verstoßen, als er jeweils etwas mehr als ein Pfund Sterling für ein Krankenhaus spendete. Doch schien ihm selbst dieser minimale Obolus zu viel. Wohltätigkeit, so sein Credo, züchtete nur Faulenzer und Schmarotzer heran.

In der City Old Bank

Woods Fortleben nach seinem Tod wirft quellenkritische Probleme auf – was ist historisch, was Anekdote? Oft bleibt nur der unbefriedigende Schluss, das für wahr zu halten, an das sich die meisten der selbst ernannten Augenzeugen nicht allzu lange danach zu erinnern meinen. Mit der Einschränkung, dass auch in dieser gemeinsamen Schnittmenge der Erinnerung manche Legende eingefangen sein kann, lässt sich seine Lebensgeschichte wie folgt erzählen.

1792, im Alter von sechsunddreißig Jahren, erbte James Wood die Familienfirma, bestehend aus der Bank und zwei Läden, von seinem Vater. Auch räumlich waren die «City Old Bank» sowie der Eisen- und Kurzwarenhandel eine Einheit. Wer Geld einzahlen oder, weniger willkommen, abheben wollte, musste sich einen mühsamen Weg durch das Warenangebot von der Mausefalle bis zu Schiffstauen bahnen und in ein Hinterzimmer treten. In dessen fahlem Hintergrund – Kerzen wurden erst angezündet, wenn der allerletzte Rest Tageslicht entschwunden war – residierte Wood höchstpersönlich: vor einem runden Tisch, auf den zur Abschreckung und Wiedererkennung falsche Münzen genagelt waren. Rechts von ihm saß ebenenfalls in klaustrophobischer Enge sein Faktotum und Alter Ego Mr. Jacob Osborne, seines Zeichens Kassierer und eingespielter Partner. Aus diesem einen Raum bestand die ganze Bank. Auf ihr Vorhandensein wies an der Außenwand des schiefen alten Hauses aus dem 16. Jahrhundert ein fast verblichenes kleines Schild hin.

James Wood brauchte keine Reklame. In fortgeschritteneren Jahren war er so berühmt, dass Fremde in sein Gehäuse traten, nur «um den Adler in seinem Nest zu sehen». Doch konnte man auch Glück haben und ihn vor der Ladentür stehen sehen. An gesprächigen Tagen war sich der alte Krösus nicht zu schade, Kunden auf der Straße anzuwerben – so wie er berühmt dafür war, die Dienstmädchen, die Stoffe für ihre Herrschaft kauften, aufzufordern, «doch ein paar Ellen mehr zu nehmen». Während seiner Bürostunden trug der Bankier einen abgewetzten und fleckigen Gehrock von undefinierbarer Farbe; älteste Einwohner schworen, er sei ursprünglich einmal gelb gewesen. Vor diesem Hintergrund hat folgende Anekdote den Anschein der Wahrheit für sich. Jacob Osborne zu James Wood: Sir, wenn Ihr nach London fahrt, müsst Ihr Euch neu einkleiden! James Wood zu Jacob Osborne: Paperlapp, Jacob, hier in Gloucester kennt mich jeder, und in London kennt mich niemand, daher reichen die alten Kleider völlig aus.

Gesicherte Fakten sind auch die Geschäftspraktiken der City Old Bank. Einlagen wurden grundsätzlich zu maximal zweieinhalb Prozent verzinst, und zwar ausschließlich per annum. Wehe dem, der sein angelegtes Geld auch nur einen Tag vor Ablauf des Jahres benötigte; ihm verfielen sämtliche Zinserträge! Auf alle anderen Bankoperationen erhob Wood Gebühren. Das galt auch für den Tausch von Banknoten, die damals jede Bank in eigener Regie ausgab, und für den Wechsel von Pfund Sterling in Kleingeld. Natürlich vergab Wood auch Kredite; die spätere Erinnerung glaubt zu wissen, dass er dabei Wucherzinsen verlangte. Sichere Belege gibt es dafür nicht. Dagegen spricht, dass ihr Inhaber Geschäfte im Auftrag der Regierung Seiner Majestät abwickelte, zum Beispiel für die staatliche Lotterie. Doch das alles waren – um es in der Bankierssprache des 21. Jahrhunderts auszudrücken – Peanuts. Konnte man durch Transaktionen dieser Art so reich werden wie Wood, der bei seinem Tod eine Million Pfund in Papieren und Bargeld sowie wertvolle Immobilien hinterließ?

Eine weitere Quelle dieses Reichtums ist über jeden Zweifel erhaben. Der Bankier hatte einen Cousin namens Antony Ellis, Eisenwarenhändler, Junggeselle wie er selbst und kaum weniger reich. Die beiden Hagestolze müssen übereingekommen sein, eine Art Wette auf das Leben des anderen abzuschließen: Wer überlebte, erbte das Vermögen des Verstorbenen. Diesen Wettkampf um die längste Lebenszeit aber gewann James Wood. 1825 fügte er seinem Vermögen das des unterlegenen Vetters hinzu. Dieses bestand überwiegend aus Grundbesitz, doch auch aus Bargeld, das man nach systematischer Suche im Haus und auf dem Grundstück des Verstorbenen fand. Unter den Augen des lachenden Erben wurden Töpfe, Kessel und Truhen mit Gold, Silber und Kupfer ausgegraben.

Doch selbst das kann nicht alles gewesen sein. So ungesichert die Nachricht auch ist, dass Wood in großem Stil an der Londoner Börse spekulierte, sie hat eine Menge für sich. Warum sollte er sonst, wie sicher bezeugt ist, große Geldsummen an die Themse transferieren? Dabei hatte der knauserige Bankier seine eigenen Transportmethoden. Immer dann, wenn ein vertrauenswürdiger Nachbar in die Hauptstadt fuhr, gab er ihm seine Geldtöpfe mit –

gratis für den Absender, versteht sich. Die Einsparung der Frachtkosten machte die Sorge, ob die Sendung auch ankommen würde, offenbar mehr als wett.

Wie konnte man mit solchen Methoden als Bankier reüssieren? So paradox es klingt: Woods Leben garantierte für seine Solidität. Sein Geiz war sein Seriositätsausweis. Wer das Sprichwort, dass Pennies Shillings und Shillings Pfund Sterlings hervorbrachten, so liebte wie er, der würde auch das Geld seiner Kunden wie seinen Augapfel hüten. Diese Logik veranschaulicht ein volkstümliches Lied aus dem Bankenkrisenjahr 1825. Während andere Geldhäuser, so die Moritat, Bankrott machten und ihre Inhaber nur um ein Haar dem Gefängnis entgingen, stand der Name Wood auch in schlechten Zeiten fest wie ein Felsen. Seine extreme Knauserigkeit, längst zur Legende geworden, garantierte seine finanzielle Unerschütterlichkeit. Diese wiederum bewahrte zahlreiche Familien vor dem Elend. Das war der zweite Jemmy Wood, der heute weitgehend vergessen ist. Die gute Gesellschaft rümpfte die Nase über einen wie ihn, der höhere Ämter in der Stadtverwaltung ablehnte, weil er den Stadtrat dann auf eigene Kosten bewirten musste. Die kleinen Leute aber waren froh, dass es einen wie ihn gab: einen Bankier, der auf dem Höhepunkt der Anlegerpanik Teile seines Grundbesitzes verkaufte, um die Liquidität seiner Bank aufrechtzuerhalten, die am Ende als einzige in Gloucester die Stürme überstand – und dadurch umso höhere Profite erwirtschaftete. Wie er es fertigbrachte, für diese Immobilienkäufe trotz widriger Zeiten Spitzenpreise zu erzielen, blieb sein Geheimnis. Woods bizarrer, vom Geiz beherrschter Lebensstil war also keine Legende, sondern im Wesentlichen eine Tatsache. Doch spricht vieles dafür, dass der kluge Bankier die Verbreitung von Legenden über seine ungeheuerliche Knauserigkeit bewusst förderte.

Das gilt auch für die folgende Geschichte. Sie handelt von Jemmy Wood, dem strebsamen Knaben. Der Vater beauftragte ihn, für einen Penny Blumen zu kaufen. Der gehorsame Filius tat wie befohlen. Danach aber hielt er dem Vater, der sich am Duft der Rosen ergötzte, einen Penny vor die Nase: Bitte, riech daran! Nach was soll der Penny riechen? Worauf das altkluge Bürschchen entgegnete: Dieser Penny wird noch nächste Woche herrlich duften, wenn dein Strauß längst verwelkt sein wird. Ob so viel frühreifer Lebensweisheit war der Vater entzückt: Dieser Knabe hatte eine große Zukunft vor sich.

Über die reinen Geldgeschäfte hinaus bot das Bankhaus Wood seinen Kunden so etwas wie ein Rundum-sorglos-Paket an. Wer wollte, konnte sich von seinem treusorgenden Bankier auch beerdigen lassen. Die Berichte darüber sind so zahlreich, dass sie im Kern wahr sein müssen: James Wood, von Kopf (Zylinder mit Trauerbändern) bis Fuß (unförmige Galoschen) schwarz gewandet, ließ seine verblichenen Kunden in pompösen Kutschen stilvoll zu Grabe fahren und vergoss dabei reichlich Tränen. In diesem Licht gewinnt sogar eine – ansonsten eher unglaubwürdig klingende – Anekdote eine gewisse Wahrscheinlichkeit: dass der Bankier-Bestatter, um die Kosten für Verkehrsmittel zu sparen, Fahrten in die Umgebung von Gloucester in einem Leichenwagen unternahm, mit oder ohne stumme Begleitung. Ähnlich sparsam fiel das einzige Freizeitvergnügen aus, das sich Wood jemals gönnte. Ob mit dem Leichenwagen oder nicht, Wood fuhr gern ins Grüne hinaus, um dort ausgedehnte Spaziergänge zu machen. Da er in Gasthäusern nur speiste, wenn andere zahlten – bei Banketten des Stadtrats verzeichnete er minutiös das Gewicht der aufgetragenen Truthähne und Spanferkel –, nahm er seine Verpflegung von zu Hause mit. Dazu gehörte auch eine Feldflasche mit Brandy, auf die der Ausflügler, um Schnorrer und Diebe abzuschrecken, das Wort «Gift» gepinselt hatte. Dass Wood bei diesem Lebensstil über Einsamkeit, den Fluch der Geizigen, geklagt haben soll, verwundert nicht.

Am Ende der gesicherten Fakten steht der Letzte Wille. Wem Woods immenses Vermögen nach seinem Tod zufallen würde, darüber wurden schon zu Lebzeiten Wetten abgeschlossen. Zu Woods Zufriedenheit mussten die Wettlustigen lange warten. Viele, auch unverdächtige Zeugen wollten sich später daran erinnern, dass der greise Krösus versprochen habe, seine Heimatstadt Gloucester in seinem Testament reichlich zu bedenken. Doch durften sich auch die vier Nachlassverwalter – unter ihnen Jacob Osborne – einiges versprechen. So setzte, als sich die Nachricht von der schweren Krankheit des alten Mannes per Eilpost verbreitete, ein regelrechter Run auf das windschiefe Haus in Gloucester an. Wer dort nach nächtlicher Kutschfahrt im Regensturm zuerst eintraf und was danach im Haus des mittlerweile Verstorbenen geschah, konnten die Gerichte niemals endgültig aufklären. Fest stand nur, dass alle als Rechtstitel vorgelegten Dokumente nur eines gemeinsam hatten: Sie waren höchst verdächtig. Doch davon später mehr. Einen passenden Grabspruch hatte James Wood längst gefunden. Ausnahmsweise berichtet davon eine Notiz von eigener Hand. Sie lautet: «In der Kirche von Leominster ist ein Grabmal für eine Person errichtet, die ihr Vermögen zu Lebzeiten weggab. Sie trägt eine große Axt in der Hand und steht unter den folgenden Versen: Lass den, der sein Hab und Gut vor seinem Tod verschenkt, dieses Beil ergreifen und sich selbst enthaupten.» James Wood brauchte dieses Beil nicht. Und natürlich hielt die Nachwelt, so sehr sie auch über den alten Geizhals lästerte, einen solchen Grabspruch für pietätlos.

Legenden vom Geizhals

Es ist möglich, dass die meisten der Wood-Anekdoten wahr sind oder zumindest einen wahren Kern haben. Aber ob wahr oder erfunden, dadurch, dass sie aufgeschrieben wurden, machten sie aus Wood einen abschreckenden Prototyp. Die meisten Geschichten handeln von Jemmy und anonymen Gentlemen, die Bekanntschaft mit seinen Eigentümlichkeiten machen und darauf *gentlemanlike*, amüsiert statt empört, reagieren. Die Gentlemen stehen für Norm und Anstand, für die gute Gesellschaft, die sich im Gegenbild des schrulligen Kauzes bestätigt fand. Der kleinere Teil der Geschichten handelt entweder von Jemmy und Leuten aus dem Volk oder von Jemmy und Jacob Osborne. Die Moral dieser Episoden sticht klar hervor: Von der Plebs unterscheidet sich der Krösus nur durch sein Geld, ansonsten steht er dem Bodensatz der Gesellschaft nahe oder womöglich sogar noch unter ihm. Selbst das Faktotum weiß mehr von den wahren Werten als sein Herr. Dass dieser Liebhaber des Geldes einmal in eine Frau verliebt gewesen sein soll, erscheint in diesem Lichte lachhaft. Ja, die Vorstellung ist so absurd, dass eine Anekdote davon berichtet. Sie handelt von nichts anderem, als dass Jemmy einst auf Freiersfüßen wandelte, aber abgewiesen wurde.

Allein schon der Gedanke, dass in dieser Krämerbrust romantische Gefühle aufkeimen, soll komisch wirken. Ebenso seine Freundlichkeit zu Kindern. Ihnen strich er über den Kopf und sagte: Um ein Kind wie dich zu haben, würde ich dein Gewicht in Goldstücken aufbringen. Jemmy und Sohn – auch das war offenbar unendlich komisch und abwegig zugleich. Kommentar des Erzählers: Solche Schmeicheleien sagte er den Müttern, um sie in sein Geschäft zu locken und ihnen schlechten Stoff teuer zu verkaufen.

Der Bankier schrumpft so zum Wucherer. Einer der vielen Gentlemen deponiert 800 Pfund in Woods Bank, eine Summe, für die man ein stattliches Landhaus kaufen konnte. Als er nach Jahresfrist Kapital und Zinsen abheben will, erlebt er eine Überraschung – auf dem Ladentisch mit den gekreuzigten Falschmünzen liegen exakt 800 Pfund. Gentleman: Sie haben die Zinsen vergessen, Sir. Wood: Zinsen, wieso Zinsen? Es gibt keine Zinsen. Gentleman: Und weshalb nicht? Wood: Sagten Sie nicht, als Sie mir Ihr Geld brachten, dass Sie es in meine Hände legen? Gentleman: In der Tat, das sagte ich! Wood: Und sagten Sie etwa, dass Sie es zu einem Zinssatz anlegen wollten? Gentleman: Das hielt ich nicht für nötig, Mr. Wood. Wood: Aber Ihr Geld ist mir in keiner Weise von Nutzen gewesen. Da Sie sagten, Sie legten es in meine Hände, habe ich mich nicht getraut, es zu investieren. Ich habe es eingewickelt in meinem Schreibtisch aufbewahrt, weil ich täglich damit rechnete, Sie würden es wieder brauchen. Wenn Sie Zinsen gewollt hätten, hätten Sie es sagen müssen. Nein, nein, mein Herr, es tut mir leid, aber Sie haben nichts davon erwähnt. Ich habe Ihr Geld wie meinen Augapfel gehütet, und es hat keine Zinsen abgeworfen.

Worauf der Gentleman befindet, dass eine Entgegnung unter seiner Würde wäre, sein Geld nimmt und davon geht, eher amüsiert als wütend. Die Geschichte weist eine Reihe hässlicher Leitmotive auf. In Woods Mund verdrehen sich die Worte von selbst zu den misstönenden Tiraden des Wucherers. Dieser ist so sehr von seiner Leidenschaft zum Geld besessen, dass eine Störung dieser Liebe sein Innerstes nach außen kehrt und dadurch auch die Sprache verräterisch wird. So gerät die Rede des Geizigen mit seinen vielen Verneinungen regelrecht aus den Fugen. Ja, sie verliert sich in Endlosschlaufen, wie die nächste Szene zeigt.

Jemmy Wood verhandelt mit seinem Nachbarn Mr. John Stephens, seines Zeichens Pinselmacher. Ebenfalls anwesend ist Jacob Osborne, Kassierer und lebendes Echo des Bankiers. Es herrscht Krieg, die Zeiten sind hart, das Bargeld ist knapp. Deshalb tritt Mr. Stephens eine Forderung an Mr. Wood ab, der dafür einen horrenden Abschlag fordert. Stephens: Könnt ihr es einem alten Nachbarn nicht billiger machen? Wood: Kann ich nicht, John, kann ich nicht John – Kriegszeiten, Kriegszeiten, weißt du, Kriegszeiten. Und der Pinselmacher muss den Diskontsatz zähneknirschend akzeptieren. Am selben Nachmittag gibt ihm Wood einen Topf voller Goldstücke, den er in London abliefern soll. Wood: Du bist ein ehrenhafter Mann, John, ein ehrenhafter Mann. Du wirst den Auftrag ehrenhaft erledigen. Und das tut John auch. Ja, er erkundigt sich sogar, ob alles zur Zufriedenheit des Bankiers abgewickelt wurde. Wood: Wohl, wohl, John, du bist ein ehrenhafter Mann, ein ehrenhafter Mann, ein ehrenhafter Mann. Wir haben einen Brief aus London bekommen – haben wir doch, Jacob, nicht wahr? Osborne: Ja, haben wir, und wir sind dir sehr verpflichtet, John, sehr verpflichtet, wirklich sehr verpflichtet. Worauf John den Spieß unversehens umkehrt: Er verlangt Frachtgebühren! Wood: Ich bin dein alter Nachbar, dein alter Nachbar – du musst weniger berechnen, weniger berechnen, einem alten Nachbarn! Stephens: Kriegszeiten, Mr. Wood, Kriegszeiten, Kriegszeiten. Und Mr. Stephens bekommt sein Geld.

Der betrogene Betrüger oder: Geiz zahlt sich nicht aus, nicht einmal finanziell, geschweige denn sozial oder gar moralisch. Von dieser Machart sind die meisten Anekdoten vom geizigen Bankier. Jemmy, der im abendlichen Zwielicht einer Magd mangelhafte Kurzware verkauft – und von derselben Dämmerung gehindert wird, das Falschgeld zu erkennen, das sie ihm zahlt. Jemmy, der einem Gentleman durch so viele Wiederholungen «Nein mein Herr, alles korrekt, keine Beschwerden, kann keine Beschwerden annehmen, keine Beschwerden» das Wort abschneidet, bis dieser entnervt aufgibt – dabei wollte er ein Pfund, das ihm zuviel ausbezahlt wurde, zurückgeben! Oder: Jacob, das Faktotum, hat verschlafen – und muss sich anhören, dass der frühe Vogel den Wurm pickt, den Wurm pickt, den Wurm pickt. Doch diesmal war es ein fauler

Wurm: Die Note, die als Wechselgeld eingestrichen wurde, ist falsch, so dass der Spott sich umkehrt – und so weiter. Keine der Geschichten, in die sich Woods Leben ein halbes Jahrhundert danach aufgelöst hat, ist erheiternd. Wenn sie von Jemmy und dem Volk handeln, dann gibt es sogar zwei betrogene Betrüger.

Jemmy macht einen Ausflug, um ein Landgut zu besichtigen, das er verpachtet hat – in seinem üblichen Aufzug, das heißt wie ein Bettler gekleidet. Auf einem wohlbestellten Feld zieht er sich eine Mohrrübe aus dem Boden und probiert sie – köstlich! Doch der Genuss ist schnell getrübt, denn schon sausen Peitschenhiebe auf seinen Rücken nieder. Ein wütender Feldhüter prügelt den Dieb, die schäbige Kanaille, windelweich. Jemmys Proteste, dass er doch der Eigentümer des Feldes sei, fruchten nichts, ja sie steigern noch die Wut des Wächters. So sind am Ende alle betrogen: die Wache, die doch nur ihre Pflicht zu tun glaubte, der Bankier, der Schmutz, Schimpf und Schande zurückbringt, und der Pächter, dem die Schuld an allem zugeschoben wird. Dabei böte sich eine komödiantische Auflösung geradezu an: Der Herr im Vagabundenhabit deckt seine wahre Identität auf, belohnt die Pflichtgetreuen und festigt so die gottgewollte Ordnung. Doch ein solches Happy end verbietet sich.

Allenfalls hämisch grinsen kann man darüber – und daraus lernen. Die Lektion lautet: Gentlemen wahren ihren Stand dadurch, dass sie sich in allen Lebenslagen standesgemäß verhalten. Der Millionär in Lumpen aber stört diese Ordnung und verwirrt die Rangverhältnisse. Seine Prügel bezieht er also völlig zu Recht. Und wenn ihm seine Mahlzeit abhanden kommt, so soll auch dieser Verlust des Geizigen beim Leser Wohlbehagen erzeugen, wie die nachfolgende Geschichte zeigt. Jemmy ist auf dem Lande unterwegs, mit der Feldflasche und einem besonders zarten Steak als Proviant. Auf einem seiner Güter angekommen, gibt er der Pächterin Fleisch und Brandy zu treuen Händen: den Schnaps zur Aufbewahrung, das Steak zum Braten. Der Sohn des Hauses aber wird gewarnt: Hände weg von Speis und Trank! In der Flasche ist reines Gift. Aber natürlich kommt es, wie es kommen muss. Die Pächterin wird in den Stall gerufen, der Junge, ohnehin halb verhungert, kann dem Bratenduft nicht widerstehen. Seine Logik lautet: Wer einmal hineinbeißt, bekommt sowieso Prügel, da kann man auch gleich das ganze Steak essen! Und als dann die Angst übermächtig wird, stürzt der Fleischdieb auch noch das «Gift» hinunter. So hat Jemmy, der geizige Lügner, weder zu essen noch zu trinken. Und er hat auch keine Spur von Humor oder gar Menschlichkeit. Darauf, dass der Knabe seine Schläge bekommt, kann der Leser Gift nehmen.

Nichts zu lachen hat auch der Kunde, der durch eine schwere Krankheit sein Gedächtnis verliert und vergisst, dass er eine erkleckliche Summe bei Jemmy deponiert hat. Obwohl dieser Kunde in derselben Straße wohnt, verliert der Bankier kein Sterbenswörtchen über das Guthaben – auch dann nicht, als der von Amnesie geschlagene Nachbar verarmt und das Geld dringend braucht. Bei so viel Kaltherzigkeit ist Misstrauen angebracht, wenn sich Jemmy menschlich zu verhalten scheint. So erkundigt er sich lange Zeit ebenso beflissen wie mitleidig nach dem Befinden einer alten Dame und schüttelt betrübt das Haupt, als es ihr schlechter geht. Natürlich alles Heuchelei – er muss ihr eine Leibrente zahlen und hofft sehnlichst auf ihr Ableben!

Die Gier der Erben

Dass sein Reichtum und nicht zuletzt die Frage, wer ihn einmal erben würde, die Öffentlichkeit beschäftigte, war dem klugen Geizhals nicht entgangen. Man kann sich unschwer ausmalen, wie es ihm diebisches Vergnügen bereitete, diesen letzten Akt zu inszenieren. Und er plante ihn gut. Ja, mit seinem Testament gelang dem alten Bankier sein größter Coup. Denn damit entfesselte er ein Satyrspiel der Begehrlichkeiten, an dessen Ende alle Beteiligten die Maske fallen lassen mussten und so dastanden, wie sie ihn abgestempelt hatten: habgierig und geizig. Das allein schon wäre den Spaß wert gewesen. Noch erhebender war, dass sie beim Versuch, sein Geld zu erben, das ihre verloren – so hohe Anwalts- und Gerichtskosten waren im gesamten Vereinigten Königreich kaum je angefallen.

Das Schauspiel begann damit, dass sich Jemmy Wood einen anderen Wood zum Teilerben auserkor, der gar nicht mit ihm verwandt war, nämlich Mr. Matthew Wood, Mitglied des House of Commons und Inhaber höchster Ehrenämter, also die Inkarnation des perfekten Gentleman schlechthin. Sein selbstloses Wirken für die Öffentlichkeit soll der alte Bankier bewundert haben; das wäre viel Idealismus für einen Mann wie ihn, der maximal ein Pfund für die Armen und Siechen spendete. Psychologisch überzeugender ist die Erklärung, dass er seinen Namensvetter, der im Überfluss hatte, was man ihm absprach – Reputation, Stil, Honorigkeit –, durch die Aussicht auf das Erbe an sich binden wollte, um danach sein Spiel mit ihm zu treiben.

Doch Matthew Wood schöpfte keinen Verdacht – wie sollte er auch? Am 2. und 3. Dezember 1834, knapp anderthalb Jahre vor seinem Tod, hatte der alte Mann zwei Schriftstücke unterschrieben, deren Echtheit nie angefochten wurde. Im ersten dieser Papiere bestimmte James Wood Matthew Wood, Jacob Osborne, John S. Surman, einen entfernten Verwandten, sowie John Chadborn, seinen langjährigen Rechtsbeistand, zu Testamentsvollstreckern, die alle seine Besitzungen aufzulisten und zu bewahren hatten. Im zweiten, einen Tag später signierten Dokument wurden diese vier kurz und bündig zu Generalerben erklärt, und zwar zu gleichen Teilen. So weit, so gut. Obschon schon zu diesem Zeitpunkt – angesichts der zur Verteilung anstehenden Summen unvermeidlich – Gerüchte aufkamen, dass nicht alles mit rechten Dingen zugegangen sei, hätte dieses Quartett wohl das gesamte Vermögens erhalten, wäre nicht wie ein papierener Deus ex machina kurz vor der Zuteilung ein weiteres Schriftstück aufgetaucht. Dabei handelte es sich um einen Brief, der an einen gewissen Thomas Helps adressiert war; dieser hatte sich gleichfalls Hoffnungen auf ein ansehnliches Legat gemacht, war aber leer ausgegangen.

Abgestempelt im Postamt von The Strand, London, erreichte der Brief seinen Empfänger am 8. Juni 1836, also weniger als zwei Monate nach Woods Tod. Außen mit dem Vermerk «Wichtig!» gekennzeichnet, enthielt er ein an verschiedenen Seiten verbranntes, doch noch lesbares Kodizill, das heißt einen Nachtrag zu Woods Testament. In diesem Zusatz, der mit dem Datum «Juli 1835» versehen, also jünger als die beiden anderen Schriftstücke und, falls echt, rechtsgültig war, fiel die Verteilung des Reichtums ganz anders aus. Insgesamt 200 000 Pfund sollten der Stadt Gloucester zukommen; acht weitere Personen und Familien wurden mit großzügigen Beträgen bedacht, die sich auf 150 000 Pfund summierten. Auf diese Weise sahen die Testamentsvollstrecker, die laut Kodizill den Rest erben sollten, ihren Anteil um ein Drittel reduziert. Dennoch blieb für jeden der vier eine Menge übrig. Alles sprach also dafür, sich zu arrangieren, das heißt den Testamentszusatz anzuerkennen und sich das Erbe so schnell wie möglich auszahlen zu lassen. Doch die vier Herren sahen das anders. Bei Jacob Osborne, Woods alter Ego, überrascht das kaum. Die restlichen drei aber waren von jetzt an als geizig kompromittiert – sie konnten nicht abgeben, obwohl sie sich dadurch viel erspart hätten.

Dem anonymen Brief war – ein William Wilkie Collins hätte es nicht besser erfinden können – ein Zettel beigefügt, auf dem mit Bleistift gekritzelt stand: «Das im Brief enthaltene Papier ist als einziges dem Feuer entronnen, dessen Urheber ich wohl ans Messer liefern könnte; sie werden behaupten, es sei nicht von Woods Hand; viele werden das Gegenteil beschwören; sie wollen mich betrügen. Lassen sie es den Rest der Welt wissen.» Das klang wie eine Nachricht aus einer anderen Welt, dramatisch im Ton und in vieler Hinsicht rätselhaft. Wer hatte sie geschrieben? Obwohl von jetzt an in der Zeitung von Gloucester und sogar in der *Times* Belohnungen ausgelobt wurden, die sich am Ende auf sagenhafte 15 000 Pfund beliefen, meldete sich der Absender nicht; und er schickte auch keine weiteren Briefe. Seinen Zweck, den Rest der Welt zu informieren, hatte der Unbekannte allerdings erreicht, und zwar gründlich. Alle im Kodizill bedachten Parteien schlossen sich zu einer Klägerpartei zusammen, die die gewieftesten Rechtsanwälte engagierte – sofern diese noch nicht im Dienst der Gegenseite standen. Bei ihren Beschuldigungen waren alle Beteiligten nicht zimperlich; so viel Geld rechtfertigte harte Bandagen. Und es kamen erstaunliche Fakten ans Tageslicht. Im Kreuzverhör mussten die Testamentsvollstrecker eine peinliche Wahrheit nach der anderen einräumen. Ursprünglich, so ihr Geständnis, waren die beiden Schriftstücke vom 2. und 3. Dezember keineswegs so feinsäuberlich zusammengeheftet, wie sie dem Gericht unterbreitet wurden. Getrennt aufbewahrt, wie sie vorgefunden wurden, aber waren sie als Testament ungültig. Auf dem Dokument vom 3. Dezember wurden die Namen der Testamentsvollstrecker gar nicht genannt; diese standen nur auf dem anderen Blatt. Gehörten beide Zettel überhaupt zusammen?

Doch es kam noch viel kompromittierender. Die vier ehrenhaften Herren hatten eigenhändig gezündelt, mit anderen Worten: Das Feuer, dem der geheimnisvolle Brief entronnen sein sollte, hatte im Hause des Verstorbenen tatsächlich gebrannt. Sie hätten viel Überflüssiges, erledigte Schuldscheine und ähnliches, zu Asche werden lassen. Doch warum so eilig? Diese Frage zog eine weitere nach sich: Wer war eigentlich wann vor Ort? Der ehrenhafte Matthew Wood schwor, die City Old Bank erst am 21. April um acht Uhr morgens erreicht zu haben. Glaubwürdige Zeugen aber beeideten eine weitaus frühere Ankunft. Fast keine Aussage blieb jetzt mehr unangefochten. Bei diesem Stand der Dinge gewannen die Angaben der Hausangestellten großes Gewicht. Nachdenklich stimmte allerdings, dass eine von ihnen zugleich die Mutter eines der vier Testamentsvollstrecker und angeblichen Haupterben war. Beschuldigungen, Domestiken beiderlei Geschlechts unter Druck zu setzen oder mit Belohnungen zu ködern, machten jetzt die Runde. Spätestens jetzt wurde der Prozess, über den auch ein vielversprechender junger Journalist namens Charles Dickens berichtete, zu einer Schlammschlacht, an der sich ganz England delektierte.

Nur der Richter zeigte sich nicht amüsiert. Seine Urteilsbegründung ist erhalten, ein gutes Dutzend Seiten lang und ein Lichtblick in der tristen Affäre. Man staunt über so viel Scharfsinn, Einfühlungsvermögen, Wortwitz und treffende Schlussfolgerungen. Sein Urteil dürfte im Sinne von Jemmy Wood ausgefallen sein: Alle drei Hauptschriftstücke sind aller Wahrscheinlichkeit nach echt. Zugleich ist ihre Herkunft wie ihr Zustandekommen dubios. Eine klare Absicht des Erblassers ist so nicht erkennbar. Vor allem aber haben beide Parteien gelogen und betrogen, dass sich die Balken bogen. So viel Unehrlichkeit aber darf nicht auch noch belohnt werden. Beide Seiten gehen daher leer aus! Doch das war noch nicht das letzte Wort. Beide Seiten prozessierten weiter, volle vier Jahre lang, bis die fünf Lords des Privy Council in letzter Instanz das Urteil sprachen. Moralisch war es genauso vernichtend wie die Sentenz der unteren Instanz: Alle Seiten hatten sich gründlich kompromittiert, blamiert und desavouiert. Dennoch kamen die fünf weisen Perückenträger nach minutiöser Prüfung aller Dokumente zu dem Schluss, dass die beiden Papiere vom Dezember 1834 und das Kodizill im Großen und Ganzen den Letzten Willen des alten Bankiers widerspiegelten – auch wenn viele Fragen offen blieben.

So stand am Ende das Ergebnis, das sich bei entsprechendem Willen zur Einigung sofort hätte erzielen lassen: Die Kontrahenten mussten teilen. Und die Stadt Gloucester bekam ihre 200 000 Pfund. Als einzige Partei der unfreiwilligen Erbengemeinschaft hat sie es Jemmy Wood, dessen Namen sie am Leben hält, gedankt. Im alten, inzwischen schön restaurierten Haus der City Old Bank ist jetzt die Filiale einer Fast-food-Kette untergebracht, zur Miete, versteht sich. Alles spricht dafür, dass Jemmy Wood damit einverstanden wäre: billiges Essen, gute Rendite!

10 Der Ölmagnat

Jean Paul Getty und der Kunstmarkt

Sprudelnde Quellen

Dass der Geizige aus der reinen Betrachtung der aufgehäuften Schätze den höchsten Lebensgenuss zieht, stimmt im Falle Harpagons, doch nicht immer. Das für die Außenwelt Rätselhafteste am Verhalten des Geizigen – und zugleich dessen beste Verteidigung gegen den Vorwurf, geizig zu sein – ist die Bereitschaft, ungeachtet aller Knauserigkeit im allgemeinen für bestimmte, präzise definierte Erwerbungen zu genau umrissenen Konditionen Geld auszugeben. Eine Voraussetzung dafür kann darin bestehen, dass diese Beträge Rendite erbringen. Der stärkste Anreiz, der den Geizigen zur scheinbaren Großzügigkeit sich selbst gegenüber verleitet, aber besteht darin, am längeren Preis-Hebel zu sitzen, das heißt den Gegenwert des zu erwerbenden Objekts nach eigenem Gutdünken festsetzen zu können. Ist diese Dominanz gewährleistet, steht dem doppelten Genuss nichts mehr im Wege. Denn das beseligende Gefühl, etwas sein Eigen zu nennen, das zuvor anderen gehörte und von vielen begehrt wird, verquickt sich mit dem nicht minder beglückenden Bewusstsein, diese Kostbarkeit der Welt unter dem allgemein taxierten Wert abgerungen, die Bilanz des Nehmens und Gebens also zum eigenen Vorteil verschoben zu haben.

Geiz hat Ventile. Durch sie wird etwas von dem Druck der Selbstkontrolle und der Selbstkasteiung abgelassen, der sonst unerträglich würde. Um auf der anderen Seite völligen Druckabfall zu verhindern und den zur Selbstdisziplinierung unverzichtbaren Druck wieder aufzubauen, geht diese Scheingenerosität in eigener

Sache regelmäßig mit umso strengeren Einschränkungen in anderen Bereichen, ja nicht selten mit regelrechten Selbstbestrafungen einher. Ihr Zweck ist nicht – um einen beliebten Vorwand zu widerlegen -, durch Verzicht wieder einzubringen, was für die privilegierten Sektoren abgeflossen ist, und dadurch das Budget wieder auszugleichen. Geiz hat nie etwas mit tatsächlichen Ressourcen zu tun, sondern ist sich immer selbst genug. So präsentieren sich die nach kurzfristiger Öffnung der Ventile umso harscheren Selbstbeschneidungen des Geizigen wie rituelle Seelen-Reinwaschungen und manchmal sogar wie Exorzismen, die den eingebildeten Dämon der Verschwendungssucht mit Brot und Wasser austreiben sollen. Unter diesen Voraussetzungen können Geizige sogar die Rolle von Kunstsammlern, ja von Kunstförderern spielen und damit den Schein der denkbar uneigennützigsten Großzügigkeit erzeugen.

Nach amerikanischen Maßstäben sind die Gettys eine alte Familie. 1780, also mitten im amerikanischen Unabhängigkeitskrieg, waren ihre ersten Mitglieder aus der nordirischen Grafschaft Londonderry in die Neue Welt ausgewandert. Ein Zweig der Sippe soll nach eigener Überlieferung dem Ort Gettysburg in Pennsylvania den Namen gegeben haben. Bei diesem Städtchen wurde im Sommer 1863 eine der blutigsten Schlachten des Amerikanischen Bürgerkriegs geschlagen; und nach dem Sieg der Nordstaaten formulierte der Sieger, Präsident Abraham Lincoln, zur Einweihung des Soldatenfriedhofs in den 13 Zeilen seiner so genannten Gettysburg Address die bis heute verbindlichen Grundsätze der demokratischen Politik. Doch von solch erhabenen Höhen waren die lebenden Gettys lange Zeit weit entfernt. Trunksucht und Armut hatten in ihren Reihen um sich gegriffen. Ja, das Gespenst der völligen Verwahrlosung ging um. Erst nach 1870 zeichnete sich ein allmählicher Wiederaufstieg der Familie ab. Ihre Mitglieder bekleideten von jetzt an immer häufiger angesehene Positionen auf Gemeinde- und Grafschaftsebene. So konnten sie der nächsten Generation eine gute Schul- und Universitätsbildung und dadurch die Voraussetzungen für einen weiteren Aufstieg verschaffen.

Die eigentliche Erfolgsgeschichte begann mit George Franklin Getty (1855–1930). Ein Self-made-man wie er im Buche steht, spezialisierte sich der erfolgreiche Jurist früh auf Firmenbeteiligungen und Firmenübernahmen. In der aufstrebenden Metropole Minneapolis fand er dafür ein reiches Betätigungsfeld und mehrte sein Vermögen stetig, nicht zuletzt durch eiserne Sparsamkeit. Verglichen mit den Superreichen vom Schlage der Rockefeller aber blieben die Gettys kleine Leute. Das ganz große Geld verdiente man nicht als Firmenberater, sondern mit Öl. Zu diesem schwarzen Gold, wie man den stinkenden Rohstoff von jetzt an liebevoll nannte, aber hatten die Gettys keinerlei Zugang. Das änderte sich im Jahre 1903, als George Franklin Getty einen Auftrag in Bartlesville erhielt, einem Ort, der fünfzig Jahre zuvor noch auf keiner Karte verzeichnet war. Wie sollte er auch? Die Indianerstämme und die weißen Siedler, die die Ureinwohner vertrieben, nutzten die öligen Aufschwemmungen in Flüssen und Teichen als Mittel gegen Hautausschläge und andere Gebrechen. Dass die zähe schwarze Flüssigkeit zu mehr als Hautcremes taugte, erschloss sich den skeptischen Zeitgenossen erst in der zweiten Hälfte des 19. Jahrhunderts. Die erste bezeugte Erdölförderung in den Vereinigten Staaten datiert aus dem Jahr 1859. Man muss sie sich rustikal genug vorstellen: ein wackliger Turm aus Holz, Bohrer, die dauernd splitterten, und im Erfolgsfall eine stinkende Fontäne, die kaum zu kontrollieren war. Dazu Fördermengen von 30 Barrel pro Tag.

Dass es sich lohnte nachzubohren, wurde mit der Erfindung des Automobils deutlich. Doch auch jetzt noch blieben die Meinungen geteilt. Viele glaubten an die Elektrizität als Energie der Zukunft. Hatte der geniale Thomas Alva Edison nicht durch seine Erfindungen bewiesen, dass sie die Nacht zum Tage zu machen vermochte? Warum sollte sie nicht auch Fahrzeuge auf Straßen und Schienen ans Ziel bringen? George Franklin Getty war anderer Ansicht. Er setzte auf das Auto und damit auf die Fortsetzung des Amerikanischen Traums, den er in den Augen der anderen verkörperte. Bartlesville erwies sich als ein rüdes Nest mit rauen Sitten. Es herrschte Goldgräberstimmung, jeder hoffte auf den großen Fund. Von systematischen Recherchen oder gar wissenschaftlicher Erkundung keine Spur. Ob ein Claim trocken war oder vor Öl nur so sprudelte, das spürte man in den Knochen. Dementsprechend waren die Glücksritter unter sich. Und dementsprechend niedrig waren die Pachtpreise für Land, auf dem man nach Öl suchen konnte. Sie waren so günstig, dass selbst der sparsame George Franklin Getty nach sorgfältiger Überschlagung von Soll und Haben stolze 500 Dollar investierte. Diese Summe schien ihm jedoch so riskant, dass er sich absicherte und bald darauf ein Siebtel seines Claims weiterverpachtete – ebenfalls für 500 Dollar. Für einen so kurzen Zeitraum war das eine hübsche Wertsteigerung.

Nach einigen vergeblichen Versuchen stieß Gettys Bohrer schließlich auf Öl. Die Menge war nicht überwältigend, doch rentabel. Und 100 Barrel am Tag waren erst der Anfang. Bald sprudelte es aus nicht weniger als sieben Bohrlöchern. Da für George Franklin Getty der Gedanke, dass Geld kein Geld erzeugte, unerträglich war, erwarb er Terrain auf Terrain. Damit war der Sprung vom Firmenberater zum Firmeninhaber endgültig vollzogen. Aus der Taufe gehoben wurde die Minnehoma Ölförderungsgesellschaft, gewiss kein Gigant, jedoch die sichere Quelle eines unaufhaltsam wachsenden Familienvermögens. Bei seinem Tod im Jahr 1930 hinterließ der Begründer des Getty-Imperiums Besitztümer im Wert von mehr als 15 Millionen Dollar. Verglichen mit den Rockefellers und Vanderbilts war das immer noch wenig, im Verhältnis zum Lebensstil der Familie Getty aber viel. Denn George Franklin Getty durfte sich rühmen, zeit seines 75 Jahre währenden Lebens ungeachtet aller erfreulichen Wertzuwächse niemals mehr als 30 000 Dollar pro Jahr ausgegeben zu haben – sämtliche Käufe von Immobilien mitgerechnet. Viel kann für das tägliche Leben so nicht übrig geblieben sein. Der Hausherr jedenfalls bevorzugte rustikale Hausmannskost. Darüber hinaus glaubte er an Verträge und an seinen Sohn. Und an Verträge mit seinem Sohn.

Im Dezember 1892 geboren, war Jean Paul Getty nach eigenem wie fremdem Zeugnis ein Alpha-Knabe. Die Familienüberlieferung berichtet, wie er auf der Weltausstellung von St. Louis einen herrenlosen Katalog fand und umgehend für 15 Cent weiterverkaufte; sogar von einem eigenen Limonadenverkaufsstand nahe des Gettyschen Familienanwesens ist die Rede. Doch Getty junior legte nicht nur kommerzielles Talent an den Tag. Auch in Latein- und Griechischstudien erwies er sich als beschlagen. Vor allem aber führte er – stets um Vergewisserung seiner selbst bemüht – seit seinem elften Lebensjahr ein Tagebuch. Dessen Eintragungen zeigen, dass sein erster Besuch in Bartlesville eine herbe Enttäuschung war: keine Indianer in Kriegsbemalung, stattdessen grölende Alkoholiker und der allgegenwärtige Gestank von Öl. Da sein Vater dem pädagogischen Prinzip huldigte, dass man Kindern umso weniger schenken sollte, je mehr die Eltern besaßen, verdiente sich Jean Paul sein Taschengeld auf den familieneigenen Ölfeldern, wo er das Metier der Förderung von der Bohrerspitze an lernte, und zwar so gründlich, dass er sich die Achtung seiner rauen Kumpane erwarb.

Doch trotz aller Schwielen an den Händen war der junge Getty ein Sohn aus besserem Hause. Als solcher bezog er die feine britische Universität Oxford, wo er glänzende Studienerfolge feierte und Geschmack am High-Society-Leben fand, auch das ein Lebensmotiv. Von der mittelalterlichen Universitätsstadt aus betrachtet, war Bartlesville fern und der Eintritt in den diplomatischen Dienst naheliegend. Dass es dazu nicht kam, hatte viel mit dem Ersten Weltkrieg und noch mehr mit dem Geruch des Öls zu tun, der den Atlantik schließlich doch überquerte. Attachés aller Ränge, ja selbst Botschafter waren Diener fremder Herren. Auf den Ölfeldern aber war jeder seines Glückes Schmied, sofern er über das notwendige Geld verfügte. Denn natürlich gab es 1913 keine Schürfrechte für 500 Dollar mehr. Dafür hatte Jean Paul Getty einen reichen Vater. Einfach war die Beschaffung des Startkapitals dennoch nicht. Der Alte war gewohnt, Geld nur gegen Sicherheiten oder Gewinnbeteiligungen auszuzahlen – und natürlich als Kredit. Warum sollte er bei seinem Sohn eine Ausnahme machen? 70 Prozent der Gewinne für ihn, der Rest für seinen Sohn – für George Franklin Getty war das ein fairer Kontrakt. Und auch Jean Paul hatte nichts daran auszusetzen.

Der Aufstieg eines Tycoons

Dessen Lebensumstände auf der Suche nach dem schwarzen Gold von Oklahoma waren bescheiden: ein Zimmer für sechs Dollar pro Nacht, ein klappriges Auto, das auf abschüssigem Gelände umzukippen pflegte. Dann hieß es, Geduld haben, denn die ersten Bohrungen versandeten. Die Konkurrenten stichelten: Hatte Getty filius nicht die Nase des Vaters geerbt? Anders als dieser setzte der Oxford-Zögling auf die Geologie. Doch auch die Wissenschaft half nicht weiter. Bevor er sich in Anbetracht dieser Fehlschläge für die Diplomatenlaufbahn entschied, unternahm er – so will es die Familienlegende – einen letzten Versuch. Die finale Bohrung ließ sich verheißungsvoll an. Ölsand wies auf Öl hin. Sonst in allen Lebenslagen kaltblütig, hielt sich Getty junior, seit vielen Nächten ohne Schlaf, abseits des Geschehens. Und dann die Nachricht: 30 Barrel! Eine Schrecksekunde: pro Tag? Entwarnung: Gefördert wurden 30 Barrel pro Stunde! Damit war ein Anfang gemacht und bald kein Halten mehr. Claim um Claim wurde dazugekauft, clever und rücksichtslos zugleich. So einen Boss hatten die Arbeiter auf den Ölfeldern noch nicht erlebt. Er kannte nicht nur jeden Handgriff, sondern erfand sogar neue Techniken, zum Beispiel um blockierte Bohrspitzen zeit- und kostengünstig zu zertrümmern. Und er hatte alles unter Kontrolle.

Zumindest hier. Im Privatleben sah es anders aus. Die Anziehungskraft der Frauen war der des Öls mindestens ebenbürtig, manchmal sogar stärker. Im August 1916 kam wieder der mondäne Getty zum Vorschein. Zwei Jahre dauerte dieses lockere Leben, das den sittenstrengen Vater zutiefst empörte. Immerhin hatte er die Genugtuung, dass sein Sohn bei aller Laxheit der Sitten die Bilanzen nicht aus den Augen verlor. Seine legendären Erfolge als Frauenheld verdankte Getty junior nicht der Großzügigkeit seiner Geschenke, sondern, wie es Wohlmeinende ausdrückten, seinem trockenen Humor und seiner Hartnäckigkeit.

Doch war der Dreiundzwanzigjährige für das süße Leben auf die Dauer nicht geschaffen. Zudem warteten neue Herausforderungen auf ihn. Nach dem Krieg war der Ölpreis tief gesunken. Überdies war der Stoff, der die Welt bewegte, jetzt auch in Kalifornien und in Mexiko entdeckt worden. Getty senior aber zögerte, in die neuen Claims zu investieren, vor allem nach seinem Schlaganfall im Jahr 1923. Eine schnelle Entscheidung aber war so nötig wie die Konkurrenz der großen Firmen übermächtig. Lästige Rivalen versuchten diese durch Boykott und Erpressung aus dem Weg zu räumen. Bei Getty junior aber stießen sie nicht auf Öl, sondern auf Granit.

Sein Eintritt als Teilhaber in die väterliche Firma vollzog sich nach den Regeln des Patriarchen. Der Sohn musste sich einkaufen, wie jeder andere auch. 1929, im Alter von 36 Jahren, wurde Getty junior so Präsident des Familienunternehmens. Das klang nach mehr, als es war. Der Präsident war wenig mehr als eine Art Geschäftsführer unter der Oberaufsicht des Vaters beziehungsweise der Mutter. Als George Franklin Getty 1930 starb, erbte sie und nicht der Sohn die Firma. Dieser fiel aus allen Wolken: Womit hatte er diese Zurücksetzung verdient? War dem Alten sein Geschäftsgebaren zu riskant? Wahrscheinlicher ist, dass Getty senior das Privatleben seines einzigen Sohnes missbilligte. Denn dieser war beim Tod des Vaters bereits zum dritten Mal verheiratet. Die beiden ersten Ehen hatten zusammen gerade einmal vier Jahre gedauert, und 1930 war auch das Ende der dritten absehbar. Die vierte Gattin, die schon 1932, im Jahr der dritten Scheidung, folgte, hielt es mit ihrem Gatten knapp drei Jahre aus. Von seiner fünften und letzten Frau wurde der 77-jährige Magnat zwar erst 1958 geschieden, doch darf die Rekordzeit von neunzehn Ehejahren nicht darüber hinwegtäuschen, dass das Paar nur die übliche Getty-Frist von ungefähr drei Jahren wirklich zusammen gelebt hatte. In den juristischen Schlammschlachten wurden von der jeweiligen Mrs. Getty und deren Anwälten stets dieselben Vorwürfe erhoben: Vernachlässigung, außereheliche Affären und Geiz.

Aussagen in Scheidungsprozessen bedürfen der kritischen Hinterfragung; und natürlich muss die andere Seite gehört werden. Auf diese Weise relativiert sich vieles, doch sind die zahlreichen – von der Regenbogenpresse genüsslich ausgeschlachteten – Berichte über Gettys Wutanfälle wegen zu teurer Shoppingtouren seiner Gattinnen oder auch nur einiger Cents für Briefmarken im Wesentlichen unwidersprochen geblieben. Der Milliardär stand zu seinem Lebensstil. Dieses Bekenntnis liegt sogar schriftlich vor. In seinen Gedanken und Erinnerungen, die er 1965 unter dem Titel *How to be rich* (also: «Wie man als Reicher lebt» und nicht, wie oft übersetzt, «Wie man reich wird») veröffentlichte, äußerte der fünfmal Geschiedene Verständnis dafür, dass es seine angetrauten Gefährtinnen nicht allzu lange mit ihm aushielten. Noch unzufriedener als die vernachlässigten Ehefrauen waren die Kinder, die den kurzen Verbindungen entsprangen. Die fünf Söhne, von denen einer früh verstarb, sahen ihren Vater allenfalls bei Familienfesten, zu denen die Presse geladen wurde; das Image des liebevollen Familienoberhaupts machte sich in der Öffentlichkeit gut. Nicht zuletzt sollten die Szenen trauten Familienglücks die verheerenden Eindrücke auslöschen, die ein Skandalprozess in der Öffentlichkeit hinterlassen hatte. Eine Freundin, die sich Getty mit seinem Freund Charlie Chaplin geteilt hatte, nämlich ging vor Gericht. Der weltberühmte Schauspieler habe sie als Minderjährige verführt und sei zudem der Vater ihres Kindes. Dieser Vorwurf ließ sich medizinisch widerlegen. Unwidersprochen hingegen blieb, dass Getty ihr die Ausbildung zur Opernsängerin versprochen hatte, und zwar gegen 10 Prozent des zu erwartenden Honorars. Geld musste sich nun einmal rentieren.

Mochten sich die Sensationsjournalisten noch so an Getty abarbeiten, dass sein Leben ab Mitte der 1930er Jahre sonderlich mondän war, darf in Anbetracht eines von jetzt an eisern eingehaltenen Sechzehnstunden-Arbeitstages bezweifelt werden. Überdies frönte der Geschäftsmann längst der anspruchsvollen Leidenschaft für edle Kunstwerke. Doch dafür blieb vorerst wenig Zeit. Zum einen musste er seiner Mutter die Führung der Familienfirma entwinden. Sarah Catherine Getty, geborene McPherson Risher, aber war eine starke Frau mit der Mentalität einer echten Pionierin. Zum anderen gab es einen Aufsichtsrat aus vorsichtigen alten Männern. Gettys Plänen eines integralen Unternehmens, das das Öl nicht nur förderte, sondern auch in Raffinerien verarbeitete und bis zur Tankstelle vor Ort vermarktete, standen sie skeptisch bis ablehnend gegenüber. Zu allem Überfluss musste man stets mit feindlichen Übernahmen durch die größeren Konzerne rechnen. Doch sie alle hatten die Rechnung ohne Gettys Hartnäckigkeit gemacht. So impulsiv er früher zu Werke gegangen war, so geduldig nutzte er jetzt kleinste Positionsvorteile aus. Das bekam vor allem eine Konkurrenzfirma namens Tide Water zu spüren, die nach einem jahrzehntelangen zähen Ringen gegen den Willen von Vorstand und Aktionären übernommen wurde. Auch im Familienunternehmen gewann Getty schließlich die Oberhand. Allerdings setzte Sarah Catherine durch, dass eine aus Firmenvermögen reich dotierte Stiftung eingerichtet wurde, die den übrigen Mitgliedern der Familie einen komfortablen Lebensunterhalt gewährleisten sollte. Offensichtlich kannte die Mutter ihren Sohn und dessen Grundsätze nur allzu gut.

Kaum war dieser endlich zur Alleinherrschaft aufgestiegen, traten die USA in den Zweiten Weltkrieg ein. In patriotischem Überschwang meldete sich der fast fünfzigjährige Ölmillionär als Freiwilliger, offenbar in der Hoffnung, als stolzer Kommandant eines Kriegsschiffs in See zu stechen. Da sich seine nautischen Erfahrungen jedoch auf gelegentliche Ausflüge mit seinen Jachten beschränkten, wurde er abschlägig beschieden und durfte seinen vaterländischen Dienst stattdessen als Chef einer Flugzeugzubehör-Fabrik leisten. Deren Ausstoß steigerte Getty binnen kurzem um ein Vielfaches, und zwar mit demselben Erfolgsrezept wie auf den Ölfeldern. Es lautete: das Metier von Grund auf lernen, sich und den anderen eiserne Disziplin verordnen und Anreize zu intensivierter Produktion schaffen. Und natürlich machte er die neu gewonnenen Erfahrungen für seine eigene Firma nutzbar.

Doch auch wenn sich die Getty Enterprises von jetzt an zusätzlich der Herstellung von Fluggeräten und sogar Wohnwagen widmeten, blieb das Öl auch nach 1945 das Maß aller Dinge. In den USA war der Ölmarkt zwar aufgeteilt, doch auf der Arabischen Halbinsel, wo riesige Ölfelder seit ihrer Entdeckung im Jahre 1908 der Erschließung harrten, sah es anders aus. Hier herrschten Pionierzeiten wie einst in Bartlesville, vor allem in der sogenannten Neutralen Zone am Persischen Golf zwischen Saudi Arabien und Kuwait. Um die Bohrrechte zu erwerben, musste Getty 1949 9,5 Millionen Dollar als Anzahlung vorstrecken und dazu jährlich eine weitere Million sowie 55 Cent pro Barrel gefördertes Öl und 25 Prozent des Reingewinns an den Herrn des Gebiets, König Ibn Saud, zahlen. Dazu kamen erhebliche Summen für Sozialversicherungen und Schulen. Überdies war das Risiko beträchtlich, immerhin war in diesem Gebiet trotz vielversprechender Expertisen noch kein Tropfen Öl zu Tage gefördert worden. Getty aber gab geologische Gutachten in Auftrag, siedelte selbst in die unwirtliche Wüste über und verließ, obwohl inzwischen über 60 Jahre alt, jeden

Abend die Bohrstelle als letzter, ganz wie einst in Oklahoma. Und die Geschichte wiederholte sich. Nach mancherlei Misserfolgen stießen die Bohrer auf riesige unterirdische Ölseen. Ihre Erschließung machte Getty binnen weniger Jahre zum reichsten Mann der Welt. Bei seinem Tod soll sein Vermögen vier Milliarden Dollar betragen haben; ein Jahrzehnt später wurde die Firma für etwas mehr als zehn Milliarden verkauft.

Von den Ölfeldern Arabiens zurückgekehrt, ließ sich Getty in England nieder; seine Bewunderung für den Lebensstil der britischen Oberschicht hatte nicht nachgelassen. Das dafür unverzichtbare Anwesen ließ sich – wen wundert's? – günstig akquirieren. Gettys Wahl fiel auf den noblen Landsitz Sutton Place, der 1521 bis 1530 für einen Favoriten König Heinrichs VIII. errichtet worden war und sich nach dem Zweiten Weltkrieg mit seinen Unterhaltskosten für die Baulichkeiten und den 25 Hektar großen Park für die alten Besitzer als zu kostspielig erwies. So konnte Getty seine Preisvorstellungen durchsetzen: 65 000 Pfund, ein Pappenstiel für ein solches Herrenhaus. Allerdings musste es noch stilvoll eingerichtet werden. Ein Gemälde von Gainsborough, eines von Rembrandt, zwei Renoirs und ein Canaletto – auch sie erstaunlich billig eingekauft – waren dafür gerade gut genug – und eine optimale Kapitalanlage. Denn sie war krisensicher.

Der Sammler

Im Oktober 1929 hatte der Schwarze Freitag an der Börse die Hinfälligkeit aller Geldanlagen in Aktien und Firmenbeteiligungen erwiesen. Getty war dem großen Crash nicht nur unbeschadet entronnen, sondern profitierte sogar vom allgemeinen Verfall der Preise, den der Zusammenbruch zur Folge hatte. Waren ihm zuvor die Kosten für Kunstwerke zu hoch gewesen, so konnte er diese von nun an nach Herzenslust sammeln. Jetzt nämlich saßen die Verkäufer, überwiegend arrogante alte Aristokraten, nicht mehr am längeren Hebel, jetzt bestimmte er, Jean Paul Getty, die Preise. Der Ölmagnat mit der soliden humanistischen Bildung wurde so zum Schrecken der Kunsthändler und Auktionshäuser. Doch waren die

Preise für Bilder und Statuen noch längst nicht im Keller; die Angst vor dem Krieg und dessen Ausbruch am 1. September 1939 taten ein Übriges, sie weiter zu senken. Für Getty war die Zeit der Kunst-Schnäppchen angebrochen.

Seine ersten größeren Erwerbungen tätigte Getty jedoch schon 1931, und zwar zu Spottpreisen. Von einer ausgeprägten Vorliebe für bestimmte Meister, Epochen oder Stile konnte bei ihm keine Rede sein; Getty kaufte, was ihm gefiel. Und das war so ziemlich alles, was gut und daher im Prinzip auch teuer war. Teuer wurde es denn auch angeboten, teuer aber wurde es nicht erstanden. Schon Ende der 1930er Jahre galt Gettys Kollektion als bedeutend; sie umfasste in bunter Mischung Gobelins, Möbel, Vasen, Bilder und Statuen. Selbst antike Mosaike wurden Steinchen für Steinchen aus ihrem ursprünglichen Grund und Boden herausgelöst und in die USA verpflanzt. Die Kunst-Trophäen sollten Kultur, elegante Lebensart, Geschmack, ja Eingeweihtheit in die Geheimnisse des Schönen und der Schöpferkraft unter Beweis stellen. Der amerikanische Ölmagnat reihte sich damit in eine lange Traditionslinie ein. Gerade weil Sammlungen herausragender Kunstwerke seit jeher ein Vorrecht der Mächtigen waren und die Legitimität ihrer Herrschaft unter Beweis stellen sollten, wurden sie schon in der Renaissance für Aufsteiger zum probaten Mittel, um der Öffentlichkeit ein triumphales «Es ist erreicht!» vor Augen zu führen. Diesem Zweck der reinen Repräsentation entsprechend wurden solche Kollektionen zum einen rasch, zum anderen mit Werken aller Epochen, speziell der Antike, und drittens nicht nach individuellem Geschmack, sondern nach dem Prestigewert von Meistern und Werken angelegt. Schon die Kunsttheoretiker des 16. und 17. Jahrhunderts grenzten davon die Galerien feinsinniger Ästheten ab, die aus Liebe zum Schönen sammelten. Zu welchem Typus Getty gehörte, ist nicht eindeutig zu sagen, wahrscheinlich zu beiden. Fraglos waren für ihn die günstige Kapitalanlage und der Bekanntheitsgrad wichtig; doch kann man ihm bei aller Systemlosigkeit seiner Erwerbungen eine tiefe Faszination für diese nicht absprechen.

Dass sich auch ein Rembrandt rentieren sollte, konnte man so offen natürlich nicht sagen. Gerade ein in den europäischen Traditionen bewanderter Mann wie Getty beherrschte perfekt den Jar-

Otto Dix (1891–1969) malte die Sieben Todsünden 1933 visionär und traditionsbewusst zugleich. Der neidische Gnom auf dem Rücken der Geiz-Hexe (sein Schnurrbart kam erst 1945 dazu) verweist auf Hitler und den Terror des Nationalsozialismus. Die Wollust mit der entblößten Brust scheint einem Kabarett der wilden zwanziger Jahre entsprungen zu sein. Demgegenüber wirken die Trägheit des Herzens als Sensenmann, der Zorn als Höllenmonster, das von Dünkel geblähte Haupt des Hochmuts und die Völlerei mit dem Kochtopf auf dem Kopf wie aus Bildern Boschs und Brueghels entlehnt. – Staatliche Kunsthalle Karlsruhe.

gon der Veredelung, mit dem schon die Humanisten die Propaganda-Strategien ihrer Auftraggeber ruhmvoll verdeckt hatten. Nicht weniger gut kannte er den Tugendkatalog der Aufklärung im Europa des 18. Jahrhunderts; darüber hatte er sogar im Selbstverlag ein Buch veröffentlicht, in dem er den Durchbruch zur kapitalistischen Wirtschaftsethik feierte. In seinem Leitfaden für Reiche und solche, die es werden wollen, griff er somit zur Rechtfertigung seiner «mäzenatischen» Aktivitäten Motive auf, die schon zum Ruhme der Medici ein halbes Jahrtausend zuvor gedient hatten. Der alles beherrschende Antrieb zum Sammeln von Kunstwerken sei die unwiderstehliche Neigung zum Schönen, gefolgt vom Impuls, kostbares Kunstgut zu bewahren, zu hegen, zu pflegen und der Öffentlichkeit zugänglich zu machen. Der Endzweck aber bestehe im Anreiz, selbst kreativ zu werden, um so Begabung und Kunstfertigkeit in der Gegenwart zu fördern. Ein Angelo Poliziano oder Giorgio Vasari hätten es nicht schöner sagen können.

Doch Getty sagte noch mehr. Mochte er sich noch so vehement dagegen verwahren, Kunstwerke vorwiegend wegen ihres materiellen Wertes zu sammeln – Überschriften wie «Kunst – die schönste aller Kapitalanlagen» sprachen eine andere Sprache. Auf zehn Seiten darf der Leser den Milliardär beim Spaziergang durch die Ausstellungsräume der Kunsthändler und bei seinen sensationellen Billigeinkäufen begleiten. Begehrlichkeiten weckten vor allem Geschichten von unerkannten und daher billigen Meisterwerken. So berichtet Getty, wie er um das Jahr 1940 bei Sotheby's in London das von Firnis und Schmutz entstellte Bild eines anonymen Renaissancemeisters entdeckte, von Liebe entbrannt für 200 Dollar erwarb, ein knappes Vierteljahrhundert später renovieren ließ – und Raffaels *Madonna di Loreto* vor sich hatte. Geschätzte Wertsteigerung: mindestens eine Million. Doch gelang ein solcher Coup auch dem Kenner nicht alle Tage. Unspektakuläreren, doch kaum weniger befriedigenden Kapitalzuwachs konnte man sogar mit moderner Kunst erzielen. So wurden laut Getty Bilder des spanischen Malers Sorolla y Bastida in dessen Todesjahr 1933 für 40 000 Dollar angeboten; er jedoch kaufte sie für ein Viertel des Schätzwertes. Dreißig Jahre später durfte er sich zu diesen Akquisitionen beglückwünschen, denn die Preise waren in astronomische Höhen gestiegen.

Mit ähnlicher Selbstzufriedenheit erzählt Getty die Geschichte vom «großen Rembrandt». Damit meinte er das Porträt des Marten Looten, das zu den wenigen gesicherten Werken des Meisters zählt. Getty erwarb es 1938, ein Jahr bevor in Europa die Lichter ausgingen, und zwar den düsteren Zeitumständen entsprechend für den niedrigen Preis von 65 000 Dollar. Verständlicherweise waren die Niederländer alles andere als erfreut, dieses Bild über den Atlantik entschwinden zu sehen. Getty berichtet zum versöhnlichen Schluss, dass er den Kunsthistoriker, der diesen Verlust anprangerte, persönlich kennengelernt und davon überzeugt habe, dass das Bild in der Neuen Welt am besten aufgehoben sei: als ein dauerhafter Botschafter niederländischen Kunstgenies. Ebenfalls 1938 kaufte Getty den legendären Arbadil-Teppich, der 1535 in der königlichen Werkstatt von Täbris in Persien gewebt worden war. Preis: 68 000 Dollar, also unwesentlich teurer als der «große Rembrandt», und nicht weniger Ärgernis erregend. Persische Dichter hatten den Teppich besungen, der zu schön für die Augen eines Christen sei. Nun gehörte er einem amerikanischen Ölmagnaten. Doch Angebote König Faruks von Ägypten, das Wunderwerk für 250 000 Dollar zurückzukaufen, schlug der neue Besitzer aus, und zwar wohlweislich. Schon 1958 wurde der Wert des Wunderwerks auf eine Million geschätzt.

Die Liste von Gettys Dumpingpreisen ist lang und für den stolzen Käufer erheiternder als für den Leser seiner Erinnerungen. Fesselnd aber ist der Schlusskommentar zu diesem Kapitel. Darin werden die ästhetischen, geistigen und materiellen Werte, die den Kunstsammler beseelen, in einer kühnen Synthese vereint. Zwei Möglichkeiten, so Gettys Resümee, hat jeder Sammler. Die erste Option ist die des Aktienbesitzers: warten, bis die Kurse auf einen vermutlichen Höchstwert angestiegen sind, dann verkaufen und den Mehrwert einstreichen – im stolzen Bewusstsein, der gierigen Welt ein Schnippchen geschlagen zu haben. Doch die bessere Alternative besteht darin, die Meisterwerke zu behalten. Denn so kann man doppelt genießen: die Schönheit des Bildes und die Freude darüber, dass es immer wertvoller wird.

Gegen den Vorwurf des Geizes setzt sich Getty in seinen Maximen und Reflexionen energisch zur Wehr. Seine Argumente für diese Selbstverteidigung sind gleichfalls dem 15. und 16. Jahrhundert entlehnt, als solche Debatten mit ähnlicher Leidenschaft geführt wurden. Entscheidend – so Getty – ist allein, dass der Reiche seinen Reichtum so nützt, dass die Gesellschaft davon profitiert: durch kluge Investition, aber nicht zuletzt durch das persönliche Vorbild. Dabei soll er sich jedoch keinen Illusionen hingeben: Er wird es nie allen recht machen. Lebt er seinem Einkommen gemäß auf großem Fuß, wird man ihm Protzerei vorwerfen, reduziert er seinen Aufwand, zeiht man ihn des Geizes. Gibt er Trinkgelder, die seinen Mitteln entsprechen, gilt er als großspuriger Parvenü, rundet er die Rechung nur wenig nach oben ab, hält man ihn für knauserig. Das letztere war für Getty offenbar das kleinere Übel; durch Großzügigkeit in Restaurants und Hotels ist er niemals aufgefallen, ganz im Gegenteil. Hinter den edlen Grundsätzen verbirgt sich ein kaum verhülltes Plädoyer dafür, die Ausgaben unabhängig von den Einnahmen so niedrig wie möglich zu halten: die Ratschläge Benjamin Franklins in zeitgemäßer Einkleidung! Und wie für den großen amerikanischen Aufklärer ist auch für den großen amerikanischen Unternehmer der pädagogische Aspekt ausschlaggebend: Wie sollte der Milliardär dem Arbeiter ein Vorbild sein, wenn er nicht sparte? Und so singt Getty ein Loblied auf den Unternehmer, der die Papierkörbe seiner Mitarbeiter kontrolliert und deren Inhalt als Altpapier wieder in den Wirtschaftskreislauf einspeist. Bis zu 30 000 Dollar Profit könne man so einsparen. Was seine «Sparsamkeit», oder besser: seinen Geiz betrifft, so sind Gettys Tagebuchaufzeichnungen von unschätzbarem Wert.

Unter dem Datum des 31. August 1938 – Getty ist auf Reisen in der Westschweiz – werden einer Notiz für wert befunden: Regenwetter, 38 Meilen prächtiger Fahrt am Seeufer nach Genf, der gute Vorsatz, Obst zu essen und gerade zu sitzen, 16 Schweizer Franken für das Hotel in Lausanne, 80 Franken daselbst für Essen und Telefon, 25 Franken für das Hotel in Genf sowie 60 Franken für den Erwerb eines Baedeker-Reiseführers, wobei die Preisrelation zwischen dem Buch und der Herberge Zweifel am Komfort der letzteren weckt. Am Tag darauf lauten die Eintragungen: den Fahrtrichtungsanzeiger am Auto für 62 Franken reparieren lassen, Kauf eines Bergsteigerführers und mehrerer Ansichtskarten. Dazu 12 Franken für ein Bier, was für eine Zumutung!

Entscheidend ist es, den Preis für alle Genüsse des Lebens im Auge zu haben und so weit wie möglich zu diktieren; auf diesen Grundsatz laufen die vielen guten Ratschläge in Gettys Handbuch hinaus. Nach diesem Prinzip hat er sein ganzes Leben gestaltet. Selbstverständlich sollte es auch für seine Nachkommen gelten. Doch musste der Patriarch erleben, dass sich drei seiner vier Söhne – Jean Ronald, Eugene (John) Paul und Gordon Peter – diesem Diktat nicht unterwarfen; für seine Nachfolge in der Firma kamen sie daher nicht in Frage. Der einzige, der dafür Interesse und Eignung zeigte, George Franklin II. aus der ersten Ehe mit Jeannette Dumont, starb im Juni 1973, 49 Jahre alt; der amtliche Leichenbeschauer schloss auf Selbstmord.

Wenige Wochen später ging der Name Getty um die ganze Welt. Eugene (John) Pauls ältester Sohn, Jean Paul Getty, war entführt worden. Zumindest stand das in einem Brief, der am 17. Juli 1973 in der Via della Scala im römischen Stadtteil Trastevere eintraf. Neben Warnungen, die Polizei einzuschalten, beschwor das Schreiben den Ernst der Situation. Der Enkel des Ölmagnaten, von der italienischen Boulevardpresse als «goldener Hippie» apostrophiert, war bereits in jungen Jahren durch einen selbst für diese Familie exzentrischen Lebensstil aufgefallen. Prügeleien mit Lehrern, Zündeleien in der Schule, Alkohol- und Drogenexzesse, Miniauftritte in Western, tragendere Rollen in erotischen Fotoserien: Diese für einen knapp 17-jährigen ungewöhnliche Lebenserfahrung erklärten wohlmeinende Psychologen mit den zerrütteten Familienverhältnissen; der Vater hatte die Familie früh verlassen und seine zweite Gattin durch eine Überdosis Heroin verloren. Der Patriarch in Sutton Place aber missbilligte diesen Lebensstil zutiefst. Deshalb glaubte er auch nicht an ein Verbrechen, sondern war davon überzeugt, dass sein Sohn, dessen erste Frau und sein Enkel selbst – in welchen Kombinationen auch immer – die Entführung inszeniert hätten, um sich an seinem Vermögen zu bereichern. Dieser Meinung war auch die italienische Polizei, und zwar nicht ohne Grund. Zum einen wollten echte oder angebliche Bekannte gehört haben, wie solche Pläne erörtert worden seien. Und zum anderen variierten die telefonisch übermittelten Lösegeldforderungen so stark, dass auch Spezialisten nicht an professionelle Kidnapper glauben mochten: Von ursprünglich 17 Millionen Dollar sank die Summe auf 300 000, um dann wieder auf eine Million anzusteigen.

Für den Großvater aber machte die Frage, ob es sich um eine echte oder nur um eine vorgetäuschte Entführung handelte, keinen großen Unterschied. Selbst wenn Jean Paul Menschenräubern in die Hände gefallen war – so ließ der achtzigjährige Multimilliardär kühl verlauten –, werde er keinen Penny herausrücken. Schließlich habe er nicht weniger als vierzehn Enkel und sei nicht gesonnen, durch Nachgiebigkeit weitere Begehrlichkeiten zu wecken. Immerhin schickte er einen Angestellten nach Europa, der in seinem früheren Leben FBI-Agent gewesen war und die Nachforschungen wesentlich vorantrieb. Darüber vergingen drei Monate. Selbst telefonische Drohungen der Entführer, Körperteile des Opfers per Post zu verschicken, konnten die Haltung des Magnaten nicht erschüttern. Das änderte sich erst, als Ende Oktober ein Ohr im Briefumschlag eintraf; in Folge eines Poststreiks war es bereits verwest. Dieser Umstand hätte das Opfer, das in den Bergen Kalabriens an einen Pfahl gekettet dahinvegetierte, beinahe das Leben gekostet. Nach dem Aufschrei des Entsetzens rund um den Globus sah sich der alte Mann in seinem vornehmen Landhaus zum Handeln gezwungen. Von seinen Prinzipien aber wich er deshalb nicht ab. Zum einen diktierte er wie gehabt die Preise: eine Million Dollar und keinen Cent mehr. Zum anderen trat nicht er, sondern sein Sohn als Lösegeldzahler auf; bei ihm, das wussten potentielle Nachahmungstäter, war nichts zu holen.

Drittens war der reichste Mann der Welt keineswegs dazu bereit, die erpresste Summe einfach abzuschreiben. Stattdessen gewährte er seinem Sohn einen Kredit über 850 000 Dollar (den Rest musste dieser selbst aufbringen), und zwar verzinst zu jährlich 4 Prozent. Das Darlehen sollte dadurch zurückgezahlt werden, dass das seinem Sohn aus der Stiftung seiner Großmutter reichlich zufließende Einkommen um 7,5 Prozent pro Jahr gekürzt wurde. Für Getty senior waren das fast schon ruinös großzügige Konditionen. Das auf diese, für die übrige Welt eher bizarre Weise flüssig gemachte Geld reichte tatsächlich aus, um das verstümmelte Opfer zu befreien. Von den erlittenen seelischen und körperlichen Qualen aber hat sich Jean Paul Getty junior nie mehr erholt.

Der Grundsatz des Magnaten, keine Investitionen ohne Rendite zu tätigen, galt unvermindert weiter. So betrachtet, war der Enkel mit dem allzu lockeren Lebenswandel sogar noch schlimmer als eine Geldanlage ohne Ertrag – er war ein Prestige mindernder Faktor. Erst, als sein grausames Geschick die Welt gegen den hartherzigen Patriarchen einnahm und seine Stellung irreparabel zu schwächen drohte, erfolgte die Lösegeldzahlung. Sie rettete das Leben des Entführten und die Reputation des Familienoberhaupts. Sie war also ökonomisch gerechtfertigt. Getty war sich treu geblieben. Das galt auch für seinen britischen Alltag. Von ihm wussten die englischen Massenblätter, in Sachen Privatleben der High Society nicht gerade für ihre Diskretion bekannt, prickelnde Geschichten zu erzählen. Sie zerfallen in drei Sparten: der Alte und seine Gespielinnen, das Unglück des Superreichen – und sein sagenhafter Geiz. Dass der über Siebzigjährige sexuell aktiv blieb und zudem kein Hehl daraus machte, ließ in den prüden sechziger Jahren die Leidenschaften hochkochen. Dass der Midas des 20. Jahrhunderts, der alles, was er anfasste, zu Gold machte, seines Reichtums nicht froh wurde, ist hingegen ein Mythos, der die soziale und ökonomische Ungleichheit erträglich machen sollte. Für Getty selbst hatten die Gerüchte, dass über seinem Hause ein Fluch lastete, den Vorteil, ihn mit einer tragischen Aura und dadurch mit einem Schutzschild gegen allzu dreiste Zumutungen zu versehen. Dessen ungeachtet blieb er vor Bitt- und Bettelbriefen aller Art nicht verschont.

Auch zu dem, was die feindliche Welt seinen Geiz nannte, bekannte sich der alte Mann ohne die geringste Scheu oder gar Bußfertigkeit. Ja, seine «Sparsamkeit» gehörte zum Image, das er genüsslich pflegte. So räumte Getty in einem BBC-Interview freimütig ein, vor Jahren eine Hundeausstellung erst besucht zu haben, als der Eintrittspreis halbiert worden war. Dass in Sutton Place Münzfernsprecher aufgestellt worden waren, damit Gäste und Personal nicht auf Kosten des Hausherrn telefonieren konnten, war ebenfalls eine gern bestätigte Tatsache; dasselbe galt für die Miete, die Familienangehörige bezahlen mussten, wenn sie sich auf dem Landsitz des Patriarchen einquartieren wollten. Als kontraproduktiv erwies sich hingegen die Order, die Heizungen in der kühlen Jahreszeit herunterzustellen. Im strengen Winter 1962/63 froren die Rohre ein und mussten für teures Geld repariert werden.

Den Geldwert der Dinge zu genau zu kennen und daher, koste es, was es wolle, selbst bestimmen zu wollen, die Ertraglosigkeit des Kapitals nicht zu ertragen und deshalb die Aufwendungen im Alltag herabzudrücken: das war auch die Lebensformel Francesco Datinis gewesen, über fünfeinhalb Jahrhunderte hinweg Gettys Bruder im Geiste. Mit einem Unterschied: Die seelischen Qualen, die das unablässig hineinströmende Geld dem Kaufmann von Prato verursachte, hat der amerikanische Magnat nicht erlitten. Was bei Datini Selbstkasteiung war, wurde in seinem Fall sogar zum Lustgewinn: der Welt die eigene Rangordnung der Werte zu diktieren. Und doch ist selbst hier eine weitere Gemeinsamkeit aufzuspüren. Hinter den vielen selbstgerechten Ratschlägen, die Getty jungen Großkapitalisten in spe erteilt, ist bei aller Aufforderung zu Cleverness und Rücksichtslosigkeit doch auch eine ganz andere seelische Grundstimmung fühlbar: die Furcht, dass die Kosten die Erträge übersteigen könnten, und somit die Angst, wieder in die Misere von Trunkenheit und Verwahrlosung abzusinken, aus der sich die Gettys mühsam herausgearbeitet hatten.

Die wirksamste Therapie dagegen war Disziplin: die, welche man anderen auferlegte, doch noch mehr die, zu der man sich selber anhielt. Sie auch nur einmal zu durchbrechen, hieß, der Angst neue Nahrung zu geben. Doch das wirksamste Heilmittel gegen die Angst hieß für Getty, Kunstwerke zu kaufen. Vor diesem Hintergrund erst gewinnt der Genuss, den man aus ihnen zieht, seine volle Bedeutung: Die Betrachtung des Schönen lenkt nicht nur von den Nöten des Lebens ab, sondern lindert sie zugleich auf wundersame Weise. Denn notfalls kann man die Bilder wieder zu Geld machen und auf diese Weise mehr einnehmen, als man für sie ausgegeben hat. Mochte sich die Öffentlichkeit nur darüber empören, dass der alte Mann seinem Enkel das Lösegeld verweigerte, aber gleichzeitig Bilder für viele Millionen Dollar kaufte. Sie waren der Schutzschild gegen die Angst, die die Entführung schürte.

So war es nur logisch, dass ein Jahr danach auf Gettys Ranch in Malibu ein Museumsbau eingeweiht wurde, der den dort schon 1957 errichteten Galerieflügel ersetzte. Der neue Tempel der Künste war ein originalgetreuer Nachbau der Villa dei Parpiri, die im Jahre 79 nach Christus an den Hängen des Vesuvs bei dessen Ausbruch zusammen mit dem nahen Pompei verschüttet worden war. Für einen so kultivierten und belesenen Mann wie Getty, der nicht wenige der klassischen Texte auswendig kannte, muss dieses antikisierende Domizil seiner geliebten Kunstwerke die Erfüllung eines Lebenstraums gewesen sein – umso mehr, als er (wie gut unterrichtete Bekannte erzählten) insgeheim davon überzeugt gewesen sein soll, eine Reinkarnation seines Lieblingskaisers Hadrian zu sein.

In diesem Sinne fiel auch sein Testament aus, das drei Tage nach seinem Tod, am 9. Juni 1976, in Los Angeles eröffnet wurde. Dass die ungeliebte Nachkommenschaft aus dem Sarah-Getty-Familientrust weiterhin reichlich versorgt wurde, konnte der Erblasser nicht verhindern. Der Löwenanteil seines riesenhaften Vermögens aber fiel nicht an seine Familie, sondern an das Museum, das über Nacht zur reichsten Institution seiner Art auf Erden wurde. So waren sich Datini und Getty selbst im Tode noch ähnlich. Beide bestimmten das Weiterleben ihres Geldes über das Grab hinaus. Im Falle Gettys blieb selbst eine ausgleichende Gerechtigkeit am Ende nicht aus. Der Etat des Getty-Museums ist so hoch, dass er die Preise für Kunstwerke aller Art nach oben treibt. Was der geizige Großsammler eingespart hat, wird so mit Zins und Zinseszins zurückgezahlt.

Auf dem weitläufigen Gelände befindet sich auch das Mausoleum des Stifters und seiner Söhne. Im Gegensatz zum Museum wird es selten besucht.

Literatur

Einleitung: Geiz in der Geschichte

Auf Literatur zu Geiz und Geizigen in verschiedenen Epochen wird in den nachfolgenden Kapiteln verwiesen. Als bei weitem wichtigster Beitrag zu einer differenzierten Erfassung und Einschätzung des Phänomens Geiz an sich darf Georg Simmels *Philosophie des Geldes* gelten. Die darin niedergelegten Ideen zum Geiz zudem pointiert in: ders., Über Geiz, Verschwendung und Armut, in: Ethische Kultur. Wochenschrift für sozialethische Reformen 7 (1899) S. 332–335, 340–341 (die Zitate stammen aus diesem Aufsatz). Geiz in Handbüchern zur Psychologie des Geldes: H. Clay Lindgren, Psychologie des Geldes. Unabhängigkeit, Anerkennung, Schuldgefühle, Geiz, Verschwendungssucht, normaler Umgang mit Geld, Zürich 1999; G. Schmölders, Psychologie des Geldes, Reinbek 1966. Aus der Fülle der aktualisierenden Beiträge zur moralischen Dimension der Ökonomie und speziell des Geizes ragt heraus: L. Bornscheuer, Zur Geltung des «Mythos Geld» im religiösen, ökonomischen und politischen Diskurs, in: R. Grimminger/I. Hermann (Hg.), Mythos im Text. Zur Literatur des 20. Jahrhunderts, Bielefeld 1998, S. 55–105. Ohne wissenschaftlichen Anspruch, dafür witzig in den Beobachtungen und scharfsinnig in den Schlussfolgerungen: R. Nitsche, Das große Buch vom Geiz, Berlin 2004. Zu bürgerlicher und aristokratischer Wirtschaftsethik der Frühen Neuzeit im Großen unübertroffen die Studie von N. Elias, Die höfische Gesellschaft. Untersuchungen zur Soziologie des Königtums und der höfischen Aristokratie, Frankfurt 1969. Zur Debatte über Geiz und Verschwendung in der Renaissance vgl. V. Reinhardt, Francesco Vettori (1474–1539). Das Spiel der Macht, Göttingen/Bern 2007.

1 Zwischen Gott und Geld

Zu Boschs Bildern der Laster bzw. des Geizes ergiebig: Ch. De Tolnay, Hieronymus Bosch, Wiesbaden 1973; G. Unverfehrt, Wein statt Wasser: Essen und Trinken bei Jheronimus Bosch, Göttingen 2003; L. Silver, God in the Details. Bosch and Judgement(s), in: Art Bulletin 83 (2001) S. 626–650; ders., Hieronymus Bosch, München 2006; J. Hartau, Das neue Triptychon von Hieronymus Bosch als Allegorie über den «unnützen Reichtum», in: Zeitschrift für Kunstgeschichte 68 (2005) S. 305–338. Zur kirchlichen Lehre von den Lastern und deren Niederschlag in Kunstwerken: B. Emmerich, Geiz und Gerechtigkeit. Ökonomisches Denken im frühen Mittelalter, Stuttgart 2004; A. Katzenellenbogen, Allegories of the virtues and vices in medieval art: from early Christian times to the thirteenth century, Nendeln 1977 (Nachdruck von 1939); R. Newhauser, In the Garden of Evil: The Vices and Culture in the Middle Ages, Toronto 2005. Am allgemeinsten zu Laster und Sünde im europäischen Mittelalter: C. Casagrande/S. Vecchio, I sette vizi capitali. Storia dei peccati nel medioevo, Torino 2000. Websites zum Thema «Todsünden» heute: www.7todsuenden.ch; www.prosieben.de.

2 Der Kaufmann

Anschaulich, unterhaltsam und fundiert, in Sachen Geiz jedoch sehr vorsichtig die Vita Datinis bei I. Origo, «Im Namen Gottes und des Geschäfts». Lebensbild eines toskanischen Kaufmanns der Frührenaissance. Francesco di Marco Datini (1335–1410), München 1993; zu Datinis sozialer Stellung informativ: J. P. Byrne, Francesco Datini, «father of many»: piety, charity and patronage in early modern Tuscany, Indiana University 1995. Zu den Briefen der Eheleute Datini der nützliche Kommentar von E. Cecchi, Le lettere di Francesco Datini alla moglie Margherita (1385–1410), Prato 1990. Die Korrespondenz selbst greifbar in: V. Rosati (Hg.), Le lettere di Margherita Datini a Francesco di Marco (1384–1410), Prato 1977, und D. Toccafondi / G. Tartaglione (Hg.), Per la tua Margherita … Lettere di una donna del '300 al marito mercante. Margherita Datini e Francesco di Marco 1384–1401, Prato 2002 (CD-Rom). Die Briefe Mazzeis an Datini bei: C. Guasti, Ser Lapo Mazzei. Lettere di un notario a un mercante del secolo XIV, Firenze 1880. Zu den Familienverhältnissen: J. P. Byrne / E. A. Congdon, Mothering in the Casa Datini, in: Journal of medieval history (25) 1999, S. 35–56; A. Crabb, Ne pas être mère: l'autodéfense d'une Florentine vers 1400, in: Clio. Histoire, femmes et société 21 (2005), S. 150–161. Zu Margherita Datinis «Alphabetisierung» grundlegend: A. Crabb, «If I could write». Margherita Datini and letter writing 1385–1410, in: Renaissance Quarterly 60 (2007), S. 1170–1206. Zu den wirtschaftlichen Verhältnissen und speziell den Methoden des Kaufmanns über die klassische Studie von F. Melis, Aspetti della vita economica medievale. Studi nell'Archivio Datini di Prato,

Siena 1962, hinaus Hintergrundinformationen bei: F.-J. Arlinghaus, Zwischen Notiz und Bilanz. Zur Eigendynamik des Schriftgebrauchs in der kaufmännischen Buchführung am Beispiel der Datini/di Berto-Handelsgesellschaft in Avignon, Münster 1996; M. A. Denzel, La Practica della Cambiatura. Europäischer Zahlungsverkehr vom 14. bis zum 17. Jahrhundert, Stuttgart 1998; B. Dini, Una pratica di mercatura in formazione (1394–1395), Firenze 1980.

3 Der König

Der Geiz als Triebfeder bzw. Hemmung Ludwigs XII. wird von Francesco Guicciardini in dessen *Storia d'Italia* herausgearbeitet; vgl. dazu: F. Gilbert, Machiavelli and Guicciardini: Politics and History in Sixteenth-Century Florence, Princeton 1965; V. Reinhardt, Francesco Guicciardini (1483–1540). Die Entdeckung des Widerspruchs, Göttingen/Bern 2004, S. 141–174. In Kontext und Deutungen überholt, doch im Detailreichtum des höfischen wie königlichen Lebens unübertroffen: R. A. M. Maulde de la Clavière, Histoire de Louis XII, 6 Bde., Paris 1889–1893; ergänzend dazu: A. Destefanis, Louis XII et Jeanne de France, Avignon 1975; B. Quilliet, Louis XII, Père du Peuple, Paris 1986; zu Adel und Monarchie: P. Contamine, La noblesse au royaume de France de Philippe le Bel à Louis XII. Essai de synthèse, Paris 1997. Zu Ludwig und den Schweizern und anderen Fragen seiner Außenpolitik: Autour de Louis XII, Paris 1995. Zum Problem der Bretagne: D. Le Page, Finances et politiques en Bretagne au début des temps modernes, 1491–1547, Paris 1997. Zu Ludwig und Alexander VI.: V. Reinhardt, Der unheimliche Papst. Alexander VI. Borgia (1431–1503), München 2007, vor allem S. 165–181.

4 Der Hexenjäger

Die Hexenverfolgung im Trierer Kurstaat ist ungewöhnlich gut erforscht. Grundlegende Studien: G. Franz/F. Irsigler (Hg.), Hexenglaube und Hexenprozesse im Raum Rhein – Mosel – Saar, Trier 1996; R. Voltmer/K. Weisenstein (Hg.), Das Hexenregister des Claudius Musiel. Ein Verzeichnis von hingerichteten und besagten Personen aus dem Trierer Land (1586–1594), Trier 1996; R. Voltmer, «Gott ist tot und der Teufel jetzt Meister!» Hexenverfolgungen und dörfliche Krisen im Trierer Land des 16. und 17. Jahrhunderts, in: Kurtrierisches Jahrbuch 1999, S. 175–223; dies., Zwischen Herrschaftskrise, Wirtschaftsdepression und Jesuitenpropaganda:

Hexenverfolgungen in der Stadt Trier (15.–17. Jahrhundert), in: Jahrbuch für westdeutsche Landesgeschichte 2001, S. 37–107, darin auch substantielle Ausführungen zum Fall Flade. Die Bedeutung des Geiz-Motivs im Rahmen der gegen diesen erhobenen Anklagen wird herausgearbeitet in der vorzüglichen Vergleichsstudie von J. Dillinger, Richter als Angeklagte – Hexenprozesse gegen herrschaftliche Amtsträger in Kurtrier und Schwäbisch-Österreich, in: H. Schnabel-Schüle (Hg.), Vergleichende Perspektiven – Perspektiven des Vergleichs: Studien zur europäischen Geschichte von der Spätantike bis ins 20. Jahrhundert, Trier 1998, S. 124–169; ausführlicher: ders., «Böse Leute» – Hexenverfolgungen in Schwäbisch-Österreich und Kurtrier im Vergleich, Trier 1999. Biographisches Material zu Flade in: R. Laufner, Dr. Dietrich Flade und seine Welt. Ein Beitrag zur Trierer Kulturgeschichte im ausgehenden 16. Jahrhundert, in: Landeskundliche Vierteljahresblätter 1962, S. 43–63; E. Zenz, Dr. Dietrich Flade, ein Opfer des Hexenwahns, in: Kurtrierisches Jahrbuch 1962, S. 41–69; ders., Ein Opfer des Hexenwahns – Das Schicksal des Doctor Dietrich Flade aus Trier, Trier 1977.

5 Auf der Bühne

Aus der Fülle der Literatur zu Molière und seinem Stück sind unter dem hier angelegten Blickwinkel ergiebig: Für den Autor und seine Biographie: D. Mornet, Molière, l'homme et l' œuvre, Paris 1943; A. Simon, Molière par lui-même, Paris 1957; G. Mander, Molière, Hannover 1973; J. Grimm, Molière, 2. Aufl. Stuttgart/Weimar 2002; zu den Stücken Molières in ihrer Zeit: S. u. J. Dauvin, L'Avare Molière. Analyse critique, Paris 1979. Zu Molière und der Gesellschaft des 17. Jahrhunderts: K. Waterson, Molière et l'autorité, Lexington 1976; D. M. Uber, Family Structures in Molière's Theatre, Houston 1977; B. Zilly, Molières «L'Avare». Die Struktur der Konflikte. Zur Kritik der bürgerlichen Gesellschaft im 17. Jahrhundert, Rheinfelden 1979. Rousseaus Kritik in: Jean-Jacques Rousseau, Lettre à M. D'Alembert sur les spectacles (Hg. M. Fuchs), Genève 1948.

6 Der Verschwender

Gut kommentierte und dokumentierte Auszüge aus den Texten, die unter Richelieus Namen veröffentlicht wurden, liegen in einer deutschen Übersetzung vor: Die Amouren des Marschalls von Richelieu (aus dem Französischen von J. Meno Valett), Frankfurt am Main 1990; dort auch die Rezensionen von N.S.R. de Chamfort und P.A.F. Choderlos de Laclos, der ausgezeichnete Essay von B. Craveri, Aus dem Leben des Marschalls von Richelieu, und Angaben zur Wirkungsgeschichte der angeblichen Memoiren. Diese liegen vor in der Ausgabe von A. de Boislisle (Hg.), Mémoires authentiques du M. de Richelieu (1725–1757), Paris 1918; weitere Texte dieser Art bei: O. Wormser (Hg.), Amours et intrigues du maréchal de Richelieu, Paris 1955. Eine Biographie, die neueren wissenschaftlichen Standards gerecht wird, gibt es nicht. Die Äußerungen der Liselotte von der Pfalz über Richelieu in: W. Menzel (Hg.), Briefe der Prinzessin Elisabeth Charlotte von Orleans an die Raugräfin Louise 1676–1722, Stuttgart 1843, S. 385, 399, 424. D'Alembert über Richelieu in: T. Bestermann (Hg.), Voltaire. Correspondence and Related Documents, Genf 1968–1976, Bd. 29, S. 71. Chamforts «prunkvoller Geizhals» in: N.S.R. de Chamfort, Sur la vie privée du Maréchal de Richelieu, in: Œuvres complètes, Bd. 3, S. 286.

7 Der Kurfürst

Hauptquelle für das Selbstverständnis wie das Finanzgebaren Wilhelms IX. sind seine Memoiren: Rainer von Hessen (Hg.), Wir Wilhelm von Gottes Gnaden. Die Lebenserinnerungen Kurfürst Wilhelms I. von Hessen 1743–1821, Frankfurt am Main 1996. Eine wissenschaftlichen Ansprüchen genügende neuere Biographie steht aus, materialreich: P. Losch, Kurfürst Wilhelm I., Landgraf von Hessen. Ein Lebensbild aus der Zopfzeit, Marburg 1923. Zur Dynastie insgesamt: F. G. Eckhart, Das Haus Hessen. Eine europäische Familie, Stuttgart 2006; ebenso fundiert zu Land und Herrschaftsausübung: H. Philippi, Die Landgrafschaft Hessen-Kassel 1648–1806, Marburg 2007.

8 Calvinisten

Zum Genf Calvins: V. Reinhardt, Die Tyrannei der Tugend. Calvin und die Reformation in Genf, München 2009; zu Wucher und Konsistorium: W. G. Naphy, Calvin and the Consolidation of the Genevan Reformation, Manchester/New York 1994; zu Sozialpolitik und Kornhaus: R. M. Kingdon, Social Welfare in Calvin's Geneva, in: The American Historical Review 76 (1971) S. 50–69; H. Blanc, La chambre des blés de Genève 1628–1798, Genève 1941; A. M. Piuz, A. Genève et autour de Genève aux XVIIe et XVIIIe siècles. Etudes d'histoire économique, Lausanne 1985; zum europäischen Vergleichsrahmen: V. Reinhardt, Überleben in der frühneuzeitlichen Stadt. Annona und Getreideversorgung in Rom 1563–1797, Tübingen 1991. Franklins Texte zur Wirtschaftsmoral in guter Auswahl: L. Chatel de Brancion (Hg.), Benjamin Franklin à la recherche d'un monde meilleur, Paris 2007. Die (recht apologetische) Standardbiographie: E. S. Morgan, Benjamin Franklin, New Haven/London 2002, deutsch: Benjamin Franklin. Eine Biographie, München 2006.

9 Der Bankier

Eine wissenschaftliche Gesamtdarstellung von Leben und Mythos des James Wood gibt es nicht. Dabei wäre eine solche Aufarbeitung von großem wirtschafts- und kulturhistorischem Interesse; zudem existiert ein handschriftlicher Nachlass des Bankiers. Ich danke dem Stadtrat und speziell dem Archiv der Stadt Gloucester für die sachkundige (und kostenlose!) Bereitstellung diverser Materialien: A. Wood, Jemmy Wood, Banker and Millionaire of Gloucester, in: Local History Bulletin 48 (1983) S. 5–12; K. Maclunes, The History of Boyne House, 2006 (zu Matthew Wood und dem Erbstreit); Westgate Street in 1820 (Auflistung von Häusern und Eigentümern in Woods Wohngegend); T. Yarnold, Jemmy Wood, The Gloucester Banker (Erinnerungen vom Ururgroßvater des Verfassers an Jemmy Wood, verfasst 1983). Das «Erinnerungs»-Buch von C. H. Savory, Life and Anecdotes of Jemmy Wood the Eccentric Banker, Merchant and Draper, Cirencester 1882, ist auf dem Kontinent nicht vorhanden und wurde ebenso über die Bodleian Bibliothek in Oxford bezogen wie T. Leighton, Extraordinary Facts and Circumstances relating to the Last Will and Testament and First Codicil of the late Mr. James Wood of Gloucester, Banker, London 1837. Zu den wirtschaftlichen und sozialen Rahmenbedingungen Gloucesters zu Woods Lebenszeit: C. R. Elrington (Hg.), The Victoria History of the Counties of England, Bd. 4, Oxford 1988.

10 Der Ölmagnat

Am ergiebigsten für Gettys Ökonomie und Weltsicht sind seine eigenen Texte, die bisher nicht die ihnen gebührende Aufmerksamkeit der Historiker gefunden haben: So macht man Milliarden. Aufzeichnungen und Ratschläge des reichsten Mannes der Welt, München/Wien 1965 (die deutsche Fassung von *How to be rich*); dazu die kurz vor dem Tod veröffentlichte Autobiographie: As I see it: The Autobiography of J. Paul Getty, New York 1976. Die bei weitem seriöseste Lebensgeschichte stammt von R. Miller,

Die Gettys, Düsseldorf/Wien 1986 (amerikanisch: The House of Getty). Reißerisch aufgemacht ist: R. Lenzner, The great Getty. J. Paul Getty – der reichste Mann der Welt, sein Geld, seine Frauen, München 1987 (amerikanische Ausgabe 1986). Zur Familiengeschichte, vor allem nach 1976: J. Pearson, Painfully Rich: J. Paul Getty and His Heirs, New York 1995.

Personenregister